KB251261

패턴 파괴자들

지은이 **마이크 메이플스 주니어**Mike Maples Jr.

기업가이자 벤처 투자자, 팟캐스트 운영자이며 플러드게이트의 공동 창립자이다. 실리콘밸리에서 시드 단계 펀드를 이끄는 플러드게이트는 X(구 트위터), 트위치, 옥타, 어플라이드 인튜이션Applied Intuition 등의 기업들의 스타트업 초기 단계에 투자를 결정했고 놀라운 성과를 함께했다. 포브스 선정 최고의 벤처 투자자를 의미하는 포브스 마이다스 리스트Forbes Midas List에 여덟 차례 이름을 올렸으며, 2000년대 중반에 시작되어 이제는 스타트업 투자의 주류가 된 시드 투자를 개척한 선구자 중 한 명이 되었다. 가장 인기 있는 팟캐스트 가운데 하나인 〈패턴 브레이커스Pattern Breakers〉의 진행자이기도 한 마이크는 하버드 경영대학원에서 MBA를, 스탠퍼드대학교에서 공학 학사를 받았다.

지은이 **피터 지벨먼**Peter Ziebelman

세계적 반도체 기업 중 하나인 텍사스 인스트루먼츠Texas Instruments에서 경력을 시작한 그는 음성 합성 반도체Speech Synthesis Semiconductors 분야의 혁신적인 스타트업 팀에 몸담았으며 벤처 투자를 받고 시스템 소프트 스타트업을 이끌었다. 96년 초기 단계 벤처 투자 회사인 팰로앨토 벤처 파트너스Palo Alto Venture Partners를 공동 창립해 인터넷 생태계에서 혁신을 이끈 여러 기업에 투자했다. 피터는 포천 500대 기업을 대상으로 기업가 정신에 대해 컨설팅을 계속해오고 있다. 현재 스탠퍼드 경영대학원에서 창업과 벤처 투자를 강의하고 있으며 스탠퍼드 경영대학원에서 경영학 석사 학위, 예일대학교에서 통합 과학 이학사 학위를 받았다.

PATTERN BREAKERS

패턴 파괴자들

AI 시대의 변곡점을 발견하고
미래를 선점하는 법

마이크 메이플스 주니어, 피터 지벨먼 지음   신솔잎 옮김

PATTERN BREAKERS

옮긴이 신솔잎

프랑스에서 국제대학을 졸업하고 프랑스, 중국, 국내에서 경력을 쌓았다. 《생각 중독자를 위한 관계 수업》《내 시간 설계의 기술》《결정력 수업》《탁월한 리더의 성공 법칙》《스토리 설계자》《유튜브, 제국의 탄생》 등 50여 권의 책을 번역했다.

패턴 파괴자들

초판 1쇄 발행 2026년 4월 8일

지은이 마이크 메이플스 주니어, 피터 지벨먼
옮긴이 신솔잎
발행인 박윤우
편집 김유진 박영서 박혜민 백은영 성한경 유소영 장미숙
마케팅 박서연 정미진 정시원 조아현 함석영
디자인 박아형 이세연
경영지원 이지영 주진호
발행처 부키(주)
출판신고 2012년 9월 27일
주소 서울시 마포구 양화로 125 경남관광빌딩 7층
전화 02-325-0846 | 팩스 02-325-0841
이메일 webmaster@bookie.co.kr
ISBN 979-11-7578-011-8 13320

※ 잘못된 책은 구입하신 서점에서 바꿔드립니다.

만든 사람들 편집 유소영 | 디자인 이세연 | 조판 박정현

내 인생에서 가장 중요한 모험을
함께 공모하는 동지, 줄리에게

마이크

——

손이 닿지 않는 곳으로 몸을 뻗는
내 두 발을 단단하게 붙잡아주는 신디에게

피터

인간은 패턴을 찾아내는 데 탁월하다.

아침에 눈을 뜨고, 아이의 등교를 준비하고, 일과를 마친 후 휴식을 취하는 방법까지 우리는 리추얼과 루틴으로 이루어진 하루하루를 보낸다. 우리는 일상의 습관을 넘어 지역사회의 집합적인 패턴에도 적응하고, 그 덕분에 사회적 상호작용이 원활해지고 소속감이 생긴다.

비즈니스에서 '모범 사례'란 가장 좋은 방법을 체계적으로 정리한 것이다. 경영진은 이전 데이터에서 패턴을 찾아 미래를 예측한다. 매니저들은 이전 성과를 바탕으로 채용 후보자들을 판단한다. 상장기업은 일반적으로 인정된 회계 원칙에 따라 재무 정보를 공시해야 한다.

패턴 매칭은 인간의 거의 모든 활동을 관장한다. 신경과학에서 그 이유를 찾을 수 있다. 뇌는 본디 무질서한 세계에서 질서를 찾고 예측성과 안전성을 확보하기 위해 패턴을 찾도록 설계되어 있다. 과거의 경험과 지식을 바탕으로 우리는 새로운 정보를 더욱 효율적으로 처리하고 의사결정을 신속하게 진행한다. 패턴을 찾아내는 능력 덕분에 우리는 타인과 관계를 맺고 공동체 안에서 자신의 자리를 찾을 수 있다. 패턴을 찾는 능력은 학문적 성공을 이루고 사회적 명성을 높이고 더욱 충만한 삶을 더욱 길게 영위하는 데도 기여한다.

위기나 정체 상태에서 돌파력breakthrough을 발휘하는 사람이 적은 것도 이 때문이다.

돌파력을 발휘하려면 패턴을 '파괴해야breaking' 하기 때문이다.

패턴을 파괴하는 창립자들은 틀을 깨는 무언가를 만들어낸다. 이들의 패턴 파괴적 아이디어는 현재의 습관에서 벗어나도록 우리를 도발한다.

패턴을 깨는 아이디어를 보며 불가능한 일이라고, 상상도 할 수 없는 일이라고 여기는 사람들이 많다. 처음에는 말이다. 역설적이게도 가장 존경받는 전문가들이 과거에서 벗어난다면 어떠한 잠재력이 발휘될지를 보지 못하는 경우가 많다. 패턴을 깨는 아이디어를 내는 패턴 파괴자는 과거에 짓눌리지 않은 아웃사이더일 때가 많다.

인류의 비행이 획기적인 돌파를 이뤄낸 사례를 생각해 보길 바란다.

1901년 미해군 기관장인 조지 멜빌George Melville은 항공술을 두고 '쓸모없는 꿈'이라고 했다. 2년 후《뉴욕타임스New York Times》에는 '날지 못하는 비행기들Flying Machines Which Do Not Fly'이라는 제목으로 인류의 비행은 아주 먼 미래에나 정복될 일이라는 내용의 글이 실렸다. 기사는 이렇게 끝났다.

"수학자들과 기계공학자들이 힘을 모아 지속적인 노력을 계속한다면 백만 년에서 천만 년 사이에 실제로 하늘을 나는 비행기가 완성될지도 모른다… 보통 사람이라면 노력을 다른 데 쏟는 편이 훨씬 나을 것이다."

다행스럽게도 라이트 형제는 보통 사람이 아니었다.《뉴욕타임스》의 사설이 나오고 69일 후 두 사람은 노스캐롤라이나주 키티호크에서 첫 비행을 성공했다.

오빌과 윌버 라이트는 물리학이나 항공학을 정식으로 배운 적이 없었다. 이들은 오하이오주의 데이턴에서 자전거를 판매하고 수리하는 상점을 운영하고 있었다. 하지만 두 사람은 독립적 사고란 무엇인지, 삶의 경험들이 이렇게 특별한 방식으로 결합되어 돌파구로 이어지는지를 몸소 보여준 인물이 되었다. 두 사람이 자전거의 균형과 조종을 배우며 이해한 원칙들은 훗날 비행 조종법을 이해하는 데 큰 도움이 되었다.

인류의 비행은 판타지일 뿐이라는 전문가들의 확고한 믿음에도 불구하고 라이트 형제는 불가능에 도전했고 오랜 통념을 깨버렸다. 전문지식과 자격은 부족했지만 호기심과 끈질긴 시행착오, 분석적인 관찰력, 실제적인 기계 조작 기술, 확고한 집념은 부족함을 상회하고도 남았다.

조지 버나드 쇼^{George Bernard Shaw}의 희곡, 《인간과 초인》에 이들의 정신이 그대로 담겨 있다.

합리적인 사람은 자신을 세상에 맞춘다. 비합리적인 사람은 세상을 자신에게 맞추려고 안간힘을 쓴다. 따라서 모든 진보는 비합리적인 사람에 의해 일어난다.

버나드 쇼는 근본적인 진리 하나를 이해하고 있었다. 현재의 규칙 안에서 번성하는 사람들('합리적인' 사람들)은 우리를 새로운 지평으로 이끌지 않는다는 점이다. 획기적인 돌파구는 '비합리적인' 패턴 파괴자들에게서, 즉 틀에 어울리지 못하는 사람들이나 다른 세상을 보고 자신의 의지대로 세상을 비트는 사람들에게서 나온다.

내 역할은 훨씬 후에나 세상의 신뢰를 받을 이들에게, 비합리적인 아이디어를 지닌 비합리적인 사람들에게 힘을 실어주는 것이다. 나는 지난 20년간 벤처캐피털 기업 플러드게이트^{Floodgate}에 몸담으며 패턴 파괴적인 창립자들에게, 이들이 패턴 파괴적인 스타트업 시작에 투자를 해왔다.

오늘날 플러드게이트는 시드 투자seed investment(초기 투자-역주)라는 니치Niche(틈새라는 뜻-역주) 세계에서 선구자이자 리더로 알려져 있다. 나는 2005년 플러드게이트를 공동 창립하고 벤처캐피털 업계에 시드 투자라는 새로운 범주를 정립하는 데 힘을 보탰다. 기존의 전통적인 투자와 달리 시드 투자는 실제 고객이나 과거 재무 정보는 없지만 아이디어 하나 또는 초기 시제품 정도만 있는 창립자 두어 명을 지원한다.

우리 벤처 팀은 지난 20년을 통틀어 가장 역동적이고 획기적이라 할 수 있는 스타트업들의 초창기부터 함께 일하고 가장 먼저 투자하는 행운을 누렸다. X(트위터), 트위치Twitch, 옥타Okta, 리프트Lyft, 라피Rappi(중남미 배달 앱-역주)를 포함해 이제는 널리 알려진 기업들, 대기업의 핵심 사업체가 된 회사들이 포함되어 있다(안타깝게도 내가 미처 가치를 알아보지 못한 기업들도 몇 곳 있다. 이 이야기는 잠시 후에 다시 하도록 하겠다).

시드 투자자인 우리의 리스크 프로파일risk profile(특정 투자 전략 및 포트폴리오의 위험과 수익의 패턴)은 상당히 특이하다. 우리는 보통 투자금 대부분을 잃지만 한 번씩 스타트업이 대단한 성공을 거두어 막대한 수익이 발생하는 데 희망을 건다.

스타트업에 투자를 한다는 것은 언제든 매수와 매도가 가능한 월스트리트에서의 투자와 다르다. 초기 단계의 사업체에 투자를 하고 나면 해당 사업체가 더 큰 기업에 인수되거나 상장이 될 때까지 함께 가야 한다. 투자 한 건의 여정이 몇 년이 걸리기도 하는 한편 중간에 빠져나올 길이 없다.

이러한 특성으로 나는 시드 투자에 상당히 사적인 마음을 담는다. 내가 기쁜 마음으로 함께 곤경에 빠져도 좋다는 사람에게 투자를 한다고 말할 때가 많다. 문제는 거의 매번 벌어지니까. 내가 단순한 자본가 이상이라는 사실에 자부심을 느낀다. 나는 현실에 반기를 드는 야심 찬 창립자들과 함께하는 공모자인 셈이다.

우리가 투자한 혁신적인 스타트업들은 전부 패턴을 깨는 창립자들, 통념에 도전하고 완전히 다른 미래를 받아들이도록 다른 이들을 설득한 창립자들의 손에서 탄생했다. 이 창립자들은 그 어떤 것과도 급진적으로 다른 패턴 파괴적 '아이디어'에 사람들이 사고하고, 느끼고, 행동하는 방식을 바꾸는 패턴 파괴적 '행동'을 더해 거대한 변화를 만들어 냈다.

패턴 파괴적 아이디어는 지금껏 세상에 등장한 그 무엇과도 급진적으로 다른 어떤 것을 제공한다. 처음에는 이 아이디어가 말도 안 되는 이야기처럼 보일 수 있다. 낯선 사람 집에서 머물고 싶은 사람이 있을까? 그러자 에어비앤비가 그런 사람들이 있다는 사실을 보여줬다. 낯선 사람의 차를 타려는 사람이 있을까? 그랬더니 우버와 리프트가 수백억 명의 승객으로 이 질문에 답했다. 140자밖에 담을 수 없는 '트윗'이 어떻게 지난 20년을 통틀어 가장 뜨거운 미디어 혁명을 만들어 낼 수 있겠는가? 그러자 X/트위터는 체제의 단순함을 내세워 미디어와 공적 담론의 장을 변화시켰다.

이 변혁적 기업들이 처음에는 괴상하게 느껴졌을지언정 이들만의 고유함은 대단한 강점으로 작용했다. 견줄 선례가 없는 만큼 비교의 덫을 피할 수 있었다. 경쟁자보다 앞서나가는 것이 아니라 유일하게 존재했다.

이 책을 읽으며 보게 되겠지만 더 나은 아이디어만으로는 충분하지 않다. 압도적인 영향력을 발휘하려면 놀랍도록 '다른' 아이디어가 필수다. 패턴을 파괴하는 창립자들은 자신의 아이디어로 새로운 미래를 꿈꾸지만 이것만으로 끝나지 않는다. 아이디어를 실현시키기 위해서는 다른 사람들을 끌어들여야만 한다. 익숙함을 떠나 불확실한 미래로 나아가자고 세상에 요구하는 일은 도발적인 행동이다. 대부분의 사람들은 불안을 느낄 일이다. 따라서 이 창립자들은 군중에 섞이거나 전통적인 접근을 따르는 방식으로 승리를 거머쥐지 않는다.

이들은 패턴 파괴적 행동을 제시하며 이를 통해 관습을 바꾸자고 사람들을 설득한다. 지금 존재하는 세상과 달라질 세상을 극명하게 대비시켜 자신과 함께 다른 미래로 나아가는 여정에 함께하자고 촉구한다.

아이디어와 행동이 대단히 급진적인 만큼 패턴 파괴자들은 변화에 미온적인 세상의 강렬한 저항에 부딪힐 때가 많다. 가까운 조언자들과 가족들은 이들을 다시 주류에 합류시키려 하고, 비평가들은 경멸을 보내고, 기존의 기업들은 이들을 꺾으려 할 때가 많으며, 정부는 아예 이들을 법으로 금지하려 들기도 한다. 하지만 이들은 상식적으로 수용되는 범위를 훨씬 넘어선 목적에 이끌려 전진한다.

그냥 운이 좋은 바보인가?

2014년 8월, 유난히 떨떠름한 기분에 시달렸다. 난감한 투자 실패 때문이 아니었다. 예상치 못한 투자 성공 때문이었다. 7년 전, 나는 트위치의 전신인 한 스타트업에 투자를 했었다. 이후로 트위치는 유저가 수천만 명에 이를 정도로 성장했다. 그후 아마존이 10억 달러에 이르는 규모에 트위치를 인수했다.

하지만 투자 성공이 우연한 행운처럼 느껴졌다. 수년 전

내가 지원하기로 결심했던 아이디어와 아마존이 인수한 기업에는 상당한 차이가 있었다. 처음 아이디어는 공동 창립자 중한 명인 저스틴 칸Justin Kan의 일상을 24시간 라이브 스트리밍으로 중계하는 인터넷 리얼리티 쇼, 저스틴티비Justin.tv였다. 몇 년후, 몇 차례 대대적으로 방향을 수정한 끝에 저스틴티비는 별도의 서비스로 트위치를 출시했다.

트위치의 인기가 무섭게 치솟았지만 나는 그 이유를 이해하기가 어려웠다. 우리 집안의 비디오 게임 전문가이자 유튜브 전문가인 열네 살짜리 아들, 스펜서에게 물었다.

"트위치가 왜 그렇게 유명한 거야?"

아이는 어리둥절한 표정을 지었다.

"아빠 트위치에 투자하지 않았어요?!"

스펜서는 캡틴스파클즈Captainsparkles, 팬텀로드PhantomL0rd, 나이트블루쓰리Nightblue3 등 스트리머들의 라이브 채널을 짧게 보여줬다. 리그 오브 레전드League of Legends 경기가 있으면 경기장에서 열리는 메이저 스포츠 관중보다도 많은 십만 명이 넘는 사람들이 이를 시청했다. 또 다른 스트리머는 슈퍼 마리오 64Super Mario 64의 '스피드런speed runs(비디오 게임을 최단 시간으로 클리어하는 기록 경쟁을 뜻한다.-역주)' 세계 기록 보유자였다.

대단한 충격이었다. 이 스트리머들은 적어도 내가 아는 의미의 영화계 스타도, 록 스타도 아니었다. 그저 비디오 게임을 하는 평범한 사람들이었다. 그럼에도 스타가 부러워할 만한 엄청난 규모의 추종자들을 거느린 사람도 있었다. 모르는 사람이 비디오 게임을 하는 모습을 보려고 채널에 접속하려는 사람들이 있다고? 그런 사람이 하물며 수백만 명이나 된다니. 엔터테인먼트와 명성에 대한 내 생각이 흔들렸다.

하지만 나를 혼란스럽게 한 일은 이뿐만이 아니었다. 내가 성공을 거의 확신했던 한 스타트업 창립자가 그 주에 회사 문을 닫았다. 이 또한 내가 이유를 정확히 이해할 수 없는 일이었다. 그는 실리콘밸리에서 가장 예리하다고 꼽히는 투자자 몇 명에게서 자금을 유치했고 자신이 해야 할 모든 일, 즉 고객 개발, 규모가 큰 시장 발견, 훌륭한 팀 구축, 고성과 문화 정립까지 뛰어나게 해낸 사람이었다. 스타트업이란 어떻게 해야 하는지 본보기가 될 수 있는 회사였다.

그런 스타트업이 실패했다. 몇 년 간의 희생과 몇 차례의 정리해고 바람, 사기 저하가 이어지자 투자자들과 지지자들의 신뢰를 잃었다. 그는 자신의 스타트업이 서서히 죽음을 맞이하는 모습을 지켜보며 고통스러워했다.

스타트업이 해야 할 일을 다 잘한 것 같은데도 실패하는 일이 처음은 아니었다. 여러 차례 목격한 바였다.

따져보니 내가 함께했던 대단히 강렬한 스타트업 가운데 완벽히 노선이 달라진 경우는 80퍼센트가 넘었다. 다시 말해 시작점에서 종종 대단히 급진적으로 방향을 틀어 새로운 경로로 나아갔다는 뜻이다.

2005년 내가 투자했을 때만 해도 트위터는 트위터가 아니었다. 오데오Odeo라는 팟캐스트 회사였다. 하지만 애플이 아이튠즈로 무료 팟캐스트를 제공하자 오데오는 심각한 위기에 빠졌다. 트위터는 잭 도시Jack Dorsey, 에반 윌리엄스Evan Williams, 비즈 스톤Biz Stone이 치열하게 새로운 방향을 모색하는 과정에서 시작되었다.

마찬가지로 내가 투자했던 대상은 트위치가 아니라 저스틴티비라는 인터넷 생중계 리얼리티 쇼였다. 4년 후, 지금 우리가 알고 있는 트위치라는 이름의 스트리밍 플랫폼으로 변신했다.

체그Chegg는 2006년 우리가 시드 자금을 제공할 때만 해도 대학생들을 위한 거래 사이트였다. 상장이 된 2013년 11월, 체그는 기존의 서비스와는 전혀 상관이 없는 교육 시비스를 제공하는 기업이 되어 있었다.

2010년, 우리가 시드 투자를 했을 당시에는 리프트가 아니라 짐라이드Zimride였다. 원래는 대학과 기업에 카풀을 중개하는 서비스였다. 2012년, 짐라이드는 현재 우리가 아는 승차 공유 서비스로 전환하며 방향을 달리했다. 짐라이드의 창립자들은 방향 전환을 대단히 잘 해냈다. 놀랄지 모르지만, 돌파력을 발휘하는 스타트업 창립자 다수가 도약하지 못한 창립자들보다 더욱 나은 계획을 세웠다거나 실행력이 뛰어나서 성공한 것은 아니었다.

X/트위터도 그중 하나다. 창립자들 간에 비전이 엇갈렸다. 수장도 여러 번 바뀌었다. 서버 과부하일 때 등장하는 '실패고래Fail Whale'가 거의 매일같이 화면에 등장했다.

트위치도 초기에는 혼란스러운 시절을 보냈다. 당시 CEO인 에밋 시어Emmett Shear는 조직 내 역할이 불분명하고, 문화적인 어려움이 있었으며, 비전이 상충하고, 여러 중대한 순간에 의사결정을 내리는 과정이 힘들다며 경영상의 문제를 숨김없이 드러냈다.

패턴을 파괴하는 스타트업들을 보면 초기의 아이디어를 전환할 때가 많았지만, 뛰어난 실행력이 언제나 성공으로 이어지지는 않았기에 내 마음속에는 깊은 우려가 피어났다. 내가 택한 스타트업의 성공이나 실패는 순전히 운에 의해 갈린 것이었을까?

운 좋은 바보Lucky Fool는 나심 탈레브Nassim Taleb의 《행운에 속지 마라》(내가 가장 좋아하는 책 중 하나다)에 등장하는 중요한 개념이다. 운이 좋은 바보는 주로 운 덕분에 성공하면서도 자신의 성공을 운이 아니라 기술이나 전략, 천재성, 직업의식 등 그럴 듯해 보이는 다른 요인이 작용한 덕분이라 여긴다.

나는 행운에 속았던 걸까? 내가 함께한 획기적인 창립자들이 사실은 운 좋은 바보들이었던 걸까? 아니면 내가 단순히 이들의 능력 덕을 본 운 좋은 바보였던 걸까? 돌파구를 마련하지 못한 창업가들은 뭐였을까? 그저 운이 나빴던 것일까?

내 안의 애너랙

내 안의 애너랙anorak(괴짜, 별종, 기인 등을 뜻하는 말-역주) 기질이 깨어난 순간이었다. 애너랙은 세상 사람들은 지루해 할 난해한 주제에 강박적으로 집착하는, 사회성이 떨어지는 사람을 뜻하는 영국의 속어다. 기차를 관찰하는 사람들이 애너랙 스타일, 즉 바람막이 옷을 자주 입는 데서 유래했다. 이들은 날씨가 어떻든 역 근처에서 한참을 머물며 지나가는 열차의 번호를 기록한다.

나는 구제 불능의 애너랙이다. 어떤 스타트업은 왜 놀라운 성과를 거두고 또 어떤 스타트업은 제대로 된 절차를 밟았음에도 왜 고전을 면치 못하거나 보잘것없는 성공만 거두는지 그 이유를 파헤치는 데 사로잡혔다.

그 이유를 밝히기란 쉽지 않았다. 스타트업은 본질적으로 우연성과 복잡성이 작용하는 영역이다. 똑같은 스타트업은 없다. 운이 좋게도 나는 스타트업 창립자들과 관계가 좋았기 때문에 대부분은 내 질문에 솔직하게 대답해 주었다. 이 중에는 위대함에 이른 사람도 있었고, 실패에 몸부림친 사람도 있으며 둘 다를 경험한 이들도 몇 있었다. 나는 이 창립자들의 사례에서 객관적인 진실을 추려내기 위해 신중하게 질문을 골랐다.

우리는 결국 어떤 식으로든 행운에 속는다. 지나고 보면 과거의 일들은 우연성의 영향을 덜 받은 것처럼 느껴진다. 자신이 거둔 성공에서 운의 역할은 과소평가하고 자신의 능력이나 전략을 과대평가한다. 굉장한 성공을 거두었을 때 그런 경향이 더욱 짙어진다. 탈레브는 성공한 사람 다수는 우리가 생각하는 것처럼 노련한 천재가 아니라, 마침 적절한 때 적절한 곳에 있었던 운 좋은 바보라고 봤다.

우리는 자신의 지난 성공을 이야기할 때 우연한 사건들을 하나의 패턴으로 엮고, 자신의 능력을 성공담의 주역으로 둔갑시켜 하나의 일관된 서사를 만든다. 하지만 우연의 역할을 간과한다면 더욱 깊이 자리한 진실을 깨닫지 못하고 이 진실에서 배움을 얻을 기회 또한 잃는다.

한편 이 모든 결과들이 단순히 우연만으로는 설명되지 않는다는 생각도 들었다. A 스타트업이 B 스타트업보다 비범한 성공을 거둘 가능성이 더욱 컸던 이유가 있을 거라고 말이다. 마법 같은 비결을 찾는 것은 아니었지만 성공의 요인들을 자세히 알고 싶었다. 알아내야 했다. 그래서 계속 파고들었다.

그간 미팅했던 창립자들 수천 명 가운데 성공한 아웃라이어 사례를 추리기 위해 데이터베이스를 살폈다. 이례적인 성공을 거둔 창립자에게 투자할 기회를 거부한 사례에서는 당시 우리가 어떠한 조사를 했고, 해당 창립자에게 거절 메일을 어떻게 보냈으며, 나와 플러드게이트 팀 사이에 어떤 메일이 오갔고 내부적으로 어떤 대화를 나눴는지 검토했다.

나는 창립자들이 사업 아이디어를 어떻게 떠올렸는지를 이해하는 데 주력했다. "이 상품이 뜨거운 반응을 얻은 이유가 뭡니까?" 같은 개방형 질문을 피하려 했다. 사후 확증편향이 깃든 답변을 유도할 수 있었다. 때문에 나는 이런 질문들을 했다.

"스타트업을 시작한 동기가 무엇이었나요? 스타트업을 창업하려고 계획적으로 준비를 했나요, 아니면 번뜩 영감이 찾아오듯 스타트업을 떠올린 것인가요? 당시 다른 일도 하고 있었나요? 함께 아이디어를 시험한 사람은 누구인가요?”

나는 모든 창립자들에게 이런 질문도 했다.

“처음 상품 아이디어와 결과물이 어떻게 달라졌습니까? 경로를 바꾼 계기가 무엇이었습니까? 일이 제대로 돌아가는 것 같다고 처음 느낀 순간은 언제입니까?”

나는 이들의 답변에서 긍정적이든 부정적이든 예상치 못한 놀라움을 발견하고자 했고, 이것이 성공 또는 실패를 가르는 데 어떠한 역할을 했는지 파악하고 싶었다. 또한 창립자들이 첫 지지자들을, 즉 초기 사용자들을 어떻게 발견했는지, 이들의 니즈를 어떻게 파악했고 또 기존의 행동 패턴을 버리고 완전히 새로운 패턴을 받아들이기로 결심한 이유는 무엇인지 파헤치는 데도 많은 시간을 들였다.

이 모든 것들은 단 하나의 질문에 대한 답을 찾기 위함이었다. 바로, 돌파력을 발휘하는 성공에서 가장 중요한 요인은 무엇인가?

어떤 날은 뭔가 잡힐 듯 잡히지 않는, 길을 잃은 방랑자가 된 기분을 느꼈다. 그럼에도 조사를 할수록 스타트업에 대한 생각과 논조가 달라지기 시작했다. 이 책 공동저자인 피터 지벨먼Peter Ziebelman의 스탠퍼드 경영대학원 기업가정신 강의에 초청 강연자로 나가 내 경험을 학생들에게 공유했다.

피터는 내 관점이 다른 강연자들과는 상당히 달랐다고 말했다. 연사 대부분은 기업의 모범 사례에 초점을 맞췄다. 매력적인 시장을 찾아내는 법, 고객을 인터뷰해 페인 포인트pain point(고객이 경험하는 고통, 불편함, 문제를 말하며 돈을 주고서라도 해결하고 싶은 문제를 뜻한다.-역주)가 무엇인지 파악하는 법, 이 페인 포인트를 해결하는 명확한 비즈니스 모델을 갖춘 최소 기능 제품minimum viable product을 만드는 법을 설명했다.

이론상으로는 모범 사례를 따르는 게 합당해 보였다. 하지만 모범 사례를 시도한 창립자들을 조금 더 깊이 있게 들여다보면 내 눈에는 익숙한 서사가 보였다. 빈틈없는 노력과 굳은 결의에도 불구하고 바랐던 영향력을 발휘하지 못하는 이들이 많았다. 왜일까? 겉보기에는 유망해 보이지만 패턴을 파괴하는 잠재력이 부족한 아이디어에 에너지를 쏟은 탓이다. 이들에게는 애초에 어떤 아이디어를 좇아야 하는지 알아볼 방법이 없었다.

피터의 강의에 함께하는 시간이 늘어나자 나는 패턴을 파괴하는 아이디어를 탄생시키려면 어써한 마음가짐이 필요한지로 초점을 옮겼다. 우리가 강의 방향을 서서히 틀자 학생들의 열기가 높아졌다. 학생들은 강의를 들으며 자신들이 품고 있는 아이디어의 영향력을 어떻게 시험할지, 획기적인 스타트업을 구축하려면 무엇이 필요할지로 생각의 초점이 달라졌다고 전했다. 피터와 나는 주기적으로 만나 내가 답을 찾고자 하는 질문들을 함께 파고들었다. 서서히 답이 형태를 갖춰나가기 시작했다.

스타트업이 성공 또는 실패하는 이유를 설명하는 기존의 프레임워크들이 틀린 것은 아니다. 창립자들이 실수를 피하도록 돕는 유용한 도구다. 스타트업 창립이라는 미션을 더욱 잘 수행할 수 있도록 검증된 패턴을 제공한다. 다만 다른 연사들은 기업가정신을 수학이나 물리, 영어처럼 공식이나 비법이 있고, 이를 따르면 정답에 이르는 것처럼 가르치고 있었다.

나는 나름의 조사를 하며 직관에 반하는 한 가지 진실을 발견했다. 이례적인 스타트업을 만든 창립자들은 기존의 비법이나 모범 사례를 통달하지 않았다는 것이다. 이들은 패턴 파괴를 스타트업 창립자라는 자신의 역할과 스타트업 여정의 핵심으로 여겼다. 돌파력을 발휘하는 창립자라는 직무에서 가장 중요한 측면은 비범할 정도로 달라야 한다는 것이다. 전혀 다른 유형의 마인드셋으로 패턴을 파괴하는 재능, 즉 틀을 깰 줄 아는 기질이 필요하다.

학생들과 소통하며 우리는 그들에게서 창립자가 지녀야 할 역량과 투지, 명민함을 발견했다. 하지만 학생들의 스타트업 아이디어와 전략을 평가하자면 재능이 아까울 정도로 관습적이고 보잘것없었다. 이들은 성실하게 모범 사례를 따랐지만 획기적 스타트업의 기술을 마스터하는 접근법이라기보다는 정해진 번호에 따라 칸칸이 색을 칠하는 컬러링 훈련 같았다.

이보다 더욱 안타까운 일은 자신의 스타트업이 그 어떤 변화도 불러오지 못할 것이라는 알면서도 몇 년 동안이나 스타트업의 동력을 유지해 보려 애쓰는 창립자의 모습을 지켜보는 것이다. 열정이 아니라 의무감에 이들은 가족, 친구, 투자자, 직원들을 향한 막중한 책임감을 떠안는다. 옴짝달싹하지 못하는 기분에 휩싸인 이들은 자신의 전성기를 몇 년이나 허비한다. 이것이야말로 대단한 비극이 아닐 수 없다.

피터는 우리가 발전시킨 아이디어들을 구체화하자고, 이 아이디어들을 더욱 정확하게 포착해 내는 프레임워크를 만들자고 제안했다. 돌파력을 발휘하는 스타트업이 어떻게 탄생하는지에 대한 담론에 우리가 새로운 무언가를 더할 수 있을지도 모른다. 이 책은 내 목소리를 빌었지만 모든 문장에서 피터의 영향력을 느낄 수 있을 것이다.

이 역시 또 하나의 패턴이 아닐까?

이렇게 생각하는 사람도 있을 것이다. 돌파력을 발휘하는 스타트업의 특징을 분석하는 것 또한 하나의 패턴을 찾아내는 일 아닌가? 이 책은 돌파구를 만들어 내는 패턴을 소개하는 책이잖아? 그렇다면 모순 아닌가?

좋은 질문이고, 이에 답하기 위해 나는 두 가지 중요한 차이에 초점을 맞출 예정이다.

먼저, 나는 패턴 매칭이 본질적으로 '나쁘다'거나 패턴 파괴가 항상 '좋다'고 말하는 게 아니다. 이 둘은 각각의 장점과 한계를 지닌, 서로 다른 마인드셋이다.

패턴 매칭은 중요한 인지 능력이다. 우리가 정보를 효율적으로 처리하고, 의사결정을 하고, 학습하고, 위험을 피하고, 적응하도록 돕는다. 일상생활에서 대단히 중요한 능력이다.

하지만 이러한 인지적 지름길로 우리는 눈앞에 벌어지는 특별한 일들을 놓치기 쉽다.

하버드대에서 진행한 한 실험에서는 영상을 보면서 학생들에게 흰 셔츠를 입은 농구 선수들 사이에서 패스가 몇 번 오갔는지 세어보는 과제를 주었다. 영상 속 선수들이 공을 패스하던 중, 화면으로 고릴라 탈을 쓴 사람이 등장해 깡충 뛰고 팔을 흔들며 9초 동안 머물렀다.

당신이라면 고릴라를 알아차렸을까? 대부분은 "당연하죠!" 자신 있게 답할 것이다. 하지만 실험에 참가한 학생 절반은 고릴라가 있었다는 사실을 눈치채지 못했다. 《보이지 않는 고릴라》에서 깊이 있게 다루는 이 이야기는 우리의 인지적 맹점을 잘 보여준다. 우리 주변에 명백하게 존재하는 것들을 어떻게 못 보고 지나칠 수 있는지를 보여주는 명확한 사례다.

돌파구를 마련하기 위해서는 당신 그리고 다른 사람들이 평소에 보지 못했던 무언가를 볼 수 있는 새로운 마인드셋이, 즉 패턴을 파괴하는 마인드셋이 필요하다. 돌파력을 발휘하는 아이디어를 발견하는 것이 어려운 이유는 그것이 숨겨진 비밀이라서가 아니라 우리가 익숙한 대상에 초점을 맞추도록, 그것이 어떻게 달라질 수 있을지는 간과하도록 길들여진 탓이다.

여기서 내가 말하고자 하는 두 번째 차이가 등장한다. 많은 이들이 성공의 공식을 찾는다. 하지만 패턴 파괴적 마인드셋은 한 가지 고정된 방식을 제시하지 않는다. 어떠한 단계들을 따르면 돌파구를 마련할 수 있다는 식의 보장된 방법은 없다. 본질적으로 돌파구는 아직 발견되지 않은 무언가이기 때문이다. 따라서 이 책에서 소개하는 개념들은 성공을 보장받기 위해 따라야 할 패턴이 아니다. 도리어 관습적인 사고와 행동에서 벗어나는 마인드셋을 기르는 전략에 가깝다. 이 지점에서 당신이 흔히 접하게 될 비즈니스 방법론과 차이가 있다.

■ 패턴 파괴자로 향하는 길

이 책은 어떻게 소수의 스타트업만이 평범함을 넘어 비범함에 도달하는지, 그 이유를 다시 생각해 보도록 당신을 자극할 것이다. 먼저 패턴을 파괴하는 창립자들의 '생각'이 어떻게 다른지를 살펴볼 예정이다. 어떻게 이들의 아이디어에는 이미 존재하는 대상을 단순히 개선하는 것이 아니라, 현 상태를 해체하는 힘이 있는 걸까? 그런 뒤에는 패턴 파괴자들의 '행동'이 어떻게 다른지에 대해서 다룰 것이다. 이들은 어떻게 올바른 공모자들을 자신의 세력에 합류시키고, 어떻게 자신의 아이디어를 운동으로 번지게 하며, 궁극적으로는 어떻게 사람들이 사고하고 느끼고 행동하는 방식을 새롭게 정립할 것인가? 우리의 목표는 이 놀라운 힘에 담긴 통찰을 정제해 당신이 직접 적용할 수 있는 실용적이고 실천 가능한 단계들로 정리하는 것이다.

제1장에는 이 책의 핵심 질문이 등장한다. 현 상태를 전복시키는 아이디어의 동력, 그 반직관적인 동력은 무엇인가? 패

턴을 파괴하는 창립자들은 이 전복적인 아이디어를 사람들에게 어떻게 전파하는가? 패턴을 파괴하는 원칙들이 스타트업의 모범 사례 다수와 충돌할 때는 언제인가?

제2장에서는 스타트업이 급진적인 변화를 촉발하는 근저에는 '변곡점inflection'이라는 힘이 있음을 설명한다. 제3장을 통해 변곡점 외에도 타이밍이 얼마나 중요한지, 타이밍을 어떻게 잡아야 자신에게 유리하게 활용할 수 있을지를 확인할 수 있다. 좋은 아이디어처럼 보였지만 성공을 거두기에는 변곡점의 힘이 부족해 실패한 스타트업의 사례도 함께 살펴볼 예정이다.

스타트업 아이디어의 기저에는 강력한 힘이 있어야 하지만, 이례적인 성공을 거두려면 그 이상이 필요하다. 제4장과 제5장은 당신의 아이디어에는 반드시 '통찰insight'이 있어야 한다는 점을 설명한다. 통찰은 최고의 기업인들조차도 자주 간과하는 핵심 요소다. 통찰은 아이디어에 고유성을 부여해 시장 경쟁에서 벗어날 수 있도록 해준다. 스타트업의 통찰이 왜 비주류적인 동시에 옳아야만 패턴을 깰 수 있는지, 그 이유를 설명할 예정이다.

제6장과 제7장에서는 왜 '미래를 사는 것'이 가장 높은 확률로 가장 강력한 통찰을 얻는 방법인지 설명한다. 현재를 사는 것과 미래를 사는 것의 차이를 설명하고, 스스로를 미래 지

향적 환경에 놓기 위해서 어떻게 해야 하는지 실행 가능한 단계들을 제시한다.

제8장과 제9장에서는 잠재적 초기 지지자들을 대상으로 자신의 통찰을 테스트할 수 있는 방법을 알려준다. 당신의 핵심 비전에 공감하는 사람들에게서 피드백을 구하는 한편 현재의 규범에 얽매여 있는 사람들을 멀리해야 하는 이유를 깨닫게 될 것이다. 또한 당신의 아이디어가 올바른 초기 지지자 집단에게서 필요한 수준의 열기를 이끌어 낼 수 있을지, 당신이 스타트업을 구축하는 데 쏟는 노력과 희생이 정당할지를 판단하는 방법을 알려줄 것이다. 여러 장에 걸쳐 당신의 콘셉트가 기존의 패턴을 전복할 힘을 진정으로 갖추었는지를 냉정하게 묻는 스트레스 테스트 stress-test(내구성과 신뢰성을 시험하는 테스트-역주)도 등장한다.

다음으로 패턴 파괴적 아이디어에서 한 걸음 더 나아가 이 아이디어를 현실에서 성공시키는 데 필요한 결정적인 패턴 파괴적 행동에 대해 살펴볼 예정이다. 제10장과 제11장에서는 공모자들, 즉 초기 스타트업 팀과 초기 고객, 초기 투자자로 구성된 첫 열성 지지자들을 어떻게 불러 모으는지 보여준다. 제12장에서는 이 첫 열성 지지자들을 찾아내고 운동을 시작하는 이야기가 등장한다. 제13장은 운동에 활력을 불어넣는 데 효과적인 스토리텔링이 얼마나 중요한지를 설명한다. 제14장에서는 새로운 지평을 개척하는 이들에게 비동조적인 기질은 결점이 아니라 자산임을, 또한 이것이 무례함과는 어떻게 다른지를 설명한다.

제15장은 패턴을 파괴하는 행위는 비단 스타트업만이 아니라 더욱 큰 규모의 기업에서도 새로운 상품과 새로운 사업에 적용할 수 있는 개념임을 말한다. 이를 능숙하게 해내는 기업들을 집중적으로 다룬다.

나는 다른 기업들은 비교적 가볍게 언급하되 몇몇 기업(리프트, 옥타, X/트위터, 트위치, 에어비앤비)에 초점을 맞출 예정이다. 이 스타트업들을 밀도 있게 다루는 이유는 이들이 가장 날 것 그대로의 모습으로 미지와 씨름하는 한편, 깊은 혼란 속에서 형태를 갖춰나가던 때부터, 즉 누구나 아는 유명 기업으로 발돋움할 중요한 성과들을 달성하기 훨씬 이전부터 지켜봐왔기 때문이다. 피터와 나는 이미 성공을 거둔 이 창립자들과 이들의 스타트업을 패턴 파괴자의 사례로 소개하고 있음을 잘 알고 있다. 이들의 사례는 좋온 스토리만이 아니라 관습을 거스르는 이들의 세계를 엿보는 기회를 제공한다. 패턴을 파괴하는 스타트업은 본질적으로 독자적인 여정이기에 당신의 길은 이들과 다를 것이다.

모두가 새로운 기술과 기술을 창조하는 사람들을 희망찬 시선으로 보는 것은 아니다. 회의론자와 비평가들도 많다. 기술의 성공만이 아니라 기술이 과도해지는 지점까지 포괄적으로 살펴봐야 한다는 점에 동의한다. 하지만 아무리 객관적인 시선을 유지한다 해도 기술의 발전은 인류 역사의 배경이 아니라 주인공임은 인정해야 한다. 불의 사용, 농경의 시작, 도시의 탄생까지 기술은 우리의 스토리 속 각주가 아니라 인류 진보의 중심을 차지한다. 이러한 도약들이 없었다면 우리의 일상은 과거와 다름없이 순간순간의 생존 욕구에만 초점이 맞춰져 있었을 것이다.

미래는 우리에게 일어나는 것이 아니다. 우리 때문에 일어나는 것이다. 누군가 낡은 방식을 다른 방식으로 대체하려 감히 나설 때 미래는 생명을 얻는다. 조지 버나드 쇼가 옹호한 '비합리적인' 사람의 관점을, 즉 패턴 파괴자의 마인드셋을 받아들일 때 이 책에 등장한 개념들을 가장 알차게 활용할 수 있을 것이다. 이 과정에서 당신의 본능을 거스르고, 부모님과 멘토 그리고 당신에게 호의를 품은 이들이 전해준 가르침을 거스르게 될 수도 있다. 그것이 바로 묘미다.

당신의 아이디어에는
세상을 뒤바꾸는 힘과 통찰이 담겼는가?
이 책은 혁신적 아이디어를 알아보는 법과
그 아이디어를 현실에서 성공시키는 방법에 대한 것이다.

차례

제2부

패턴을 파괴하는 액션
돌파구를 현실로 만드는 색다른 전술들

제1부

패턴을 깨는 아이디어

혁신적인 제품을 탄생시키는 반직관적 힘

제1장

명료함의 물결

변곡점 이론

좋은 이론만큼 실용적인 것은 없다.

-쿠르트 레빈Kurt Lewin, 조직심리학의 선구자

언젠가 서핑보드 위에서(솔직히 말하자면 내 서핑 실력은 형편없다) 밀려오는 파도를 살피며 어떤 파도를 타야 물속으로 고꾸라지지 않을지 고민하고 있었다. 그때 무언가 나를 덮쳤다. 파도가 아니라 그동안 내가 찾아 헤맨 명료한 사실 하나가 나를 휘감았다.

돌파력을 발휘했던 스타트업 아이디어의 수면 아래에는 스타트업의 성공에 아이디어보다도 더욱 중요한 강력한 힘이 자리하고 있었다는 사실이었다. 서퍼가 파도의 힘을 이용해야 하듯 스타트업 또한 이 중요한 힘을 이용해야 무한히 성공할 가능성을 높일 수 있다. 창립자들이 이 힘을 활용해야 비범한 성공으로 향하는 길 위에서 걸림돌을 이겨낼 수 있다. 순간 내가 배운 여러 가지 사실들이, 동떨어져 보이던 요소들이 하나로 맞물리기 시작했다. 짜릿했다!

비범한 스타트업은 무엇이 다른가

피터와 나는 패턴을 깨는 스타트업의 동력을 '변곡점 이론'으로 정리했다. 기본 개념은 돌파력을 발휘하는 스타트업은 변곡점과 통찰을 활용해 사람들의 삶을 급진적으로 변화하는 아이디어를 탄생시킨다는 것이다.

그 시작은 변곡점이다. 변곡점은 사람들이 생각하고 느끼고 행동하는 방식을 대대적으로 바꿀 외부 사건을 뜻한다. 서퍼가 알맞은 파도를 고르듯, 돌파력을 발휘하는 스타트업은 강력한 변곡점을 택하고 활용한다. 2011년 아이폰 4s^{iPhone 4s}에 내장 GPS 위치 추적 칩이 도입된 일이 변곡점의 한 사례이다.

서퍼는 좋은 파도를 최대한 활용할 줄 아는 기술을 갖춰야 한다. 바로 이 지점에서 통찰이 등장한다. 통찰은 변곡점의 힘을 반직관적으로 연결해 사람들의 역량과 행동을 급진적으로 변화시킨다. 그 사례로 우버와 리프트 같은 스타트업은 스마트폰의 새로운 GPS 위치 서비스 기능으로 사람들이 자신의 위치를 공유하는 것이 가능해졌고, 이를 통해 운전자와 승객이 승차를 공유할 수 있다는 사실을 깨달았다. 유사한 사례로는 에어비앤비의 통찰 덕분에 집주인이 투숙객에게 자신의 집을 공유할 수 있게 되었다.

패턴을 깨는 아이디어는 통찰을 바탕으로 한 구체적인 상품 또는 서비스다. 승차 공유 사례에서 패턴 파괴적 아이디어는 승차 공유 앱 그 자체다. 사고방식이 경직된 대다수의 사람들에게 이러한 아이디어는 낯설고 심지어 말이 안 되는 이야기처럼 느껴질 수 있다. 이 아이디어들은 기존의 그 어떤 것과도 비교할 수가 없다. 낡은 규칙을 따르지 않는다. 패턴을 깨는 아이디어는 자신만의 규칙을 만들어 간다.

이렇듯 색다른 아이디어들은 긍정적이든 부정적이든 강한 반응을 불러일으킬 때가 많다.

변곡점 이론은 왜 어떤 아이디어가 획기적인 잠재력이 유독 큰지 그 이유를 개념적으로 설명해준다. 우리는 쿠르트 레빈이 말한 이론의 가치에 전적으로 동의한다. 이론이란 현상의 메커니즘과 그 저변에 자리한 원인을 밝히고, 현실 세계에서 관찰되는 바와 부합해야 하며, 미래의 상황에서 무엇이 성공 또는 실패할지를 예측하는 길잡이가 되어야 한다. 변곡점 이론은 기업인들과 투자자들이 무엇이 평범한 기회이고 무엇이 비범해질 잠재력을 지닌 기회인지를 가려내도록 해준다.

변곡점 이론은 우선 거대한 시장을 분석해 충족되지 않는 고객의 니즈를 찾아야 한다는 통념에서 벗어난다. 초기부터 큰 시장을 겨냥하는 접근이 논리적으로 보일 수 있지만 이는 잘못된 가정에서 출발한 것이다. 돌파력을 발휘하는 스타트업으로 향하는 길을 기존 기업이 현재 고객에게 제공하지 못한 것을 해결하는 과정에서 찾아야 한다고 전제하기 때문이다. 이 관점을 채택할 때 스타트업은 자신도 모르게 기존 시장을 잠식한 세력이 정해놓은 규칙을 따르게 된다. 이렇게 되면 스타트업은 진정한 돌파구를 만들어 낼 주요한 기회이자 기존 규칙들의 전제를 타파할 기회를 잃고 만다.

평범한 스타트업과 비범한 스타트업의 진정한 차이는 패턴을 파괴하는 상품을 만들어 내는 능력, 즉 현재 규칙에 따라 시장의 틈새와 해결책을 찾는 게 아니라 규칙 자체를 바꿔놓는 상품을 내놓는 능력에 있다. 변곡점은 스타트업이 게임의 판과 담론을 바꾸도록 해준다.

어떤 이들은 장기간 가치를 입증한 기업을 두고 '돌파력 breakthrough'이라는 표현을 쓰기도 한다. 우리는 여기서 이 용어를 조금 더 좁은 의미로 사용할 예정이다. 여기서는 사람들이 생각하고, 느끼고, 행동하는 방식을 본질적으로 바꿔놓는 스타트업을 가리킨다. 이러한 스타트업과 스타트업이 인류의 양상을 전환하는 힘을 이해하려면 변곡점과 통찰을 그리고 이 두 가지 개념이 비즈니스 아이디어에 어떻게 연결되는지를 이해해야 한다. 여기에 한 가지 더, 운동movements을 이해해야 한다.

설령 통찰과 변곡점이 뒷받침하는 아이디어라 해도 아이디어만으로는 돌파력을 발휘하는 스타트업이 될 수 없다. 창립자는 본질적으로 다른 미래를 향해 사람들을 이끌어야 한다. 인류 전반에 급진적 변화를 불러오는 운동을 일으켜야 가능한 일이다.

이제 변곡점을 시작으로 이 세 가지 요소를 각각 살펴보겠다.

변곡점

앞에서 밝혔듯 인간은 습관을 만드는 동물이다. 우리가 일상을 살아가는 방식은 안정적이고도 반복적인 패턴으로 굳어지기 쉽다. 하루에 두 번 양치를 하는 식의 단순한 루틴부터 조금 더 복잡한 사회적, 정치적, 경제적 구조까지 모두 안정적인 행동 패턴을 만들려는 인간의 경향성을 보여준다.

하지만 한 번씩 확립된 존재 방식에 균열을 일으키는 사건이 벌어진다. 새로운 기술, 새로운 규제, 새로운 아이디어 등 새로운 무언가가 등장하고 이로 인해 사람들이 생각하고 느끼고 행동하는 방식이 본질적으로 달라진다. 피터와 나는 이러한 사건을 변곡점이라고 부른다.

GPS 칩이 내장된 아이폰 4s가 변곡점의 좋은 사례다. 이 칩 덕분에 스마트폰 어플리케이션은 사용자의 위치를 1미터 내의 정확도로 잡아낼 수 있게 되었다. 이러한 변화 이전에는 탑승자와 운전자가 서로의 위치를 정확하게 찾아내기 어려웠던 만큼 광범위한 P2P(개인과 개인 간 거래-역주) 승차 공유 네트워크를 형성하기가 사실상 불가능했다. 아이폰 4s의 내장 GPS 칩은 급진적 변화의 가능성을 만들어 냈고, 이를 우버와 리프트 등 스타트업이 활용한 것이다. 정확한 위치를 짚어낼 수 있게 되자 승차 공유 네트워크를 통해 운전자와 탑승자가 대규모로 손쉽게 연결되었고 이로써 사람들이 이동하는 방식이 달라졌다.

현재의 기술 변화 속도를 생각해 보면 우리 주변 곳곳에 여러 변곡점들이 존재한다고 할 수 있다. 사이버펑크 작가인 윌리엄 깁슨William Gibson의 말이 이를 잘 보여준다.

"미래는 이미 와 있다. 단지 고르게 퍼져 있지 않을 뿐이다."

우리 안에 불균형하게 퍼진 미래의 조각들은 사람들이 살아가는 방식을 본질적으로 바꿀 가능성을 지니고 있다. 어쩌면 당신이 본질적인 변화의 잠재력을 손에 쥐고 있는지도 모른다.

그 잠재력 옆에 서 있거나 그 잠재력을 깔고 앉아 있는지도 모른다.

다만 대부분은 자신이 쥐고 있는, 바라보고 있는, 앉아 있는 대상이 지닌 변혁적 힘을 알아보지 못한다. 우리 주변에 가득한 이 변혁적 잠재력을 지닌 조각들을 알아보지 못하는 이유는 오랜 시간에 걸쳐 구축해 온 삶의 패턴 때문이다. 익숙한 환경 속 낯익은 사람, 사물과 늘 비슷한 방식으로 상호작용을 하느라 새로운 패턴을 포착하는 능력을 발휘하지 못할 때가 많다. 익숙함은 예상으로, 일종의 관성으로 이어진다. 관성으로 인해 우리는 무언가 달라질 수 있다고 생각하지 못하고, 사람들의 생각과 감정, 행동이 현재와 현저히 달라진 미래를 보지 못한다.

비즈니스는 결코 공정한 싸움이 아니다. 현재 상태가 기존의 플레이어인 기업들에게 이롭게 작용하는 불공정한 싸움이다. 스타트업이 규칙을 바꿀 수 있어야 스타트업에 유리한 싸움이 된다. 안타깝게도 대다수의 창립자는 현재의 규칙 안에서 스타트업을 구축하려는 경향이 강해 패턴을 깨지 못한다.

사뭇 다른 이들은 알아차리지 못하는 본질적 변화의 잠재력을 보는 아웃라이어가 등장한다. 통찰이 발휘되는 지점이다.

통찰

통찰은 하나 이상의 변곡점을 이용해 사람들의 역량과 행동을 급진적으로 변화시킬 반직관적인 진실이다.

스타트업 아이디어가 통찰에 기반하지 않은 경우가 많다. 가령 "아이디어가 하나 있는데, 보안 패치 업데이트 서비스를 개선시키는 겁니다."라고 말하는 창립자가 있다고 생각해 보자.

이 아이디어는 적어도 내가 말하는 통찰에는 기반하지 않는다. 유용하다 할지라도 하나 이상의 변곡점을 활용해 우리의 역량과 행동을 본질적으로 바꾸는 통찰에서 비롯되지 않았다.

통찰은 본질적으로 다르다. 변곡점을 이용해 사람들이 생각하고 느끼고 행동하는 방식을 급진적으로 바꾸는 것이 통찰이다. 사람들이 실제로 소프트웨어 패치를 더욱 편리하게 관리하길 바란다 해도 이런 상품 아이디어에는 급진적 변화의 잠재력이 없다. 잘해야 기존의 상품을 점진적으로 개선하는 데 그칠 뿐 우리의 역량이나 행동 레퍼토리를 확장하지 않는다. 사람들은 과거에도 소프트웨어 시스템을 업데이트했고, 이후에도 점진적으로 시스템이 개선은 되겠지만 행동 자체는 변함없이 반복될 것이다. 이 분야의 스타트업은 현재 시장에 형성되어 있는 규칙에 따라, 그것도 강력한 위상을 떨치는 기존의 업체들이 정한 규칙에 따라 시장 점유율을 두고 다툴 수밖에 없다.

이와 달리 트위터가 등장하기 이전에는 누구도 트윗을 하지 않았다. 트위터는 인간의 행동 양상을 바꾼 획기적인 스타트업이었다. 새로운 변화를 수용하기 위해 언어까지 확장해야 했다. 동사 '트윗tweet'에 새로운 뜻이 추가되었다. X/트위터는 진정한 통찰을 기반으로 했다. 텔레비전, 전화, 자동차, 라이플총, 망원경, 인쇄기, 항생제, 글쓰기, 제련, 요리와 같은 범주에 속하는 변혁적 발명품이었다.

아이디어

통찰은 급진적 변화의 움직임을 이끄는 하나 이상의 변곡점이 지닌 힘을 둘러싼 반직관적인 진실이다. 획기적인 스타트업이 다음 단계로 나아가기 위해서는 통찰을 바탕으로 한 아이디어가 필요하다.

아이디어는 통찰을 바탕으로 구체적인 상품 또는 서비스를 구상하려는 시도다.

아이디어와 통찰의 차이 그리고 연관성을 이해하면 왜 어떤 스타트업은 한계가 없는 성공에 이르고 또 어떤 스타트업은 그러지 못하는지 이유를 파악할 수 있다. 어떤 스타트업의 아이디어는 통찰에 기반하지만 다른 스타트업은 그렇지 못하다. 아이디어가 상품 또는 서비스를 통해 성공적으로 통찰을 구현할 때 변곡점의 힘이 발휘되며 사람들이 살아가는 방식을 급진적으로 변화시킨다. 통찰을 구현하지 못하는 아이디어는 변곡점이 지닌 변혁적 잠재력을 발휘하지 못한다.

급진적인 방향 전환이 어떻게 탄생하고 성공을 거두는지는 내가 오랫동안 품어온 수수께끼였고, 그 해답을 아이디어와 통찰의 차이에서 찾을 수 있었다. 통찰이 있다면 초기 아이디어에 아쉬움이 있어도 문제가 되지 않는다. 초기 아이디어는 변곡점과 통찰의 힘을 사람들이 사용하는 상품 또는 서비스로 개념화하는 첫 시도에 불과하니까. 첫 시도는 빗나갈 수 있다. 통찰을 상품 또는 서비스로 구현해내는 최고의 방법을 보여주지 못할 수도 있다. 통찰을 구현하고 변곡점의 힘을 활용하는 방법을 찾아내기까지 몇 번의 실험이 필요할 수 있다. 몇 번이나 시작을 그르친다 해도 창립자가 아이디어를 이리저리 굴리며 다듬고 자신의 통찰을 믿어주는 초기 지지자들의 지속적인 피드백을 경청하는 한 통찰은 사라지지 않는다. 결국 창립자는 끊임없이 개선해가며 초기 지지자들과 올바른 해결책을 함께 만들어 나가야 한다.

아이디어가 빗나가는 길은 두 가지다. 첫 번째는 앞서 봤듯이 아이디어가 통찰에 기반하지 않을 때다. 보안 패치의 관리를 돕는 도구의 사례가 이에 해당한다. 트렌드나 페인 포인트, 화이트 스페이스^{white space}(새로운 사업 기회 또는 충족되지 않은 시장-역주)를 파악한다는 관점, 우리에게 익숙한 시장 평가라는 관점에서는 보안 패치 관리 도구가 합리적인 아이디어처럼 보일 수 있다. 하지만 통찰에 근거하지 않기 때문에 잠재적 성장은 가로막혀 있다.

테크 스타트업이 잠재력을 극대화하기 위해 특별한 통찰이 필요한 이유는 무엇일까? 결국 기존 사업체들과 비교해 어떻게 가치를 더할 것이냐가 핵심이기 때문이다. 스타트업은 가치 창출에서 빠르고도 거대한 도약을 이룰 때, 흔히 규범을 교란할 때 성공을 거둔다. 단순히 경쟁자를 능가하는 게 아니라 테크 스타트업만의 고유한 통찰로 완전히 새로운 규칙을 도입해 게임의 판을 새롭게 정의해야 한다. 이들의 고유한 통찰이 변곡점을 이용해 변혁적인 변화를 가져오는 것이다.

스타트업이 이러한 통찰 없이도 성공을 거둘 수야 있지만 그 여정은 더욱 험난하다. 게임 판을 바꾸는 아이디어가 없는 스타트업은 기존의 경쟁 구도 내에서 탁월함을 발휘해야 하는데, 이 경우에도 일시적인 우위를 점할 뿐이다. 경쟁자들은 이

스타트업의 아이디어를 그대로 재현할 방법을 찾을 수도 있고, 실제로 그 방법을 찾아 보유한 전술과 역량을 동원해 신규 진입자에 대응할 것이다. 한편 새로운 통찰을 지닌 스타트업이라면 게임의 규칙을 바꾸고 경쟁자의 장점을 약점으로 바꿔 기존의 경쟁자들을 혼란스럽게 한다.

이때 이미 자리를 잡은 기업은 난감한 선택을 마주한다. 새로운 패턴의 규칙에 따라, 즉 자신들의 강점을 무력화하는 규칙에 따라 새로운 진입자와 경쟁을 할 것인가? 아니면 새로운 진입자가 향후 시장과 이익을 점령하지 않기를 바라며 상황을 관망해야 할까?

에어비앤비 사례를 살펴보자. 이 기업이 지닌 본질적인 통찰은 사람들이 호텔을 예약할 때와 마찬가지로 어느 지역의 현지인에게서 방을 예약하는 과정도 신뢰할 것이라 판단한 데 있다. 그렇다면 통찰이 없다면 호텔 업계에서 혁신을 일으킬 수도 없고, 성장의 잠재력을 발휘할 수도 없다는 뜻일까? 꼭 그렇지만은 않다. 하지만 스타트업이 새로운 호텔 콘셉트를 소개해 성공을 거둔다 해도 기존의 대형 호텔들은 업계에서 쌓아온 전문성을 바탕으로 스타트업의 혁신을 모방해 경쟁하려 들 것이다.

이와 대조적으로 에어비앤비는 게임의 판 자체를 바꾸

었다. 세계적으로 일관된 투숙 경험을 제공하는 포시즌스Four Seasons 같은 브랜드를 생각해 보길 바란다. 이러한 브랜드가 핵심 모델을 바꾸지 않고도 도시마다 독특하고도 개인화된 경험을 고객에게 제공할 수 있을까? 어려울 것이다. 이러한 차별화로 에어비앤비는 새로운 범주를 만들어 냈을 뿐 아니라 기업의 가치 또한 무섭게 상승해 기업 공개 후에는 시가총액이 메리어트Marriot, 힐튼Hilton, 인터컨티넨탈 호텔 그룹InterContinental Hotels Group 등 주요 호텔 체인을 합친 것보다 많았다.

두 번째는 어떠한 아이디어의 이면에 의도하지 않았을지라도 통찰이 자리하지만, 통찰의 진정한 힘을 구현하는 상품이나 서비스를 제대로 만들어 내지 못하는 경우다. 저스틴티비를 생각해 보면 된다. 진정성 있는 실시간 콘텐츠에 사람들의 관심이 커져 가고 누구나 자신의 삶을 중계하는 방송인이 될 수 있다는 변화를 인식한 것이 핵심 통찰이었다. 광대역 인터넷 보급률이 변화의 임계점을 넘어서고 저렴한 비디오카메라를 쉽게 구할 수 있게 되는 등 기술과 관련한 몇 가지 변곡점에서 이 같은 통찰이 탄생했다. 소셜 미디어 플랫폼의 부상은 개인의 콘텐츠를 공유하고 소비하는 데 대중의 관심이 커질 것이라는 전조이자 또 하나의 변곡점이었다.

온라인에서 콘텐츠를 공유한다는 이러한 문화적 변화로

저스틴티비와 같은 플랫폼이 사용자들에게 더욱 쉽게, 매력적으로 다가갔다. 저스틴티비 출시 불과 몇 달 전,《타임Time》이 당신You을 '올해의 인물'로 선정했을 때 이미 변화의 임계점이 분명하게 드러났다고 할 수 있다.

초기 비즈니스 아이디어였던, 저스틴티비가 해당 통찰의 힘을 서비스로 구현하려던 시도는 실패였다. 사람들은 그냥 저스틴이든 다른 누구든 아무나의 평범한 일상을 시청하는 데 그리 관심이 없는 것으로 드러났다. 하지만 비디오게임을 하는 사람들은 비디오게임을 하는 다른 사람들을 구경하는 데 관심이 있었다.

이 두 번째 실패에는 정도의 차이가 있다. 통찰의 힘을 구현하는 방식에서 얼마나 잘하고 또 못했는지 차이가 발생한다. 첫 번째 상품이 최상의 상품이 아니라도 놀랄 일은 아니다. 도리어 첫 아이디어가 통찰의 힘을 완벽하게 구현한다면 그것이 놀라운 일일 것이다. 첫 상품 또는 서비스와 비교해 최종 상품이나 서비스가 대단히 달라지는 일 역시 이상한 일은 아니다. 아이디어와 통찰의 차이를 파악하면 처음에는 그리 독창적으로 보이지 않았던 아이디어들이 획기적인 진보로 이어졌던 일 또한 이해할 수 있다. 아이디어들이 진부해 보였다 해도 진정한 통찰을 바탕으로 했다면 가능한 일이다.

구글을 생각해 보길 바란다. 구글 이전에도 검색 엔진은 있었다. 하지만 구글 이전의 검색 엔진들은 키워드를 기준으로 검색 결과를 보여주었다. 특정 검색어가 자주 등장하는 순서로 페이지를 정렬해 제시했다. 이론적으로는 타당한 방법이지만 실제로는 큰 한계가 있었다. 예컨대 'awesome'이라는 키워드를 검색한 사람들이 내 웹사이트를 찾아오게 만들고 싶다면, 내 사이트에 사람들 눈에는 보이지 않는 색으로 'awesome'이라는 단어를 수백 번 입력해서 그 가능성을 높일 수 있었다. 그 결과 내 웹페이지에서 볼 수 있는 콘텐츠는 'awesome'이라는 검색 의도와 전혀 무관한 내용일지라도 'awesome' 트래픽을 늘릴 수 있는 것이다.

구글의 통찰은 특정 키워드에 관한 정보를 찾는 사람들에게는 관련성 높은 백링크를 다량 보유한 웹페이지가 더욱 가치 있을 거라는 판단이었다. 이에 구글은 웹페이지들 간의 연결성과 방향성을 바탕으로 검색 결과에 노출시키는 새로운 방식을 도입했다. 이 통찰을 강력한 아이디어로 전환해 새로운 검색 엔진을 탄생시켰다. 기존의 검색 엔진보다 사용자의 관심사에 훨씬 부합하는 결과를 내놓는 검색 엔진이었다.

구글의 사례는 현재의 렌즈로 세상을 볼 때, 즉 어떠한 아이디어 기저에 자리한 힘을 고려하지 않은 채 아이디어만으로 평가하면 강력한 무언가를 쉽게 놓칠 수 있음을 보여준다. 기존 상식의 렌즈로 본다면 구글은 경쟁자 수십 곳으로 발 디딜 틈 없는 검색 엔진 시장에 등장한 신참이었다. 하지만 이러한 평가는 상상력이 부재한 결과라고 할 수 있다. 구글의 중요성을 알아본 사람들은 구글의 이면에 자리한 통찰이(페이지랭크 Page Rank) 획기적인 진보라는 것을, 즉 기존의 상품을 점진적으로 개선하는 게 아니라 지금껏 존재해 온 그 무엇보다도 본질적으로 우월한 상품을 만들어 내는 혁신임을 알아본 것이다.

운동

통찰을 바탕으로 한 아이디어는 사람들의 생각, 감정, 행동에 자리한 현재의 한계를 넘어선다. 그러나 아무리 강력한 통찰을 바탕으로 했더라도 아이디어만으로는 큰 영향력을 발휘하는 성공을 달성할 수 없다. 아이디어로 급진적인 변화를 이루려면 창립자는 자신이 그린 미래로 다른 사람들을 이끌어야 한다. 창립자는 사람들을 익숙한 현재에서 낯선 미래로 이끄는 비관습적인 전술을 수용할 때 패턴을 파괴하는 행보를 보일 수 있다. 인류 전반에 급진적 변화를 불러오는 운동 movement

　　제1장 명료함의 물결

을 일으켜 자신이 바라는 변화를 현실로 만들어야 한다.

여기서 운동은 다른 미래를 향해 나아가자는 믿음을 함께 하는 집단적 움직임을 뜻한다.

운동은 더 나은 상품을 만들고 판매하고 싶다는 기업의 욕망을 넘어서는 더욱 거대한 목적을 말하는 선동적인 스토리에서 시작된다. 예컨대 테슬라의 목적은 포드나 토요타보다 더욱 나은 자동차를 만드는 것이 아니라 지속가능한 에너지로의 전환을 가속하는 데 있다. 이러한 목적은 공모자들을 불러 모으고, 처음에는 내부의 팀원들로 시작해 외부 고객과 투자자들로 뻗어나간다. 많은 사람들이 이러한 대의에 합류할수록 운동은 틀을 갖추고 점차 사회 구성원들이 행동하는 방식을 바꾸어 놓는다.

에어비앤비와 포시즌스의 사례로 짐작하듯, 패턴 파괴적 운동은 기존 제도의 가장 큰 강점을 가장 큰 약점으로 바꿔 놓는다. 유도 고수가 상대의 몸집과 힘을 이용하는 것과 비슷하다. 이것이 어떻게 가능한지는 후에 자세히 살펴볼 예정이다.

한 번 시작된 운동이 멈출 수 없는 전염병처럼 퍼져 나갈 때도 있다. 가령 어느 날 갑자기 등장한 것처럼 보이는 오픈에이아이Open AI의 챗지피티ChatGPT는 출시 두 달 만에 월간 활성 사용자 1억 명을 달성했다. 이는 틱톡TikTok이 1억 명에 이르기까지 9개월이 걸렸던 것과 비교된다. 이러한 운동은 인류 전반을 휩쓸고, 고작 얼마 전의 현실과도 급격히 다른 새로운 미래로 우리를 이끈다. 오픈에이아이가 달리DALL·E와 챗지피티를 출시한 지 몇 달 만에 인공지능에 대한 세상의 인식이 급격히 달라졌고, 그 몇 달 간의 변화의 폭은 2022년을 기점으로 그전까지 점진적으로 달라져 온 인식의 변화와는 비교가 되지 않을 정도로 극적이었다.

한 번씩 기존의 기업이 새로운 운동을 만들어 내기도 하는데, 애플이 아이폰을 출시했을 때나 아마존이 아마존 웹 서비스Amazon Web Services를 선보였을 때가 이에 해당한다. 기업의 규모와 관계없이 성공한 운동의 결말은 비슷하다. 낡은 방식을 무너뜨리고 그 자리를 대신하는 새로운 패턴이 등장한다.

훌륭한 아이디어를 떠올리기가 어렵듯, 운동을 시작하는 일도 어렵다. 현재를 지배하는 기존의 제도는 마땅히 새로운 운동에 맞서 필사적으로 싸운다. 이들이 계속해서 우세함을 유지하고 시장에 존재할 수 있을지 여부가 현상 유지에 달려 있기 때문이다. 이들은 언론, 로비, 소송 등 활용할 수 있는 모든 능력을 동원해 자신의 위치를 지키려 한다.

어떠한 운동이 효과를 발휘하기 위해서는 대담하고도 단호하며 때로는 특이하다고까지 할 수 있는 리더십이 필요하다.

앞에서 잠깐 언급했듯, 강력한 스토리텔링은 어떠한 대의를 지지하고 옹호하도록 사람들에게 동기를 부여한다. 기득권 세력과 맞설 때는 투지가 필요하다. 다른 사람들이 꺼리는 비관습적인 방식을 택하는 의지 그리고 타협하지 않겠다는 정신까지도 필요할 때가 많다. 이러한 이야기는 추후 더욱 자세하게 다룰 예정이다.

운동이 확장되면 소규모 집단에서 다수로 그 영향력이 퍼져 나간다. 한때는 무시되거나 거부되던 것이 하나의 규범으로 인정받는 것이다.

변곡점 이론이 하는 일과 하지 않는 일

변곡점 이론은 어떠한 아이디어가 더욱 변혁적인 이유는 무엇인지, 훨씬 크거나 어떤 경우 한계가 없는 성장 잠재력을 발휘하는 이유는 무엇인지를 설명해 준다. 또한 획기적인 스타트업과 한정된 성공에 그치는 스타트업을 가르는 요인이 무엇인지를 보여준다. 변곡점과 통찰이 획기적인 아이디어에 동력을 제공한다는 점을, 운동이 그 획기적인 변화를 인류 전반으로 퍼뜨린다는 점을 이해하고 나면 스타트업 또는 기존의 비즈니스가 걷는 일반적인 경로와 돌파구의 차이가 무엇인지 이해할 수 있다. 이외에도 수수께끼 같던 여러 현상들도 이해가 가기 시작할 것이다. 가령 처음에는 그럴듯해 보였던 아이디어가 왜 그저 그런 정도의 성과만 거두는지, 이와 반대로 처음에는 보잘것없고 한심하게까지 보인 아이디어가 어떻게 사람들의 삶의 방식을 급진적으로 바꾸는 획기적인 돌파구로 이어지는지 말이다.

피터도 나도 변곡점 이론이 모든 성공을 설명해 줄 거라고 주장하는 것은 아니다. 모든 비즈니스 성공이 그리고 그것이 대단한 성공일지라도 늘 돌파구를 동반하는 것도 아니다. 비즈니스가 큰 성공을 거두는 데는 여러 가지 이유가 있다. 기존의 기업들이 정말 형편없을 수도 있고, 시장이 과대평가 되어 있을 수도 있으며, 누군가 실제 가치 이상의 금액으로 해당 비즈니스를 인수할 수도 있다. 비즈니스는 금융 공학의 기술을 통해서도 대단한 성공을 거둘 수도 있다. 이를테면 여러 개의 유사한 회사를 하나의 지배적인 대형 회사로 통합하는 롤업roll-up 전략으로 규모의 경제, 재무제표 개선, 세제 혜택, 부채의 전략적 활용 등을 통해 가치를 만들어 낼 수 있다.

우리는 변곡점 이론이 중력이나 상대성 이론 같은 과학적 이론이라고 주장하지 않는다. 과학철학에서 이론이란 경험적 관찰 또는 실험을 통해 반증될 수 있는 것이어야 한다. 여기서 우리는 '이론'이라는 용어를 클레이 크리스텐슨Clay Christensen이 '파괴적 혁신'이라는 개념을 제시하며 썼을 때와 같은 의미로 사용한다.

그의 이론은 기업이 더욱 단순하거나 더욱 저렴한, 더욱 편리한 제품으로 출발해 아직 욕구를 충분히 해소하지 못한 고객이나 '오버샷overshot'에 해당하는 고객들 즉, 더 높은 성능과 기능을 위해 추가 비용을 지불하고 싶지 않아 하는 고객들을 대상으로 삼을 수 있음을 보여준다.

이 이론은 성공적인 대형 기업들이 효과적으로 혁신을 계속한다 해도 더욱 작은 스타트업에게 추월당할 수 있는 이유를 설명한다. 또한 리더들이 비즈니스의 파괴를 예측할 수 있도록 한다. 또한 다양한 산업과 부문에 적용할 수 있는 만큼 일반화가 충분히 가능한 이론이기도 하다.

인간의 행동을 바꾸는 패턴 파괴적 스타트업이 달성한 중요한 유형의 비즈니스 성공을 파악하는 데 변곡점 이론이 현재로서 가장 타당한 설명을 제시한다고 믿는다. 이 이론은 스타트업이 피어오르는 변화의 신호를 어떻게 감지할 수 있을지 또 이 변화의 징조를 활용해 규칙을 어떻게 바꿔나갈지 파악하는 데 도움을 준다.

더 나아가 변곡점 이론은 창립자에게 자신의 아이디어가 돌파력을 발휘할 잠재성이 있는지 판단하는 스트레스 테스트의 프레임워크를 제공한다. 서로 관련이 없는 다양한 기술 분야에서 변곡점이 돌파구를 만들어 내는 동력을 제공한 실제 사례를 목격한 바, 우리는 이 이론을 일반화할 수 있다고 판단한다.

그렇다고 해서 모든 패턴 파괴적 창립자가 스타트업을 만드는 데 의식적으로 변곡점 이론을 적용했다는 뜻은 아니다. 사람들은 보통 이론이 먼저 등장하고 이 이론을 적용해 새로운 발명품이 탄생한다고 생각한다. 하지만 실제로는 발명품이 먼저 등장하고 그 발명을 설명할 이론이 후에 등장하는 경우가 더욱 많다. 증기 기관은 열역학 이론이 완전히 정립되기 100년도 전에 개발되었다. 부메랑, 발효, 망원경, 화약, 항생제, 풍선, 합금까지 전부 해당 현상을 설명하는 과학 이론이 뒤늦게 등장했다. 마찬가지로 비즈니스의 성공이 앞서 등장하고 그 성공의 토대를 설명해 줄 이론이 후에 등장하는 일도 흔하다.

우리는 이 이론의 여러 측면을 입증해 줄 창립자들의 성공을 보며 많은 것을 배울 수 있기를 고대한다. 우리의 이론과 상충하는 경험, 관점을 지닌 사람들의 의견도 환영한다. 아이디어에 스트레스 테스트를 진행하는 것이 해당 아이디어를 개선하는 가장 좋은 방법이기 때문이다.

변곡점 이론은 창립자와 그들의 공모자들(공동 설립자, 투자자, 초기 고객들)이 앞으로 내리게 될 의사결정과 트레이드오프(무언가를 얻기 위해 다른 것을 포기하는 결정의 대가가 따른다는 개념-역주)의 기준을 설명해 줄 용어를 제공한다. 이 이론을 구성하는 요소들을 이해하고 엄격하게 테스트하는 창립자들은 비범한 성공을 거둘 가능성이 크게 높아질 것이다.

스타트업에는 막대한 노력과 희생이 필요하다. 대체로 창립자란 돌파구를 마련할 가능성이 높은 아이디어를 추구하는 사람이라고 할 수 있다. 하지만 어떠한 아이디어로 스타트업의 방향이 정해지고 그에 따라 스타트업이 발을 떼고 나면 다시 되돌리기가 매우 어렵다.

뿐만 아니라 창립자는 본래 낙관적인 사람들이다(버그가 아니라 의도된 기능이다). 옥타의 공동 설립자인 토드 맥키넌Todd McKinnon은 내게 이런 말을 한 적이 있다. "믿을 수 없어도 믿어야 할 때가 있어요." 이 정도의 헌신이 없다면 창립자는 자신의 일을 해낼 수가 없다. 이들이 마주하는 수많은 걸림돌과 회의론자들, 좌절로 포기하기가 쉽기 때문이다. 때문에 정말로 깊이 매진하기 전에 어떤 아이디어가 그만한 가치가 있는지를 판단하는 일이 중요하고 또 중요하다.

변곡점 이론은 아이디어를 두고 창립자가 시간을 쏟고 희생을 할 가치가 있는지를 판단하는 방법 중 우리가 찾아낸 가장 좋은 방법이다. 창립자들 가운데는 스타트업 아이디어 하나를 어떻게든 떠올리고는 낙관주의에 이끌려 그것이 추구해볼 만한 아이디어라고 스스로를 설득하는 실수를 저지르는 사람들이 많다. 그러나 스타트업 아이디어를 떠올리려고 노력해야 한다면 창립자가 현재의 규칙을 따르는 길로 향한다는 방증이다. 그 결과, 창립자는 한계 없는 새로운 미래를 탐색하는 게 아니라 성장 잠재력이 제한된 아이디어로 다가가게 된다.

변곡점 이론은 스타트업 아이디어가 당신이 시간을 쏟을 만한 가치가 있는 대상인지 판단할 수 있게 해준다. 겉으로 보기에는 가치 있어 보이지만 그 이면에 돌파력이 부재한 아이디어를 알아보게 해주며, 반대로 처음 보기에는 별 가치가 없어 보이지만 그 아래 돌파의 잠재력이 숨어 있는 아이디어를 섣불리 거부하는 일이 없도록 해준다.

아직 스타트업 아이디어가 없을 수도 있다. 이 경우, 변곡점 이론을 이용해 아이디어를 찾는다면 미개척 시장이나 고객의 충족되지 않은 니즈가 무엇인지, 해당 니즈를 겨냥한 제품은 무엇인지를 살피는 전통적인 방식보다 더욱 강력한 출발점에 서는 셈이다. 물론 전자의 접근법도 기업가적 역량이 필요하고 이 방법을 통해 성공에 이를 수 있다. 하지만 시장과 니즈를 살피는 일은 후의 문제다. 어떤 파도를 탈 것인지 먼저 판단할 줄 알아야 하고, 서핑보드를 솜씨 좋게 다루는 기술은 그 다음에 논해야 하는 것과 같다.

변곡점 이론 핵심 요약

변곡점 이론은 돌파력을 발휘하는 스타트업은 변곡점과 통찰을 통해 사람들의 삶의 방식을 급진적으로 바꾸는 아이디어를 개발할 수 있다고 말한다. 이 이론의 핵심 요소는 다음과 같다.

1. 변곡점은 사람들이 생각하고 느끼고 행동하는 방식을 급진적으로 변화시킬 잠재력을 만드는 사건이다.
2. 통찰은 하나 이상의 변곡점을 이용해 사람들의 역량과 행동을 급진적으로 변화시킬 반직관적인 진실이다.
3. 아이디어는 통찰을 바탕으로 구체적인 상품 또는 서비스를 구상하려는 시도다.
4. 운동은 패턴을 파괴하는 스타트업이 그린 미래로 사람들을 이끈다. 운동은 소수로 시작된다. 처음에는 다수에게 무

시를 당하지만 결국 스타트업의 아이디어는 널리 인정받

는 진실로 자리 잡는다.

이제부터 이 개념들을 살펴볼 텐데, 가장 먼저 소개한 개

념이자 가장 기본이 되는 요소인 변곡점부터 다룰 예정이다.

제2장

변곡점을 이용하라

패턴 파괴자가 규칙을 바꾸는 방법

기존 현실과 싸워서는 변화를 만들 수 없다.
무언가를 변화시키려면 기존 모델을
쓸모없게 만드는 새로운 모델을 구축해야 한다.

-버크민스터 풀러Buckminster Fuller,
엔지니어, 건축가, 미래학자

"우리 불법적인 일에 투자한 적 있어요?"

플러드게이트에서 내 파트너로 함께 하는 앤 미우라–코[Ann Miura-Ko]가 문간에서 고개를 내밀며 물었다. 순간 관심이 쏠렸다.

앤과 나는 벤처캐피털 회사인 플러드게이트를 공동 창립했고 15년째 함께 운영하고 있다. 로켓 과학자의 딸인 그녀는 고등학생 토론 대회 우승자 출신으로 예일대에서 전기 공학을 전공한 후 스탠퍼드대에서 정보보안 수리모델링으로 박사과정을 5년째 이어가던 중 나와 동업을 시작했다.

그녀가 내게 이 질문을 했을 당시는 2012년 여름이었다. 앤은 우리가 2년 전에 투자한 샌프란시스코의 스타트업 짐라이드의 이사회 회의에 참석하고 돌아온 길이었다. 짐리이드는 대학과 기업을 대상으로 카풀 중계 웹 플랫폼을 제공했다. 성과가 나쁘지는 않았지만 세상을 떠들썩하게 하는 정도는 아니었다. 창립자인 로건 그린[Logan Green]과 존 짐머[John Zimmer]는 이제한 가지 새로운 실험을 하고 싶어 했다. 스마트폰으로 구동되는 P2P 승차 공유 앱이었다.

하지만 캘리포니아주 정부는 (택시 업계의 로비에 휩쓸려) 승차 공유 서비스의 적법성을 문제 삼을 게 뻔했다. 미국의 거의 모든 주요 도시와 마찬가지로 샌프란시스코 또한 택시 수를 제한하는 전통적인 메달리온medallion 시스템(도시에서 발급하는 택시 운행 허가 제도-역주)에 따라 택시 회사는 허가를 받아야 했다. 샌프란시스코에서는 승차 공유 서비스가 무면허 택시 서비스라는 이유로 운행 정지 명령을 내릴 가능성이 컸다.

"로건과 존은 리프트로 사명을 바꿀 생각이에요." 앤이 말을 이었다. "차량에 분홍색 콧수염을 붙여서 낯선 사람 차에 탄다는 거부감도 줄이고요."

이 이야기가 어떻게 전개될지는 이미 알고 있을 것이다. 하지만 그 결말에 이르기까지 어떠한 과정을 거쳤는지 아는가? 그저 그런 성과를 거두던 짐라이드가 어떻게 눈부신 성공을 거둔 리프트로 탈바꿈했는지는? 그 획기적인 진보가 무엇을 계기로 이뤄졌는지 아는가?

답은 변곡점inflection에서 찾을 수 있다. 문맥에 따라 다양한 의미를 지니는 이 단어는 우리가 말을 할 때 음성에서 나타나는 억양의 변화를 뜻하기도 한다. 수학에서는 곡선의 굴곡 방

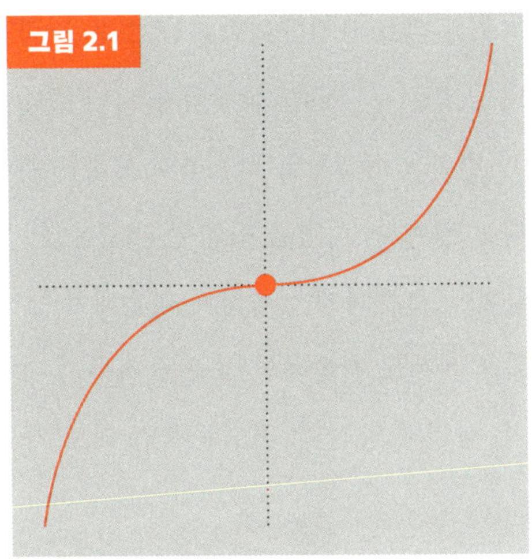

수학에서 변곡점은 곡선의 방향이 위로 향하는 지점을 의미한다.

향이 바뀌는 지점을 의미한다(그림 2.1 참고). 나는 1990년대 인텔의 CEO였던 앤디 그로브Andy Grove의 책에서 이 용어가 비즈니스에 적용된 사례를 처음 접했다.

《편집광만이 살아남는다》에서 그로브는 '전략적 변곡점'이라는 용어를 들어 사람들이 생각하고 느끼고 행동하는 방식이 전환되는 지점을 설명했다. 사람들이 무엇을 가치 있게 여기는지 또는 무엇을 믿고, 무엇을 할 수 있는지, 무엇을 기꺼이 하려 하는지가 달라지는 지점이다.

이 책에서는 우리가 변곡점을 바라보는 방식은 그로브와

비슷하지만 조금 다르게 접근한다. 그로브는 전략적 변곡점을 두고 업계의 규범을 무너뜨릴 잠재력을 지닌 중대한 위협으로 봤다. 이러한 변화를 식별하고 적응하지 못하는 기업은 뒤처질 위험이 있다고 말이다. 시장을 장악한 기업은 현 상태에 안주하는 태도를 버리고 변화에 신속하게 대응해야 했다. 그로브는 이러한 변화 속에서도 지속적인 성공을 거두기 위해서는 경계심과 적응력, 심지어 약간의 '편집증적인 태도'가 필요하다고 강조했다.

그는 책에서 메모리 칩 시장의 착취적 경쟁을 포함해 여러 사례를 다뤘다. 컴퓨팅의 중심이 인터넷으로 달라지며 메모리 칩과 칩의 성능을 향한 수요가 변한 사건, 항공 산업에서 규제가 완화되며 항공 요금 자유와 노선 선택, 신규 항공사 진입이 가능해졌고, 이로 인해 가격 전쟁, 효율성에 대한 요구 상승, 항공사 합병 등 변화가 찾아온 사례를 소개했다. 적응하지 못한 기업들은 하나같이 시대에 뒤처질 위험에 직면했다. 이러한 변곡점들은 접근성 증대와 비용 절감의 차원에서 소비자들에게 이익으로 다가왔다.

한편 기존 기업들은 이러한 변화를 자신이 오래도록 지켜온 시장 지위에 대한 위협으로 인식했다. 당연하게도 기성 리더들은 변곡점을 힘을 북돋는 동력보다는 안정을 위협하는 위험으로 볼 때가 많았다.

이 지점에서 피터와 내가 지닌 관점은 조금 다르다고 할 수 있다.

결국 우리는 스타트업과 함께 일하고 있고 이 일을 좋아한다. 스타트업은 무無에서 유有를 창조하니까. 이들은 미래를 바꾼다. 다시 말해 현 상태를 전복시킨다는 뜻이다. 우리가 말하는 변곡점, 즉 기술 역량의 변화, 사람들의 태도 변화, 규제의 변화는 스타트업이 활용할 수 있는 근본적인 힘이다. 스타트업이 사람들의 생각과 감정, 행동 방식을 바꿀 수 있는 힘이자, 급진적으로 달라진 미래를 창조하는 힘인 셈이다.

리프트와 그의 최대 경쟁자인 우버를 생각해 보길 바란다. 두 기업 모두 강력한 두 가지 변곡점을 활용했다. 하나는 위치를 무료로 추적할 수 있는 GPS 스마트폰의 출현, 다른 하나는 웹사이트와 스마트폰 앱이 페이스북 프로필 정보를 통합해 다른 사용자들이 볼 수 있도록 하는 페이스북 커넥트Facebook Connect였다. 우버와 리프트는 이 새로운 형태의 능력을 활용해 사람들의 이동 방식을 급진적으로 변화시켰다.

변곡점은 어떠한 사건, 변화의 한 유형이다. 하지만 아무 변화나 변곡점이 되는 것은 아니다. 더욱 큰 변화를 불러오는 근원적인 변화, 인간이 할 수 있는 일의 가짓수를 늘리는 변화이다. 이런 점에서 라이브 스트리밍, 트윗, 웹 서핑, 승차 공유는 모두 변곡점의 힘을 활용했다고 할 수 있다. 변곡점으로 사람들에게 새로운 역량이 생기고 나서야 가능한 일들이었다.

스타트업의 관점에서 변곡점이 흥미로운 이유는 이것이 현재의 규칙에 따라 기존의 상품을 단순히 개선하는 데 그치지 않고 미래의 경쟁 상황을 좌우할 새로운 기회를 창출하기 때문이다.

또 다른 사례로 디지털 사진을 들 수 있다. 내가 1994년 경영대학원을 졸업했을 당시 애플은 퀵테이크 100QuickTake 100이라는 디지털 카메라를 세상에 선보였다. 출시 가격은 749달러였다. 포커스나 줌 조절 기능은 없었고 640×480 해상도의 이미지를 8개 저장할 수 있었다. 카메라로 사진을 미리 볼 수 있는 방법도, 사진을 하나씩 삭제할 방법도 없었다. 당시 코닥의 시가총액은 280억 달러로 14만 명의 직원을 거느리고 있었다. 퀵테이크 100은 코닥의 위협이 되지 못했다. 당연하게도 이 상품은 성공을 거두지 못했다.

한동안 디지털 사진의 발전 곡선improvement curve은 차이를 알아볼 수 없을 정도로 미미하게 상승했다. 언뜻 보기에는 직선이나 다름없을 정도였다. 하지만 사실 지극히 낮은 출발점에서 시작했을 뿐 디지털 사진 기술은 기하급수적으로 성장하고 있

었다. 그러다 기술의 성장이 마치 하룻밤 사이에 갑자기 벌어
진 일처럼 누구나 한눈에 알아볼 정도로 수직으로 치솟았다.
디지털 카메라와 스마트폰 내장 카메라 모두 해가 갈수록 일반
인들이 사용하기에 좋을 정도로 눈에 띄게 성능이 개선되었다.
코닥이 디지털 사진을 위협으로 인식했을 즈음에는 디지털 사
진 기술의 발전 곡선이 너무도 가파르게 급등한 나머지 대응을
할 수가 없었다. 코닥이 디지털 사진의 발명자 중 하나였다는
사실을 생각해 보면 아이러니한 일이 아닐 수 없다.

1999년 최초로 카메라가 내장된 휴대전화에는 0.11 메가
픽셀의 카메라가 탑재되어 있었다. 2007년 첫 아이폰이 200만
화소 카메라를 탑재해 출시되었다. 2012년 아이폰 5에 탑재된
카메라는 800만 화소였다. 같은 해 페이스북은 (직원이 20명도
되지 않는) 인스타그램을 10억 달러에 인수했고 코닥은 파산 신
청을 했다.

초기 디지털 카메라는 해상도가 너무 낮아 사람들이 원하
는 수준의 사진을 찍을 수가 없었다. 2012년 즈음 800만 화소
가 된 카메라는 사람들이 사진으로 남기고 싶은 대상이나 순긴
을 찍으려고 당연히 꺼내 들 만큼의 성능에 이르렀다.

새로운 기술, 새로운 규제, 새로운 사회적 사고방식, 새로
운 정치적 또는 경제적 상황은 급진적 변화를 일으키는 잠재력

의 변곡점이 될 수 있다. 스타트업은 물론 사실상 어떤 조직이든 이 변곡점을 활용할 수 있다. 실로 기술적 변곡점은 역사적으로 비즈니스 분야에서 급부상한 기업들만이 아니라 정치적 지형을 재편하고 변화의 기운을 불러오는 중추적 역할을 했다. 이와 관련해 몇 가지 주목할 만한 사례들을 표 2.1에 정리했다.

우리가 투자자이자 공모자로서 가장 활발하게 활동한 영역이 기술인 만큼 소개한 사례 대부분이 기술 분야이다. 그러

표 2.1

기술적 변곡점

인쇄기(1450년대): 요하네스 구텐베르크Johannes Gutenberg의 발명품 덕분에 아이디어가 급속하게 확산되었고, 이것이 종교개혁과 르네상스로 이어졌다.

전신(19세기): 장거리 신속한 통신이 가능해지며 외교 및 군사전략이 달라졌고, 더욱 상호 밀접하게 연결된 국제 정치로 이어졌다.

라디오와 텔레비전(20세기): 1960년대 미국 대선 후보인 리처드 닉슨과 존 F. 케네디의 TV 중계 토론처럼 미디어가 정치 이미지를 좌우하는 영향력을 발휘했다.

인터넷과 월드와이드웹(20세기 말): 공공 인터넷의 표준과 통신 규약이 확립되며 정보, 소통, 연결성의 접근성이 유례없는 수준으로 높아졌다. 그 결과 교육적, 경제적 기회는 물론 정치 행동주의, 소셜 네트워킹, 더욱 광범위한 차원의 아이디어 교환이 가능해지는 변화가 찾아왔다.

스마트폰(21세기): 아이폰, 안드로이드 기기와 같은 스마트폰으로 세계 수십억 명이 손쉽게 기술을 활용할 수 있게 되었다. 이로써 새로운 앱 경제가 등장하며 세계 사회, 경제, 엔터테인먼트, 문화의 여러 측면이 크게 달라졌다.

인공지능(21세기): 대규모 언어 모델로 인간의 언어를 이해하고, 해석하고, 생성하는 AI의 능력이 현저히 높아졌다. 챗지피티와 같은 서비스는 수백만 명에게 글쓰기, 아이디어 창출, 컴퓨터 코드 개발까지 새로운 기회를 제공하며 효율성과 창의적 결과물이 크게 증가했다.

나 변곡점의 중요성은 기술을 넘어 사회 전반의 사고방식과 새로운 정치적 또는 경제적 상황으로까지 확장된다. 표 2 2에 그 사례가 담겨 있디.

사회적 및 정치적 변곡점

미국의 독립 혁명(1775년-1783년): 영국으로부터 독립하고 민주 공화국이 수립되었다.

산업 혁명(18세기 후반 시작): 도시의 성장과 사회 구조의 변화를 촉발시킨 변화가 찾아왔고 현대 자본주의와 산업 정책의 기반이 쌓였다.

볼셰비키 혁명(1917년): 소비에트 연방이 탄생하고 공산주의가 하나의 중대한 이념으로 세계 전반에 확산되었다.

베를린 장벽 붕괴(1989년): 소비에트 연방과 냉전의 끝을 알리는 신호가 되었다.

글로벌 금융 위기(2007년-2008년): 세계 경제에 상당한 충격을 안기고 금융 시장에 대한 감시와 규제가 더욱 엄격해지는 등 세계적으로 정치 및 경제에 중대한 변화가 찾아왔다.

브렉시트(2016년): 국민투표로 영국이 유럽 연합의 탈퇴를 결정하며 경제적 변화, 법과 규제 변경이 이어졌고 서구 전반에 포퓰리즘과 민족주의가 증가하리라는 암시를 남겼다.

우리는 사회 및 규제의 변곡점 또한 인정하지만 인간의 역량을 재편하는 힘은 여전히 기술에 있다. 우리의 일상 속 물건들이 '기술'을 대놓고 드러내지는 않을 수도 있다. 하지만 조금만 살펴보면 그 모든 물건의 시작에는 기술이 자리하고 있음을 알 수 있다. 간단히는 아침 식사용 시리얼만 봐도 그렇다. 19세기 말 존John과 윌 켈로그Will Kellogg가 장기 보관이 가능한 시리얼을 개발한 일은 중대한 기술적 진보였다. 고대 시대 캄캄한 세상에서 불이 처음 등장했을 때부터 중세 시대의 가동 활자와 오늘날의 인공지능에 이르기까지 위대한 진보는 새로운 기술을 익히고 적용하는 데서 시작했다. 이런 이유로 피터와 나는 스타트업 아이디어를 평가할 때 기술적 변곡점을 필수적인 요소로 우선시한다.

그럼에도 우리는 기술적 변화가 정치 또는 사회, 규제의 변화와 맞물려 영향력이 증폭되는 현상을 자주 목격한다. 스타트업의 맥락이 아니더라도 변곡점은 조직이 의미 있는 변화를 촉발할 잠재력에 영향을 미칠 수 있다. 신생 기업이든, 기성 기업이든, 정치 단체든, 비영리 단체든, 어떤 조직이든 이에 속한 개인은 변곡점이 지닌 변혁적 잠재력을 주시해야 한다. 어느 영역에서든 변곡점을 포착한다면 현 상태를 흔들고 재편하는 강력한 도구를 얻는 셈이다.

새롭다고 해서 모든 것이 변곡점인 것도, 광범위한 사회적 변화라고 해서 전부 변곡점이 되는 것도 아니다. 일시적인 유행이나 열풍을 생각해 보길 바란다. 광범위하게 전파된다 해도 인간의 능력을 급진적으로 확장하지 않는 만큼 변곡점이라고 할 수 없는 것들도 있다. 피젯 스피너, 크로넛(크루아상과 도넛을 합친 페이스트리-역주), 아보카도 토스트는 인간이 할 수 있는 일의 가짓수에 급진적으로 새로운 무언가를 더하지 않았다. 유행과 열풍이란 단어는 굳게 확립된 상업적 패턴을 새로운 말로 표현한 것일 뿐이다.

늦게 도착한 손님

변곡점은 스타트업에 의해 시작되는 것이 아니다. 스타트업 외부에서 일어나는 일이다. 왜 어떤 스타트업은 급진적인 성공을 거두고 또 어떤 곳은 실패하는지 오래도록 내가 그 이유를 파악하지 못한 이유 중 하나이기도 하다. 콘텐츠 스트리밍의 사례로 돌아가, 자금도 부족하고 경험도 부족한 팀으로 기획도 엉성했던 저스틴티비가 어떻게 트위치로, 스트리밍 세계의 강자로 방향을 전환할 수 있었을까?

이와 대조적으로 막대한 자금과 업계 전문가들이 모인 팀을 갖춘 스트리밍 스타트업 퀴비Quibi는 어쩌다 완벽한 실패를 맛보게 되었을까? 퀴비는 10분 이내의 프리미엄 영상 콘텐츠를 제공하는 모바일 중심 스트리밍 서비스였다. 드라마, 리얼리티, 코미디, 뉴스까지 다양한 장르의 프로그램을 선보였다. 제프리 카젠버그Jeffrey Katzenberg와 CEO인 메그 위트먼Meg Whitman이 이끈 퀴비는 17억 5천만 달러의 자금을 보유했고 톱스타들을 동원해 콘텐츠에 막대한 투자금을 쏟아붓는다는 점을 널리 홍보했다. 그럼에도 2020년 10월, 6개월을 겨우 버티고 문을 닫았다. 새로운 상품이 실패하는 일반적인 이유 때문이었다. 사람들이 간절히 원할 정도로 독창적인 무언가를 제공하지 못했고, 이미 여러 개의 서비스를 구독하고 있는 고객들은 또 다른 스트리밍 구독을 추가할 마음이 없었다. 해당 플랫폼의 소셜 기능도 여러 면에서 부족했고, 모바일 기기에서만 재생된다는 단점도 있었다. 하지만 처음에는 실패를 경험해도 자본이 넉넉한 경우라면 실수를 보완하고 상품 개선을 반복하는 사례도 많다.

퀴비가 빨리 포기를 결정한 배경에는 변곡점을 활용하는 데 실패한 것이 주효했다고 볼 수 있다. 본질적으로 퀴비의 전략은 언뜻 획기적으로 보이는 하나의 물결에 의존했다. 모바일 우선 시청, 마이크로 엔터테인먼트(짧은 영상 및 시리즈 등 빠르게 소비되는 콘텐츠-역주), 상호작용성, 소셜 미디어의 영향력 이 네 가지 요소의 결합이었다. 하지만 2020년에 이 시장은 신대륙이 아니라 수많은 발자국이 새겨진 길이었다. 넷플릭스^{Nexflix}, 훌루^{Hulu}, 디즈니플러스^{Disney+}, 아마존 프라임^{Amazon Prime} 등 거물들이 이미 명성을 떨치고 있었고 트위치와 유튜브 등 테크 중심의 서비스도 출시되어 있었다. 쇼트 폼 콘텐츠 영역을 향한 퀴비의 진출은 파티에 늦게 도착한 손님과 같았다. 초대받지 못한 손님은 아니었지만 주빈도 아니었다. 차별화를 해보려는 시도는 이미 견고하게 자리잡은 대안들 사이에서 길을 잃고 말았다. 마케팅에 거액을 투자하고 화려한 캐스팅을 자랑했지만 사람들의 주목을 끌기에는 역부족이었다.

중요한 것은 목소리를 내는 게 아니라 대단히 매력적인 이야깃거리가 있는가였다. 변곡점을 활용하지 못한 퀴비는 사람들을 주목시킬 만한 이야깃거리가 없었다. 단순히 아이디어를 제대로 실행해내지 못한 게 문제는 아니었다. 아이디어가 근본적으로 잘못된 판단에서 비롯됐다. 퀴비는 미디어를 향한 사람들의 욕구를 새롭게 구성하는 획기적인 동력이 아니라 반면교사의 사례가 될 운명이었다. 그나마 창립자들은 현실을 빨리 파악했다. 필연적인 끝을 질질 끌기보다는 사업을 정리하고 남은 자본을 투자자들에게 돌려주는 쪽을 택했다.

저스틴티비/트위치와 퀴비를 비교해 보면 앞서 언급한 변곡점의 특별함이 무엇인지 확연히 보인다. 변곡점은 단순한 트렌드나 비즈니스 동인, 발전 곡선이 아니라는 점이다. 변곡점은 중대한 전환을 일으키는 구체적인 사건으로, 이 사건을 통해 이전에는 존재하지 않았던 급진적이고도 새로운 능력이 가능해진다. 쇼트 폼 콘텐츠의 등장은 중요한 트렌드지만 그전에는 불가능했던, 혁명적인 무언가를 제공하지 않는다면 변곡점이라고 할 수 없다. 그저 인기 있는 트렌드를 채택한다고 해서 변곡점을 활용하는 것은 아니다.

트위치의 성공과 퀴비의 실패는 변곡점을 활용하는 기업과 단순히 트렌드를 따르는 기업의 차이를 여실히 보여준다. 변곡점은 인간의 능력을 처음으로 그리고 급진적으로 바꾸는 계기를 제공한다. 트위치의 경우, 가정용 브로드밴드의 성능이 좋아지며 대부분의 사람들에게 고화질 영상 스트리밍이 가능해지기 시작한 시기와 맞물렸다. 이와 동시에 반복해서 플레이할 만한 기치기 있는 멀티플레이어 게임의 인기도 급상승했다. 이러한 중대한 전환의 순간, 즉 게임이 많은 이들이 함께 공유하는 경험으로 인기가 높아짐과 동시에 게임을 널리 스트리밍할 수 있는 환경이 갖춰진 순간, 트위치는 게이머들이 이전에는 한 번도 보지 못했던 새롭고도 매력적인 무언가를 선보였다. 트위치의 라이브 스트리밍 서비스가 성장하는 게이밍 문화를 포착했고, 시청자와 스트리머 모두에게 독특하면서도 상호 작용이 가능한 커뮤니티 중심의 플랫폼을 제공했다. 이와 대조적으로 퀴비가 트위치보다 9년 늦게 모바일 중심의 쇼트 폼 스트리밍 서비스를 출시했을 당시 모바일 미디어와 스트리밍, 쇼트 폼 영상은 지극히 흔한 일상이 되어 있었다. 새로운 변곡점을 포착하지도, 활용하지도 못한 퀴비는 무엇과도 급진적으로 다른 새로운 것을 보여주지 못했다. 고객의 관심은 빠르게 식어갔다.

변곡점을 활용하면 스타트업은 불공평한 우위를 점할 수 있게 된다. 스타트업에게는 이 우위가 필요하다. 대기업에는 직원들과 고객들, 공급망, 경쟁적 해자moat(기업이 경쟁사보다 오랫동안 수익성과 시장 지위를 지킬 수 있는 지속 가능한 경쟁 우위-역주), 이미 구축된 평판 또는 브랜드 등 스타트업이 갖지 못한 수많은 자산이 있다. 궁극적으로 기존의 기업들이 누리는 가장 큰 우위는 이미 굳어진 사람들의 행동 패턴일 것이다.

반면 스타트업이 우위를 점할 수 있는지는 사람들의 행동 패턴을 재정의할 수 있는지에 달려 있다. 기존 패턴을 새 패턴으로 교체하는 것이다. 습관의 동물인 인간은 시간이 흐를수록 타성에 젖는다. 이 타성을 극복하는 데는 대단히 강력한 변곡점이 필요하다. 다시 말해 변곡점은 스타트업이 제대로 된 영향력을 발휘할 수 있는 가장 중요한 기회가 된다.

그렇다면 미래를 급진적으로 바꿀 변곡점의 힘을 제대로 활용하지 못하는 스타트업이 왜 그리도 많은 것일까? 왜 그 파도를 놓치는 것일까? 그 이유는 스타트업 창립자 다수가 현재의 트렌드나 화이트 스페이스, 페인 포인트가 자리한 큰 시장부터 찾기 시작하기 때문이다. 그 결과 이들은 현 상태를 초월할 변곡점을 발견하지 못한다.

스타트업 피칭pitching(스타트업 창업자가 투자자를 대상으로 자신의 아이디어 및 사업 아이템을 공개하고 설명하는 발표회-역주)에서 다수가 문제를 자세히 파고들어 괜찮아 보이는 해결책을 제시하지만 근본적인 돌파구를 만들어 낼 변혁적 변곡점을 짚어 내지는 못한다.

기후변화를 살펴보자. 전동화 이동수단이나 탈탄소화 같은 대안에 무슨 문제가 있고 이를 어떻게 해결할 것인지를 말하는 스타드입 아이디어는 많지만, 의미 있는 변곡점을 언급하며 문제에 접근하는 경우는 거의 없다.

"귀사가 말하는 해결책이 마침 지금 가능한 이유가 회사 외부의 어떤 변곡점으로 인한 것인지 설명해 줄 수 있나요?"

이런 질문을 하면 멍한 표정을 짓는 사람들이 많다. 그런 표정을 마주하면 해당 스타트업이 내게 미래를 급진적으로 바꿀 잠재력을 지닌 돌파구를 제시하는 게 아니라, 현재 상황에서 점진적으로 개선만 가능한 문제를 해결하려 하는 것임을 알 수 있다.

창립자들은 배터리 효율의 향상이나 친환경 에너지의 비용 하락 같은 개선을 언급하겠지만, 기술 곡선의 점진적인 진보를 강조할 뿐 정작 혁신적인 상품을 탄생시키고 고객의 행동을 변화시킬 임계점은 놓칠 때가 많다.

태양광 에너지 비용이 매년 7퍼센트씩 감소하는 현상을 관찰하는 것만으로는 충분하지 않다. 강력한 트렌드이기는 하지만 많은 사람들이 알고 있는 사실이기도 하다. 더욱 중요한 점은 여기에는 인간의 역량을 바꿔놓는 전환점이 보이지 않는다는 것이다.

인스타그램의 사례를 다시 들어보겠다. 디지털 카메라의 발전 곡선은 스마트폰 카메라의 메가픽셀 수가 지속적으로 높아지는 변화를 따르고 있다. 사람들이 사진을 널리 공유하고 싶을 만큼 스마트폰 카메라의 기능이 좋아지면서 변곡점이 생겨났다. 이와 동시에 무선통신망의 속도 또한 변곡점에 이르러 높아진 해상도의 사진을 전보다 빠르게 올릴 수 있게 되었다.

태양 에너지 사례에 빗대자면 태양광 기술의 개선으로 과거에는 거의 불가능했던 새로운 능력을 이제 사람들에게 광범위하게 부여할 수 있음을 보여주어야 변곡점이라 할 수 있다. 어려운 과제지만 나는 태양에너지와 기후변화 문제에서 돌파구를 찾을 수 있다고 낙관하는 쪽이다. 다가오는 변곡점을 보고 이 변곡점이 사람들에게 대대적으로 어떠한 능력을 전할 수 있을지 이해하는 창립자를 만나고 싶은 마음이다.

획기적인 스타트업은 변곡점의 힘을 활용해 자신이 직접 정의한 새로운 규칙으로 운영되는 새로운 게임을 만든다. 이들은 사람들에게 비교가 아니라 선택을 하게 만든다. 이들의 스타트업은 기존의 무엇과도 양립할 수 없다. 그렇게 미래를 바꾼다.

기술의 발전 곡선과 변곡점이 같지는 않지만 둘은 중요한 관계에 놓여 있다. 기술 발전 곡선은 봉우리처럼 솟아오른 결정적 순간들이 자리한 산맥과 비슷하다고 볼 수 있다. 이 봉우리들이 변곡점이라 할 수 있는 지점이고, 급진적이고 새로운 능력을 사람들에게 부여할 수 있는 시점이다.

발전 곡선으로 가장 유명한 사례는 무어의 법칙Moore's Law이다. 인텔의 공동 창립자인 고든 무어Gorden Moore가 만든 법칙으로 그는 일정한 가격에서 마이크로칩의 트랜지스터 수가 약

24개월마다 두 배로 증가한다고 설명했다. 이 기술의 발전 곡선이 수십 년 간의 변화를 이끈 동력이었다. 시간이 흐름에 따라 기술이 점차 발전해 가며 여러 변곡점이 촉발되었다. 애초에 개인용 컴퓨터가 가능한 것도 트랜지스터의 발전 덕분이었다. 성능이 계속 향상되며 그래픽 사용자 인터페이스, 스마트폰, 이후에는 고품질의 휴대전화 카메라와 여기서 이어지는 사진 공유 앱까지 기술의 발전 곡선에 따른 변곡점들이 잇달아 탄생했다. 이 사례들에서 알 수 있듯, 기술은 발전을 계속해 나가며 새로운 변화의 임계점을 만들어 냈고, 패턴을 깨는 혁신의 문턱을 넘어섰다.

이처럼 기하급수적인 발전이 이어지며 인간에게 새로운 능력을 약속하는 변화가 시작되었다. 윈도우 기반 그래픽 사용자 인터페이스 등장이라는 중대 사건과 온 세상이 담겨 있지만 주머니에 쏙 들어가는 크기의 전화기, 삶의 순간들을 즉흥적으로 공유할 수 있을 정도로 성능이 훌륭한 내장 디지털 카메라가 그것이었다. 무어의 법칙은 기술의 지속적인 성장만을 가능케 한 것이 아니라 중대하고도 기념비적인 변곡점을 알아본 혁신가들이 기존의 그 어떤 상품과도 본질적으로 다른 상품을 개발하도록 했다.

기술이 발전하는 속도가 빨라질수록 위대한 진보 또한 더

욱 자주 이뤄진다. 기술 발전 곡선이 가파르게 상승한다는 것
은 큰 변화가 더욱 자주, 더욱 빠르게 이뤄진다는 의미다. 가령
2009년에서 2019년 사이 태양광 패널의 전력 생산 비용은 89
퍼센트 하락했다. 다시 말해 태양광 패널의 성능이 약 38개월
마다 두 배, 126개월마다 열 배 개선되었다는 뜻이다. 무어의
법칙을 다시 생각해 보면 마이크로 프로세서의 성능은 24개월
마다 두 배, 즉 80개월마다 열 배 개선된 셈이다.

여기에 엔비디아^{NVIDIA}의 공동 창립자이자 CEO인 젠슨 황
^{Jensen Huang}이 발견한 황의 법칙^{Huang's Law}이 있다. 그래픽처리장

표 2.3

기술 발전의 속도

	두 배의 성과에 이르는 데 걸리는 시간 (개월)	열 배의 성과에 이르는 데 걸리는 시간 (개월)
태양광 패널	38	126
마이크로 프로세서	24	80
그래픽처리장치 (GPUs)	15	50
게놈 시퀀싱	11	37

치graphics processing units, GPUs가 대략 15개월마다 두 배, 50개월마다 열 배 향상된다는 법칙이다. GPU가 핵심적인 역할을 하는 AI 분야에서는 특히나 고무적인 분위기다. 게놈 시퀀싱의 기술 발전은 이보다도 빨라 그 성과가 약 11개월마다 두 배, 32개월마다 열 배로 향상되고 있다. 기술 발전의 속도는 표 2.3에서 다시 확인할 수 있다.

창립자라면 자신과 관련이 있는 기술이 무엇이고 또 그 기술이 얼마나 빠르게 발전하는지 평가하는 것이 무엇보다 중요하다. 가까운 미래를 창립자의 뜻대로 만들어 나갈 수 있는지는 기술 발전의 속도에 크게 좌우된다. 유전체학, AI 같은 분야에서는 커다란 전환의 기회들이 눈앞에 펼쳐져 있다.

한편 태양광 패널 발전에 집중한 이들에게는 패널의 발전이 언제 어떻게 획기적인 변화의 문을 열지를 정확히 파악하는 일이 중요하다. 빠르게 진화하여 변곡점을 더욱 빠르게 불러오는 또 다른 기술을 접목해 미래 전환의 잠재성을 만들 수도 있다. 변화의 잠재성이 구체화되는 데 시간이 걸린다면, 다시 말해 일정한 시간 내에 벌어질 것이라는 예측이 어렵다면 변혁적인 영향력을 발휘하기가 더욱 어려워진다.

이와 유사하게 세상이 변곡점을 수용하는 속도가 가속화될수록 변곡점이 발휘하는 힘이 더욱 강력해진다. 스마트폰 보급률이 마이크로소프트 윈도의 보급률을 뛰어넘은 순간, 기업들의 IT 예산 집행 방식이 대대적으로 달라졌으므로 대단히 결정적인 순간이었다고 할 수 있다. 이전까지만 해도 마이크로소프트가 새로운 윈도 버전을 출시하면 사람들은 자동적으로 업그레이드를 했다. 하지만 이 변화와 함께 스마트폰이 모든 활동의 중심이 되었다.

이러한 역학은 여러 변곡점이 중첩될 때에도 마찬가지다. 파도가 중첩될 때 힘이 증폭되는 것과 비슷한 원리다. 스마트폰 카메라의 해상도가 높아져 즉흥적으로 찍는 사진의 품질도 더욱 좋아졌지만 저장 공간이 더욱 많이 필요해졌다. 이동 통신사들은 사진을 더욱 빨리 전송할 수 있도록 네트워크를 꾸준히 개선시켰다. 데이터 통신 인프라의 발전으로 인스타그램은 더욱 높은 품질의 사진을 업로드 할 수 있게 되어 이득을 봤다. 코닥 역시 이러한 변곡점들을 이용해 디지털 사진 시장을 지배할 수 있었지만 그러지 못했다.

변곡점 스트레스 테스트

내가 만난 창립자들은 거의 다 아이디어 하나쯤은 머릿속에 갖고 있었다. 짐작하듯 나는 그 아이디어가 하나 이상의 변곡점을 활용한 것인지 묻곤 한다. 구체적으로 말하자면 내가 알고자 하는 것은 다음과 같다.

1. 해당 아이디어가 바깥세상의 구체적이고도 강력한 변화와 상상도 못했던 능력을 사람들에게 안겨 줄 기회로 연결했는가?
2. 그렇다면, 이 새로운 능력으로 무언가를 할 수 있는 사람들은 누구이고, 또 이들이 그 새로운 능력을 간절하게 원하는 이유는 무엇인가?
3. 어떤 상황에서 이 새로운 변곡점이 사람들의 삶을 크게 바꾸고 또 변곡점의 영향력이 크게 발휘되지 않을 상황은 언제인가?

표 2.4는 이 세 가지 요소를 판단할 수 있는 간단한 스트레스 테스트이다.

이 스트레스 테스트를 통해 자신의 아이디어가 획기적인 잠재력을 발휘할 만큼 탄탄한 기반을 갖추었는지, 확신을 갖고 나아가도 될지 결정할 수 있다(뒷장에서 통찰을 포함해 스타트업이 패턴을 파괴하는 아이디어를 만들 수 있는지, 그 기회를 판별하는

변곡점 스트레스 테스트

변곡점	변곡점 특징
새로운 무언가	· 새로운 무언가의 등장 · 이것으로 무엇이 가능해지는가
그것이 강력한 이유	· 새로운 능력의 규모 · 새로운 능력에 영향을 받는 사람들
성공의 조건	· 스타트업의 통제 밖에 있으나 변곡점이 잠재력을 온전히 발휘하도록 도와주는 요인들

여러 요소를 대상으로 스트레스 테스트를 적용할 예정이다).

아직 아이디어를 찾고 있는 창립자라면 스타트업 아이디어가 아니라 변곡점에서 출발해야 급진적인 변화를 창조할 잠재성을 지닌 아이디어에 도달할 가능성이 커진다.

표 2.5는 리프트 또한 우버의 성공을 가능케 했던 변곡점 중 하나였던, 즉 운전자아 탑승자이 위치를 무료로 추저할 수 있는 GPS 지원 스마트폰의 등장을 스트레스 테스트로 분석한 것이다.

GPS 지원 스마트폰의 사례는 변곡점의 요소들을 구체적

표 2.5	

변곡점 스트레스 테스트: GPS 지원 스마트폰

변곡점	GPS 칩이 내장된 아이폰 4s의 등장
새로운 무언가	아이폰 4s에 고정밀 GPS 칩이 내장되어 스마트폰의 위치를 1미터 내의 정확도로 파악할 수 있게 되었다.
그것이 강력한 이유	처음으로 앱은 애플리케이션 프로그래밍 인터페이스application programming interface(APIs)를 통해 스마트폰의 위치를 정확하고도 알고리즘적으로 파악할 수 있게 되었다. 이전 스마트폰의 위치 서비스는 정확도가 훨씬 떨어졌다. 스마트폰의 폭발적인 보급과 빠른 교체 주기를 생각하면 위치 추적 서비스의 정확도 개선은 단기적으로는 수천만 명의 스마트폰 사용자들에게, 장기적으로는 거의 모든 사용자들에게 영향을 미칠 수 있는 변화다.
성공의 조건	이 변곡점이 잠재력을 온전히 발휘하려면: • 이 기능을 지닌 스마트폰을 쓰는 사용자들의 규모가 빠른 시일 안에 어느 정도 갖춰져야 한다. • 이 기능이 이후의 스마트폰에서도 지속적으로 유지되어야 한다. • 사람들이 이 기능을 활용하는 어플리케이션에 자신의 위치 정보를 공유할 의사가 있어야 한다.

제2장 변곡점을 이용하라

으로 보여준다. 변곡점이 무엇이고 이를 통해 무엇이 가능해지는지 한눈에 확인할 수 있다. 또한 변곡점이 어떠한 능력을 주는지, 이 능력을 활용하게 될 사람들은 누구인지도 보여준다.

마지막으로 이 변곡점이 성공하려면 필요한 조건에 대해서도 다루는데, 성공 조건에 대해서는 뒤에서 다시 자세하게 다룰 예정이다. 변곡점을 활용하는 창립자들은 자신이 선택한 변곡점이 실제로 미래를 급진적으로 바꿀 수 있을지 베팅을 건 것이나 다름없다. 미래는 아직 오지 않았고, 대단히 불확실하다. 때문에 '베팅하듯 사고하기' 마인드셋이 필요한데, 변곡점이 어떠한 조건을 충족해야 변혁적인 힘을 발휘할지를 신중히 평가하는 동시에 해당 변곡점이 실질적인 변화를 만들어 내지 못할 상황도 인지하는 사고방식을 뜻한다.

전직 프로 포커 선수인 애니 듀크Annie Duke의 저서《결정, 흔들리지 않고 마음먹은 대로》에 이러한 접근법이 잘 담겨 있다. 그녀는 예측 불가능한 미래 앞에서는 베팅을 하듯 의사결정을 해야 한다고 설명했다. 다시 말해 확률과 불확실성, 나올 수 있는 모든 결과를 신중하게 따져야 한다는 것이다.

변곡점의 성공 조건을 파악한다면 성공 가능성도 평가할 수 있다. 성공의 조건을 간파하고 베팅이 옳았음을 시사하는 신호는 무엇이고 또 예측대로 흘러가지 않고 있다는 신호는 무엇일까? 이 질문에 대한 답을 미리 생각해 둔다면 변곡점에 대한 베팅이 유리하게 작용하든, 불리하게 작용하든 아니면 애매하게 작용하든 앞으로 다가오는 일들에 과감하게 대응할 수 있다.

리프트와 우버의 경우, GPS가 내장된 스마트폰이 빠르게 보급될 것이고 사용자들이 앱 개발자에게 자신의 위치 데이터를 기꺼이 공유할 거라는 결정적인 변곡점에 베팅을 한 셈이었다. 이들의 베팅은 성공적이었다. 하지만 창립자로서 기술의 힘을 제대로 파악했다고 해도 상황이 항상 뜻대로 전개되지는 않는다. 규제, 사회적 비판, 비용 그 외 여러 쟁점들로 인해 사람들이 새로운 변곡점이 불러올 능력을 인식하지 못하거나 이 능력을 수용할 의지를 발휘할 수 없는 상황도 있다. 가령 핵에너지로 사람들은 저렴하고 신뢰할 수 있는 에너지를 소비하는 한편 탄소 배출도 낮출 수 있다. 다만 50년 넘는 세월 동안 규제의 벽과 여론, 정치적 다툼, 그 외 여러 요인들로 이 에너지가 지닌 능력을 발휘할 조건이 완벽하게 충족되지 못했다.

하지만 적절한 상황이 조성되면 규제가 달라질 수 있을 뿐만 아니라 규제로 인해 변곡점이 생겨나기도 한다. 바로 코로나-19에 대응해 원격의료 규제가 새롭게 개선된 사례를 들 수 있다. 원격의료에 대한 변곡점 스트레스 테스트는 표 2.6을 참고하길 바란다.

표 2.6	
변곡점 스트레스 테스트: 원격의료	

변곡점	팬데믹 시대의 원격의료 규제 도입
새로운 무언가	코로나-19로 인해 집에서만 머물러야 했고, 그 결과 원격의료의 보험 적용 범위를 확대하고 주를 넘어 원격진료를 시행하는 새로운 규제가 마련되었다.
그것이 강력한 이유	환자와 의사 양측의 선택지가 넓어지고 경제성 또한 개선되며 미국의 환자 및 의사 다수에게 잠재적으로 영향을 미쳤다.
성공의 조건	이 변곡점이 잠재력을 온전히 발휘하려면: • 원격진료를 원하는 환자의 수가 앞으로도 어느 정도 규모로 유지되어야 한다. • 원격진료를 원하는 의사 수도 어느 정도 규모로 유지되어야 한다. • 환자와 의사가 선호하는 바가 이행될 수 있도록 규제 당국이 허용해야 한다. • 팬데믹에서 정상화된 후에도 원격진료가 하나의 선택지가 될 만큼 대면 진료 대비 원격진료의 수준이 갖춰져야 한다. • 팬데믹 이후에도 새로운 규제가 유지되어야 힌다.

제3장
타이밍이 전부다

가장 한심한
아이디어의 돌파법

타이밍이 주요 변수라고 늘 믿어왔다.
테크 산업에서 기업의 핵심 리스크는 타이밍이고,
그 위험성은 다른 모든 리스크를 단연 압도할 만큼 크다.

–마크 안드레센Marc Andreessen,
벤처 투자가, 혁신가, 크리에이터

우리는 변곡점을 가리켜 스타트업이 사람들의 생각, 감정, 행동을 급진적으로 바꾸는 데 활용할 도구이자 하나의 변화라고 정의했다. 또한 변곡점의 잠재력을 활용해 미래를 바꾸려면 새로운 무언가가 있어야 하고 또 이것이 불러오는 새로운 능력을 사람들이 기꺼이 채택해야 한다고도 밝혔다. 그리고 바로 이 지점에서 타이밍이 중요해진다.

기술은 꾸준한 발전의 궤적을 그리며 나아간다. 하지만 기술의 발전이 변화를 불러올 임계점에 도달해 그 영향력이 유지되는 기간은 한정되어 있다. 변곡점을 잘 알아봤다고 해도 너무 이르게 일을 진행시키면 과학 실험을 하는 것이나 다름없다. 사람들의 행동을 급진적으로 바꾸기에는 니무 이른 단게다.

반대로 너무 늦어지면 많은 사람들이 지극히 당연하게 받아들인 상투적인 아이디어가 되어 치열한 분야에서 경쟁을 벌여야 하는 상황이 된다. 너무 이르지도 너무 늦지도 않은 딱 알맞은 때, 바로 골디락스Goldilocks(영국 전래동화《골디락스와 곰 세 마리》에 나오는 소녀의 이름 골디락스에서 유래한 것으로, 소녀는 곰이 끓인 세 가지 수프 중 뜨거운 것과 차가운 것, 그리고 적당한 온도의 것 중 적당한 것을 먹고 기뻐한 것에서 따온 말이다.-역주)의 시점이어야 비로소 의미 있는 변화를 불러올 수 있다.

당신이 마주한 수많은 리스크 중에서도 타이밍이야말로 가장 큰 리스크이자 가장 불확실한 리스크일 것이다. 한 가지 사례가 있다. 아이러니하게도 아이폰의 토대가 된 수많은 아이디어들은 이미 십 수 년 전, 제너럴 매직General Magic이라는 회사에서 시도했던 것으로, 당시 이 회사에는 애플 초기의 저명한 기술 리더 대다수가 몸담고 있었다. 하지만 당시의 기술로는 적절한 가격에 적절한 기능을 구현할 수 없어 아이폰이 누린 혁명적인 성공을 경험할 수 없었다.

또 하나의 반전은, 제너럴 매직에 속해 있던 사람들 다수가 다시 애플로 돌아와 아이폰이 경이로운 성공을 거두는 그 알맞은 시기를 맞이했다는 것이다.

관습적인 사고를 하는 사람들은 과거에 시도했다가 실패한 일은 실패로 '증명'된 일이라고 생각한다. 변곡점이 어떻게 변화를 불러오는지 이해가 부족하기 때문이다. 요즘만큼 회사를 차리거나 새로운 상품이나 서비스를 출시하기 쉬웠던 때는 없었다. 스타트업 세계는 어떤 아이디어든 시도를 해볼 수 있도록 효율적인 환경이 조성되어 있다.

따라서 핵심 질문은 어떤 아이디어가 시도된 적이 있는가가 아니다. 웬만한 아이디어는 이미 누군가 시도했을 테니까. 중요한 질문은 지금 그 아이디어가 잘 될 거라고 생각하는 이유가 무엇인가이다. 어떠한 변곡점이 등장했기에 그때와 지금이 다른 것인가? 실로 아이디어의 타이밍을 제대로 맞춘 팀은 해당 아이디어가 과거 등장했다가 실패했다는 사실조차 모를 때가 많고, 이것이 도리어 이 팀의 이점으로 작용하기도 한다.

이렇게 생각해 볼 수 있겠다. 변곡점은 언젠가는 반드시 일어난다. 결국 문제는 그 아이디어가 통할 것인가가 아니라 언제 통할 것인가이다.

벤처 투자자가 당신의 피칭에 "왜 지금입니까?"라고 묻는다면 그가 진짜로 묻는 것은 이것이다. "당신의 아이디어가 활용하는 변곡점은 무엇인가? 왜 지금이 그 변곡점을 활용하기 좋은 시기인가?"

스타트업을 시작한 후에 발생하는 변곡점으로 이득을 보는 경우도 많다. 리프트가 처음부터 리프트로 시작한 것은 아니라는 점을 기억할 것이다. 처음에는 회사원과 대학생 통근자들을 대상으로 웹 기반 허브로 출발한 짐라이드였다. 존과 로건은 GPS 위치 칩이 내장된 아이폰 4s라는 변곡점이 발생한 후 리프트 서비스를 출시했다.

짐라이드가 처음 의지했던 변곡점은 다른 것이었다. 페이스북 커넥트 서드파티 애플리케이션 프로그래밍(APIs)이었다. 실제로 해당 기능을 활용할 계획이었던 짐라이드는 페이스북으로부터 보조금을 받기도 했다. 표 3.1은 페이스북 커넥트 변곡점에 대한 스트레스 테스트로, 실제 진행이 되었다면 이렇지 않았을까 예상하며 분석한 자료다.

2010년 앤과 내가 짐라이드에 투자를 결심한 데는 2008년 에어비앤비 투자를 거절했던 어리석은 경험에서 느낀 바가 있었기 때문이었다. 에어비앤비의 피칭을 들었을 당시 우리는 이렇게 생각했다.

"모르는 남의 집에서 지내고 싶어 하는 사람은 없을 거야.

변곡점 스트레스 테스트: 페이스북 커넥트

변곡점	페이스북 커넥트 서드파티 APIs
새로운 무언가	2009년 페이스북은 개발자들에게 페이스북 커넥트 서드파티 APIs를 공개했다. 이 새로운 서비스 덕분에 사람들이 페이스북 프로필 정보를 통해 타인의 신원을 파악할 수 있었다.
그것이 강력한 이유	서로 모르는 사이였어도 자신 있게 상호작용을 할 수 있게 되었다. 또한 서로를 평가할 수 있었고, 평점은 사회적 정체성인 프로필에 연동되었다. 거의 모든 사람들이 페이스북 프로필을 갖고 있었던 만큼 이러한 기술의 발전은 컴퓨터나 스마트폰을 쓰는 거의 모든 이들에게 잠재적인 영향력을 미쳤다.
성공의 조건	이 변곡점이 잠재력을 온전히 발휘하려면: • 페이스북 커넥트 API가 계속 유효해야 하고, 이를 사용하는 데 드는 비용에 급격한 변화가 없어야 한다. • 페이스북 신원을 확인할 수 있다면 상대를 향한 신뢰가 높아지는 풍조가 지속되어야 한다. 에이비앤비의 사례처럼 말이다.

말도 안 되는 일이잖아!"

하지만 우리가 에어비앤비를 거절한 후 페이스북 커넥트가 출시되어 에이비앤비의 전망에 큰 영향을 미쳤다. 서로의 페이스북 프로필 정보를 확인할 수 있다면 호스트와 게스트 모두 상대를 훨씬 친근하게 느낄 수 있다는 것을 깨달았다.

몇 년 후인 2012년 아이폰 4s가 출시되었다. 이 변곡점 덕분에 누구나 P2P로 승차 공유 서비스를 누릴 수 있게 되었다. 명민한 짐라이드의 창립자들은 이러한 현실을 재빠르게 파악했다. 우버 팀은 이미 블랙카의 기사와 탑승자를 위한 프리미엄 서비스를 내놓았던 터라 출발점이 조금 달랐지만 아이폰 4s라는 변곡점이 지닌 잠재력을 마찬가지로 감지했다. 같은 순간에 그 잠재력을 읽어낸 두 기업은 승차 공유 서비스로 전환해 새로운 시장에 같이 진입해 경쟁을 벌였다.

X/트위터는 다른 사례를 보여주었다. 해당 서비스는 애플의 아이폰과 앱 스토어가 출시되기 전에 세상에 등장했다. 그러나 이후 발생하는 새로운 변곡점들은 X/트위터가 확장되는 기회가 되었다. 모바일 기기 덕분에 트윗을 언제든 더욱 편리하게 작성할 수 있게 되었다. 이 새로운 변곡점 덕분에 이미 강력했던 X/트위터의 성장 기회가 배가되었다.

좋은 아이디어와 나쁜 아이디어, 획기적인 돌파구들

변곡점 스트레스 테스트로 창립자는 가장 위험한 아이디어들을 걸러낼 수 있다. 제법 괜찮아 보이지만 그 어떤 변곡점으로도 탄력을 받지 못하는 아이디어들 말이다. 이러한 아이디어들은 그럴듯해 보이는 나머지 대부분의 사람들은 당신의 이야기를 듣고 타당해 보인다고, 출시를 해야 한다는 반응을 보일 것이다. 이러한 긍정 오류 피드백으로 자신의 직감이 더욱 확고해지고 그렇게 성장 가능성이 제한적인 아이디어에 몇 년을 쏟아붓게 되는 것이다.

한 예로 나는 정신 건강과 관련한 창업 아이디어 피칭을 접할 때가 많다. 창립자는 많은 이들의 정신 건강이 위기에 처해 있고, 팬데믹 또는 인스타그램 때문에 정신 건강이 더욱 악화되고 있으며 이러한 현상이 사회에 대단히 부정적인 영향을 끼치고 있는 바, 이제 무언가를 해야 할 때라고 설명한다. 나도 동의하는 바다! 정신 건강을 잘 관리할 수 있는 새로운 아이디어가 있다면 긍정적인 반응을 이끌어낼 수 있을 섯이나. 다들 자신의 경험을 떠올리며 이 아이디어에 공감할 것이다. 창립자들은 투자자, 고문 그 외 정신 건강 위기와 관련이 있는 사람들에게서 대단히 긍정적인 격려를 받을 수도 있다. 하지만 격려를 받았다 해도 정신 건강의 미래를 바꿀 새로운 능력이 제공되어야 하고 변곡점이 뒷받침되어야만 한다.

변곡점 스트레스 테스트로 별로인 듯 보이는 아이디어를 살려낼 수도 있다. 이 아이디어 이면에 자리한 강력한 변곡점들이 드러난 덕분에 말이다. 스타트업 세계가 사람을 겸허하게 만드는 이유도 이 때문이다. 처음에는 나쁜 아이디어처럼 보이지만, 합의를 이끌어내지 못한 것일 뿐 결과적으로는 대단히 훌륭하고 옳은 아이디어인 경우가 많기 때문이다.

다시 거슬러 올라가 나와 저스틴 칸과의 비즈니스였던, 훗날 트위치가 된 스타트업의 시작에 대해 이야기해 보겠다. 표면적으로는 해당 스타트업은 어느 모로 보나 획기적인 성공을 거둘 거라는 징조가 보이지 않았다.

2007년의 어느 날, 팰로앨토에서 피칭 미팅 하나를 마무리하는데 누군가 커피숍으로 들어왔다. 1950년대 서부영화 속 한 장면처럼 문간에 선 그는 실루엣만 보였다. 다만 그곳은 술집이 아니라 커피숍이었고, 그는 가죽바지와 카우보이모자 대신 후드 티에 야구 모자를 쓰고 있었다. 모자 캡에 카메라가 달려 있었고, 카메라와 연결된 줄이 배낭으로 이어져 있었다. 아무리 실리콘밸리라 해도 꽤나 별난 모습이었다. 그는 마치 우리를 만나러 온 사람처럼 테이블로 곧장 걸어왔다.

그는 실제로 우리를 만나러 온 것이었다.

당시 나는 웹사이트 제작을 쉽게 만들어 주는 스타트업 위블리Weebly의 창립자들과 대화를 하던 중이었다. 이들에게 투자 의사를 밝히고 투자에 합류할 만한 사람들과도 이야기를 나눠 보겠다고 전한 참이었다. 그때 위블리 창립자들이 미팅에 초대한 남자가 등장한 것이다. 이들은 나와 미팅을 시작하기 얼마 전 이메일로 상황을 전달했지만, 나는 그 메시지를 보지 못했다. 그날 일은 지금 생각해도 미소가 지어진다.

"이 분에게 저스틴티비라는 새로운 아이디어가 있어요." 위블리 창립자들이 말했다. "관심 있으실 것 같아서요. 지금 설명 들을 시간 되세요?"

"네, 뭐. 지금은 시간이 되겠네요."

"저는 저스틴 칸입니다." 그가 말했다.

"저스틴티비라는 스타트업을 생각 중이고요. 인터넷 최초 생중계 리얼리티 쇼를 만들 겁니다. 시청자들이 제 삶을 24시간 지켜보는 거죠."

그가 노트북 화면을 내 쪽으로 돌렸나. 그가 지금껏 대화를 라이브로 송출하고 있던 터라 노트북 화면 가득 내 얼굴이 보였다.

가급적 조심스럽게 의견을 전달해 보려 했지만 쉽지가 않았다.

"저스틴. 제발요. 제가 들어본 사업 아이디어 중에 가장 한심한 축에 드네요."

진심이었다. 진심으로 내가 들어본 가장 멍청한 사업 아이디어 중 하나였다. 지금도 그 생각에는 변함이 없다.

하지만 저스틴에게는 어딘가 다른 구석이 있었다. 그는 대담하게 밀어붙여 일을 성사시키는 사람처럼 보였다. 뿐만 아니라 기술도 있었다. 우습게 볼 일은 아니었다.

"어떻게 모자에 달린 카메라로 촬영해서 화면에 띄우는 거죠?" 그에게 물었다.

"백팩에는 뭐가 들었습니까?"

"인터넷은 적대적인 네트워킹 환경이에요." 그가 설명했다.

"라이브로 영상을 스트리밍하기가 굉장히 어렵죠." (때는 2007년도였다.) "하지만 저희 팀은 무선 통신을 기반으로 한 하드웨어에 인터넷 네이티브 소프트웨어를 결합했습니다. 덕분에 라이브 스트리밍이 가능하죠. 몇 년 내로 콘텐츠 전송 네트워크가 더욱 좋아질 거라고 보거든요. 그렇게 되면 누구나 라이브 영상을 손쉽게 스트리밍할 수 있게 될 거고요. 그때가 되면 저희가 크게 앞서 있겠죠."

당시만 해도 내가 전문 지식이 없어 이해하지 못했을 뿐,

저스틴은 말도 안 되는 아이디어 이면에 자리한 잠재적 변곡점을 내게 언급한 것이었다.

그의 말에 흥미가 생긴 나는 집으로 돌아가 저스틴과 그의 팀에 대해 조금 더 조사했다. 알아보니 그와 저스틴티비의 공동창립자인 에밋 시어는 키코Kiko라는 온라인 캘린더 시스템을 만드는 회사를 운영한 적이 있었다. 그러던 중 구글이 온라인 캘린더를 무료로 공개했다. 그것으로 게임 끝이었다.

보통 회사 매각을 생각하는 사람들은 자신의 회사를 인수할 만한 다른 기업을 떠올리기 마련이다. 구글이나 야후, 이베이에 피칭을 할 수도 있다. 하지만 저스틴과 에밋은 키코를 이베이에 올렸다. 누가 그런 행동을 할까! 다른 사람들은 생각조차 하지 않는 일을 두 사람은 했고, 25만 달러에 회사를 매각했다. 그런 모습이 정말 마음에 들었다!

누군가 라이브 스트리밍을 해낸다면 그건 저스틴과 그의 팀일 거라는 생각이 들었다. 기술적 재능과 열정, 최소한의 비용으로 사업을 구축하려는 알뜰함도 있었다. 바로 그날 밤, 나는 소액 수표를 내주고 앞으로 어떤 일이 벌어질지 지켜보자고 결심했다.

이 이야기의 결말은 이미 밝힌 바 있다. 저스틴티비로 시작해 7년 후 트위치라는 게이머들을 위한 세계에서 가장 영향력 있는 라이브 스트리밍 플랫폼이 되었다. 저스틴과 공동 창립자들은 새로운 형태의 사회적 활동을 만들어 낸 셈이었다. 2021년, 트위치에서 스트리밍된 라이브 콘텐츠는 228억 시간을 기록했다.

그렇게 한심해 보이던 저스틴티비가 어떻게 변혁적인 엔터테인먼트가 될 수 있었을까? 이에 대한 답은 변곡점과 관련이 있다.

2005년 등장한 유튜브와 함께 영상 스트리밍의 규모가 커지기 시작했고, 2007년 즈음이 되자 광대역 인터넷 보급률이 상당한 수준에 도달했다. 내가 저스틴을 처음 만났을 때 이러한 변곡점들이 어느 정도 구체화되어 있었다. 저스틴티비를 평가할 때 핵심 질문은 저스틴의 일상을 24시간 내내 볼 사람이 과연 있을까가 아니었다. 콘텐츠 전달망이 라이브 스트리밍을 가능하게 할 변곡점에 도달했는가였다.

그날 저스틴의 백팩에 무엇이 들어 있는지가 중요했던 것도 이런 이유였다. 그는 공동 창립자들과 EVDO^{evolution-data optimized} 무선 기술을 인터넷 스트리밍 소프트웨어와 영리하게 결합해 사용했다. 이 장비 덕분에 저스틴은 무선 연결이 있는 곳이면 어디든 (거의 모든 곳이나 다름없었다) 영상을 라이브로 촬영하고 인터넷에 스트리밍해 브라우저로 시청할 수 있도록 했다. 또한 나는 CDN즉, 콘텐츠 전달망이 빠른 속도로 발전하고 있다는 것 역시 확인할 수 있었다. 이런 흐름이 계속된다면 향후 더욱 높은 품질과 낮아진 비용으로 라이브 스트리밍을 할 기회가 확장될 것이라고 판단했다.

이에 더해 사용자 생성 콘텐츠가 블로깅은 물론 디그^{Digg} 같은 뉴스 사이트에서도 점차 중요한 비중을 차지하기 시작했다. 2006년《타임》선정 올해의 인물은 유튜브를 폭발적인 성공으로 이끈 '당신'이었다. 트렌드는 분명했다. 사람들은 새로 등장한 여러 플랫폼을 통해 자신을 표현하고 싶어 했고 그 중심에는 영상이 있었다. 그렇다면 사람들이 라이브 영상을 마다할 이유가 있을까?

저스틴티비는 처음 저스틴의 일상을 24시간 중계하는 라이브 방송에 불과했다. 참신했지만 그리 많은 관심을 불러일으키지는 못했다. 하지만 내가 투자를 하고 얼마 지나지 않아 저스틴 팀은 첫 번째 중대한 방향 전환을 감행했다. 저스틴의 리얼리티 쇼를 접고 누구나 자신의 라이브 영상을 방송하는 채널형 플랫폼으로 새롭게 단장한 것이다.

이러한 전환 이후 새로운 문제들이 발생했다. 플랫폼에서 스포츠 경기 등 저작권이 있는 라이브 콘텐츠가 중계하는 사람들이 생겨나기 시작한 것이다. (이 일로 저스틴티비의 또 다른 공동 창립자인 마이클 세이벨Michael Seibel은 저작권 무단 사용에 불편함을 느낀 의회 위원회에 불려 가기도 했다.)

창립자들은 광고를 붙여 수익을 마련할 방법을 찾기도 했지만 진정 의미 있는 무언가를 향해 나아가고 있다는 생각이 들지 않았다. 창립자들은 자신의 시간을 허비하고 있다고 느꼈다.

변곡점들이 힘을 발휘하고는 있었지만 무언가 빠져 있었다. 저스틴티비의 공동 창립자 중 한 명인 에밋 시어는 점차 믿음을 잃어가기 시작했다. 그는 두어 달가량 속도를 늦췄다. 일도 줄이며 친구들과 어울리고 비디오 게임을 했다. 역설적으로 여유를 갖자 생각이 유연해지며 획기적인 아이디어에 한 발 다가갈 수 있었다.

에밋은 스스로에게 한 가지 단순한 질문을 했다. 우리 플랫폼을 내가 어떻게 쓰고 있지? 답 역시 단순했다. 그는 실력 좋은 사람들이 비디오 게임을 하는 모습을 시청하는 것을 좋아했다. 그런 사람은 에밋만이 아니었다. 플랫폼 사용자 중 약 2퍼센트가 이에 해당했는데, 상당히 열정적인 사용자들이었다. 에밋은 조금 더 파고들었다. 그는 약 마흔 명의 게이머들에게 게임하는 모습을 라이브로 중계하는 이유가 무엇인지, 또 더욱 나은 라이브 스트리밍을 위해 무엇이 필요한지 물었다. 기회가 작았지만 탐색해 볼 가치는 충분해 보였기에 에밋과 그의 팀은 방송을 하는 게이머가 매력적으로 느낄 기능을 여럿 만들고 스트리밍으로 이들이 수익을 만들 방법도 마련했다.

더욱 많은 사람들이 사이트로 몰려들기 시작했다.

"언덕 위로 바위를 밀어 올리는 게 아니라 언덕 아래로 굴러가는 바위를 쫓아가는 느낌이 들기 시작했어요."

후에 에밋은 이렇게 말했다.

"무언가 우리를 끌어당기는, 그러니까 시장이 우리를 끌어당기는 힘 같은 것을 확실히 느끼기 시작했죠."

2011년 6월, 트위치티비twitch.tv는 저스틴티비와 분리된 독립체로 공식 출범했다. 비디오 게임 라이브 스트리밍, e스포츠 경기, 개인 게임 방송, 게임 토크쇼를 송출했다. 게임과 미디어 전문가인 아들 스펜서는 지금도 여태껏 아빠가 투자한 최고의 아이디어는 트위치라고 여기고 있다.

변곡점 실패 유형

성공담을 통해 변곡점이 어떻게 성공을 견인하는지 통찰을 얻을 수 있지만, 우리를 잘못된 길로 인도하는 네 가지 함정을 이해하는 것 또한 대단히 중요하다. 먼저 첫 번째 함정은 변화를 불러오는 구체적인 사건이 어떻게 벌어지는지 명료하게 이해하지 못하는 데 있다.

어떠한 기술이 빠르게 발전할 때 창출되는 기회와 관련한 아이디어를 지닌 사람들이 많다. DNA 염기 서열 분석 비용이 빠르게 저렴해진다는 이야기로 피칭을 하는 사람들을 자주 접한다. 대단한 개선이라는 점에도, 발전이 계속될 거라는 점에도 동의는 한다. 하지만 발전 곡선은 구체적이고도 새로운 무언가가 세상에 출현하는 전환점과는 다르다. 앞서 인스타그램의 인기를 가능케 한 변곡점이 디지털 사진의 발전 때문만은 아니었다고 지적한 바 있다. 핵심 변곡점은 고품질 카메라에 접근 가능한 인구수가 일정한 수준을 넘어서는 임계점에 이른 순간이었다. 누구나 고품질 사진을 찍고 친구와 공유할 수 있게 된 것이다.

1975년 마이크로소프트가 창립될 당시 많은 이들이, 특히나 기술 업계에 있던 이들은 무어의 법칙을 알고 있었다. 앞에서 설명했듯, 무어의 법칙은 가격은 변하지 않되 컴퓨터 칩의 트랜지스터 수가 약 2년마다 두 배로 늘어 컴퓨터의 속도와 성능이 향상된다는 법칙이다. 다만 마이크로소프트는 변화를 불러온 대단히 구체적인 사건 하나로 탄생한 경우였다. 바로 MITS사에서 만든 개인용 컴퓨터 알테어^{Altair}의 등장이었다.

MITS의 알테어는 구체적인 새로운 무언가였다. 마이크로소프트의 제품인 알테어 베이식은 컴퓨터 애호가들이 개인 컴퓨팅 기기에 컴퓨터 프로그램을 작성하게 해주는 프로그래밍 언어였다.

두 번째 함정은 변곡점이 어떠한 능력을 부여하는지, 그 능력이 누구에게 영향을 미치고 또 영향력의 규모는 어느 정도일지를 제대로 이해하지 못하는 것이다. 한 사례로 기후변화를 들 수 있다. 예비 창립자가 내게 이렇게 말할 수도 있다.

"이제 우리가 기후 위기에 대응하기 위해 무언가를 해야 한다는 움직임이 일고 있습니다. 대중의 의식이 그렇게 변했고요. 사람들이 행동과 소비 습관을 바꿀 준비가 되어 있는 거죠."

이런 이야기를 들으면 나는 이렇게 반응한다.

"저도 동의하는 바입니다. 그렇다면 새롭고도 구체적인 방식으로 사람들에게 어떠한 능력을 전해줄 새로운 무언가와 해당 취지를 연결해 봅시다. 더 나아가 그 능력을 소수가 아니라 다수가 누리게 될 거라는 이유가 무엇인지도 분명해야 하고요."

세 번째 함정은 향후 변곡점이 어떻게 펼쳐질 것인지 '확신'하는 태도다. 변곡점이 영향력을 발휘하려면 어떠한 조건이 갖춰져야 할지 또 어떠한 조건일 경우 변곡점의 영향력이 실현되지 않을지에 대해 가설을 세우고 접근하는 태도가 더욱 중요하다.

네 번째 함정이자 내가 생각하는 가장 큰 실수는 구체성이 부족하다는 것이다. 피칭을 듣다 보면 "클라우드가 모든 것을 바꿀 것입니다." "AI가 규칙을 바꿀 것입니다."와 같은 이야기를 자주 접한다. 둘 다 사실일 수도 있지만 더욱 구체적이어야 한다. 이러한 일반적인 의견은 그리 유용하지 않다.

변곡점에 관해 알아야 할 또 다른 핵심 사안들

변곡점에 대해 더욱 자세히 알아보기 전 다음의 네 가지 추가 사항들을 염두에 두길 바란다.

1. 그럴듯해 보이지만 강력한 변곡점에 기반하지 않은 아이디어를 조심해야 한다. 변곡점은 돌파구를 마련하고 다른 미래를 창조하는 비대칭 무기(군사학의 비대칭전에 쓰이는 무기로, 여기서는 전통적인 방식과 차원이 다른 방법으로 균형을 깨는 강력한 무기, 작은 스타트업이 거대 기업 또는 시장을 공략하는

무기라는 뜻-역주)다. 타협하지 말라. 당신의 아이디어가 강력한 변곡점과 맞닿아 있지 않다면, 그 아이디어가 정말 강력한 것이 맞는지 더욱 깊이 생각해야 하거나 당신의 시간과 희생을 들일 만한 가치가 있는 아이디어인지 의문을 제기해야 한다는 경고 신호다.

2. 처음에는 터무니없어 보이는 아이디어일지라도 섣불리 폐기하지 않아야 한다. 강력한 변곡점과 맞닿은 대단한 아이디어일 수도 있다. 이후 결정적인 방향 전환에 대해 더욱 자세히 다루겠지만 한 가지 기억해야 할 점은 아이디어의 핵심에 자리한 강력한 변곡점은 해당 아이디어가 달라진다 해도 여전히 그 힘을 유지한다는 것이다. 선택을 해야 한다면 나는 그럴듯해 보이거나 명확하게 보이지만 급진적인 변화를 불러올 정도로 강력한 변곡점들과 맞닿아 있지 않는 아이디어보다는 언뜻 별로로 느껴지거나 또는 모호해 보여도 그 이면에 강력한 변곡점이 자리한 아이디어를 택할 것이다. 첫 번째 선택지는 위험성은 크지만 성공 확률이 너욱 높고 특히나 이례적인 성공을 거둘 가능성이 훨씬 크다.

3. 이미 그 아이디어를 시도했지만 성공하지 못했다는 이야기에 의심을 품어야 한다. 2016년에서 2020년 사이 시드

펀딩을 받은 스타트업은 2만 3천 곳이 넘고, 이는 이전 10년 대비 일곱 배 증가한 규모다. 따라서 당신이 어떠한 아이디어를 떠올렸든 이미 누군가 시도했을 확률이 크다. 여기서 중요한 것은 당신의 아이디어를 누군가 시도해봤느냐가 아니다. 더욱 중요한 질문은 해당 아이디어가 과거와 달리 왜 지금 성공할 수 있다고 보는가이다. 이번만큼은 다를 거라고 말할 수 있는 구체적인 변곡점을 들 수 있다면, 사람들이 겉만 보고 당신의 아이디어를 평가하느라 미처 파악하지 못한 통찰을 발견한 것일 터다. 한 예로 많은 이들이 10년 앞선 웹밴Webvan이 실패한 이유를 들어 인스타카트Instacart 또한 실패할 것이라고 예상했었다.

4. 당신의 아이디어 아래 자리한 변곡점을 상세하게 분석하는 스트레스 테스트를 진행해야 한다. 변곡점을 깊이 있게 파헤치다 보면 몇 가지 질문이 떠오른다. 새롭게 벌어진 구체적인 사건은 무엇인가? 그것이 사람들에게 어떤 능력을 어떻게 부여하고, 지금 그리고 향후 이 능력을 누릴 대상은 누구인가? 어떠한 조건에서 아이디어의 타이밍이 너무 이르거나 늦거나 또는 알맞을 수 있을까?

다만 변곡점이 아무리 강력하더라도 이것만으로는 급진

적인 변화를 불러올 수 없다. 변곡점을 활용할 줄 아는 '통찰'이 있어야 변곡점의 잠재력이 발휘될 수 있다. 그렇다면 통찰이란 정확히 무엇이고, 어떻게 얻을 수 있을까? 통찰과 변곡점은 어떠한 관계일까? 이것이 다음 장에서 다룰 주제다.

다름은 곧…
다름이다

"또 폭주했군요."

대체할 수 없는 존재가 되기 위해서는
늘 남달라야 한다.

-코코 샤넬Coco Chanel, 패션 디자이너

나는 아이디어에 비이성적일 정도로 순식간에 빠져버리는 경향이 있다. 나와 플러드게이트를 함께 창립한 앤은 좀 더 회의적인 편이다. 플러드게이트 초창기에는 기업인들의 프레젠테이션을 둘이 함께 들을 때가 많았다. 공교롭게도 가장 초창기에 함께 들은 피칭 중 하나가 모조 믹스Mojo Mix라는 시리얼 회사였다. 시리얼 재료를 직접 골라 자신만의 시리얼을 온라인으로 주문하면 모조 믹스가 재료를 섞어 제품으로 만든 후 맞춤 상자에 담아 보내주는 것이었다.

앤은 이 아이디어에 그리 감명을 받지 않았다. "이 미팅을 애초에 왜 잡았던 거예요?"

후에 그녀는 이렇게 말했다. "우리는 테크 스타트업에 투자하는 사람들이잖아요, 시리얼이 아니라."

나는 그녀의 말에 반박했다. "내 눈에는 멋져 보이던데요!" (사실 나는 웬만한 아이디어는 다 좋게 생각하는 편이다.)

"멋지든 말든 그게 뭐가 중요해요?" 앤이 말했다. "우리가 투자하는 기준이 그게 아닌데!"

그 말에는 동의할 수밖에 없었다. 마뜩잖았지만.

몇 주 뒤인 2008년 7월, 앤과 나는 에어베드 앤 브랙퍼스트 AirBed and Breakfast의 창립자인 브라이언 체스키 Brian Chesky, 조 게비아 Joe Gebbia, 네이트 블레차르지크 Nate Blecharczyk를 만났다.

회의실에 도착한 나는 눈앞의 광경에 놀랄 수밖에 없었다. 시리얼 상자들이 가득했다. 온 사방에 쌓여 있었다. 다만 슈퍼마켓 진열대에 놓인 시리얼 상자들과는 달랐다. '오바마 오즈 Obama O's' '캡틴 매케인즈 Cap'n McCain's' 라고 적힌 상자들은 전부 수제로 만든 것이었다.

앤은 나를 향해 "또 폭주했군요." 하는 표정을 지어 보였다. 굳이 말을 하지 않아도 알 수 있었다. 그녀의 표정이 이렇게 말하고 있었다. "또 시리얼 회사예요? 정말 이럴 거예요?!"

"제가 잘못 왔나 보네요." 브라이언에게 말했다. "에어베드 앤드 브랙퍼스트를 찾아온 건데."

"여기가 맞습니다." 브라이언이 말했다. "저희가 아직 투자자들에게서 자금을 받지 못해서요. 그래서 시리얼 상자를 판매하고 있습니다. 곧 있을 버락 오바마와 존 매케인의 대선으로 열기가 뜨겁잖아요. 또 얼마 후에 열릴 민주당 전당대회 때는 호텔 방을 구하기가 어려울 거라는 점을 상기시키는 부수적 효과도 있고요. 하나 구매하시겠습니까?"

나는 그의 제안을 거절했다(이것은 내가 저지른 첫 번째 실수 였다. 이제는 수집가들이 찾는 물건이 되었기 때문이다. 하지만 더 큰 실수는 아직 나오지도 않았다). 저스틴티비의 공동 창립자인 마이 클 세이벨이 내게 브라이언을 소개해 준 인연으로 앤과 함께 이들을 찾아온 것이었다. 브라이언은 마이클을 '갓파운더god-founder(창업 멘토이자 지지자를 대부godfather에 빗대어 부른 것-역주)' 라고 불렀는데, 이 말에는 웃음을 터뜨릴 수밖에 없었다. 마이 클은 대학을 졸업한 지 고작 3년밖에 되지 않은 젊은 청년이었 기 때문이다. 브라이언이 액셀러레이터accelerator(창업 및 스타트 업 지원 프로그램-역주) 와이 콤비네이터Y Combinator*에 지원하기 도 전인 초창기부터 마이클에게 조언을 받았다.

와이 콤비네이터를 거치지도 않은 브라이언을 마이클이

---

* 폴 그레이엄Paul Graham이 설립한 와이 콤비네이터는 스타트업 엑셀러레이 터 프로그램이란 무엇인지를 세상에 본격적으로 알린 프로그램으로, 창입 을 준비하는 팀들이 전문적인 과정을 거쳐 아이디어를 구체화하고 실제로 무언가를 세상에 출시할 수 있도록 돕는 10주간의 부트캠프를 제공한다. 폴 은 지원자들을 직접 심사했고, 선발된 예비 창업자들이 아이디어를 실험하 고 진짜 회사로 발전시킬 수 있는지를 검증하는 데 집중할 수 있도록 생활비 로 얼마간의 자금을 지급했다.

"또 폭주했군요."

내게 만나보라고 한 사실은 여러모로 의미심장했다. 브라이언 팀의 아이디어와 피칭이 아직 다듬어지지 않았다는 뜻이었으니까. 하지만 마이클은 내가 자료로 된 피칭보다는 제품 시연을 더욱 좋아한다는 사실도 브라이언에게 미리 알려주며 사전에 준비를 잘 시켰다. 나는 프레젠테이션 슬라이드보다는 물성을 갖춘 무언가를 선호했다. 이러한 제품 시연이야말로 창립자가 무엇에 열정을 가졌는지, 무엇을 알고 있고 또 모르는지를 보여주기 때문이다.

투자자마다 스타트업을 평가하는 나름의 선호하는 기준이 있다. 스타트업 팀과 시장, 진행 상황을 이해하는 데 슬라이드로 된 프레젠테이션에 의존하는 사람들이 많지만 나는 적어도 초기에는 제품 시연에 더욱 큰 가치를 둔다. 시연을 하면 초기 고객 그리고 투자자들에게 구체적인 모형을 보여주며 스타트업의 비전을 생생하게 구현할 수 있다. 창립자들이 자신의 창작물을 공유할 때 뿜어져 나오는 날것의, 생생한 흥분을 직접 마주하는 것만큼 짜릿한 경험은 없다. 눈앞에서 스타트업 팀의 상품을 보고 설명을 들을 때면 이들의 열정과 우선순위, 비전을 명확하게 볼 수 있다. 시연을 통해 이들이 무엇을 진정으로 중요하게 여기는지, 무엇을 부차적으로 생각하는지를 확인할 수 있다.

더욱 중요하게는, 언젠가 무언가를 만들자고 논의만 하는
게 아니라 사람들이 간절히 원하게 될 무언가를 실제로 만들기
위해 촉각을 곤두세우고 노력하고 있는지를 확인할 수 있다.
반면 슬라이드 자료로는 이러한 열정이 거의 드러나지 않는다.

"저희 제품을 보여드리면 어떨까 하고요." 브라이언은 웹
사이트를 띄우려 했다.

나는 이제야 뭣 좀 보겠네, 생각했다.

다만 아무것도 화면에 나오지 않았다. 로딩이 되지 않았
다. 누구나 아는 난감한 상황이었지만 충분히 벌어질 수 있는
일이었다.

"괜찮습니다." 내가 말했다. "마음 쓰지 마세요. 그냥 슬라
이드 자료로 보죠."

정적이 흘렀다.

서로 시선만 맞추다 결국 브라이언이 털어놨다. "슬라이드
는 안 챙겼습니다. 제품으로 보여드리려고 했거든요."

"알겠습니다." 내가 말했다. "그럼 설명을 듣죠."

브라이언이 입을 열었다. "고객이 낯선 사람 집에 묵는 거
죠. 에어베드에서 자고 다음 날 아침에는 아침식사도 나오고
요. 에어베드 앤 브랙퍼스트인 겁니다. 호텔 객실 점유율을 예
측하기가 어려운 지역에서 수요가 있을 거예요. 민주당 전당대

회가 열리는 덴버처럼요. 거긴 예약 가능한 호텔이 없을 테니까요. 전당대회 때 저희가 대박칠blow up 겁니다." 다행히도 밀레니얼세대의 말투를 이해한 나는 좋은 뜻이라는 걸 알아들었다.

낯선 사람의 집에서 묵는다니, 조금 불안하게 느껴졌다.

"그러다 살인사건이 일어나지 않으리라고 어떻게 확신합니까?"

"결국 신뢰 문제죠. 평점 시스템을 만들 계획입니다."

"Couchsurfing.com이라는 사이트가 이미 있지 않나요?" 그에게 물었다. "꽤 큰돈을 투자 받았지만 뚜렷한 성과는 없고, 게다가 이 사이트는 무료고요. 무료 버전이 이미 있는데 왜 사람들이 돈을 내고 에어베드 앤 브랙퍼스트를 선택하겠습니까?"

"가격보다는 신뢰가 중요하니까요." 브라이언이 말했다.

"좋습니다. 그럼 사람들이 다른 회사보다 그쪽 회사를 더욱 신뢰할 이유는 뭐죠?"

"저희 플랫폼에는 평점 시스템이 있을 테니까요."

바로 이 지점에서 내 판단이 틀렸다. 브라이언은 조금 더 심오한 무언가를 보고 있었던 것이다. 바로 숙박 및 호스피탈리티에 평점과 리뷰를 도입할 기회였다.

인터넷이 태동하던 시절, 아마존과 같은 선구적인 스타트업들은 중대한 도전에 직면했다. 소비자의 눈에는 아마존이 미지의 존재라는 현실이었다. 그런 상대에게 신용카드를 내밀기란 대단히 불안한 일이었다. 아마존이 정말 책을 배송해줄지 아니면 내 신용카드 정보만 훔치고 말지 어떻게 확신할 수 있을까? 기업이 수십 년에 걸쳐 브랜드를 구축하며 신뢰를 얻는 전통적인 방식은 스타트업에게는 너무도 느린 접근법이라는 사실이 점차 분명해졌다. 해답은 다른 고객들의 평가와 리뷰로 만들어지는 즉각적인 피드백 루프에 있었다. 이 시스템이 새로운 디지털 네이티브 시대에 신뢰를 확인하는 하나의 매개체가 되었다.

브라이언은 온라인 카우치서핑couchsurfing(여행 중 낯선 현지인의 집에서 묵는 일-역주)을 중재하는 여러 서비스에 중요한 무언가가 빠져 있다는 사실을 알고 있었다. 숙박할 곳을 찾는 데는 단지 비용만 중요한 게 아니었다. 어떻게 신뢰를 구축할 것인지가 문제였다.

힐튼이나 포시즌처럼 브랜드 평판이 없는 호스트를 사람들이 어떻게 신뢰하게 만들 수 있을까? 인터넷 혁명 때 자린 브라이언은 삶의 전제가 기존 세대와 달랐다. 디지털 네이티브인 그의 세대는 인터넷을 삶에서 빼놓을 수 없는 하나의 구조로 여겼다. 이들이 기술을 경험하는 방식은 본질적으로 달랐다. (이제는 에어비앤비로 알려진) 에어베드 앤 브랙퍼스트가 세상에 등장할 즈음이면 브라이언의 세대에게 평가와 리뷰는 더 이상 새로운 개념이 아닐 터였다. 당연한 것이었다. 브라이언은 전자상거래에서 신뢰를 구축하기 위해 활용되던 평점과 리뷰라는 피드백 시스템을 숙박과 호스피탈리티 업계로 확장할 기회를 알아본 것이었다.

우리에게 안 좋은 기억이 있는 시리얼 박스가 등장했고, 시연 때는 제품이 고장 나고, 슬라이드 설명 자료도 챙겨오지 않는 등 미팅은 엉망이었지만 여전히 꽤 흥미롭게 느껴졌다. 브라이언과 조는 로드아일랜드 디자인 스쿨Rhode Island School of Design을 졸업했다. 네이트는 하버드대에서 컴퓨터 공학 학위를 받았다. 하지만 내가 만난 수많은 창립자들 다수가 이러한 통상적인 성공의 이력을 다 갖고 있었다. 다만 브라이언에게는 X 인자가, 그러니까 어딘가 특별한 점이 있었다. 그가 무엇을 해냈고 하는 식의 업적이 문제가 아니라, 무작정 응원을 보내고 싶은 매력이, 부인할 수 없는 카리스마가 있었다. 이야기를 재밌고 흥미롭게 전달하는 데도 타고난 재능이 있었다. 같이 한 번 진창에 빠져도 괜찮을 것 같은 사람처럼 느껴졌다.

이러한 특성 외에도 그는 이단적인 전략에 놀라울 정도로 열려 있었다. 시리얼 상자를 팔아 자금을 마련하려는 창업자는 거의 없을 테니까. 더욱이 사람들이 자신의 가장 사적인 공간인 자신의 집에 낯선 사람들을 기꺼이 들일 거라는 대담한 발상을 추진하려는 창업자는 더욱 드물 터였다.

내가 간과한 중요한 요소가 한 가지 더 있었다. 그곳에는 에어비앤비의 공동 창립자 네이트 블래차르치크가 성격답게 조용히 자리를 지키고 있었다. 네이트는 현재 플러드게이트 사람들이 슈퍼빌더superbuilder라고 부르는 인물의 전형이었다. 슈퍼빌더는 단순히 기술적 역량만 뛰어난 사람이 아니라 끝없는 호기심과 굳은 끈기, 어떠한 기술적 난관을 만나더라도 이겨낼 수 있다는 확고한 신념을 타고난 사람이다. 내가 관찰한 바, 비범한 성공을 이루는 스타트업의 중심에는 이런 사람들이 있었다.

에어비앤비는 궤적을 펼쳐 나가는 과정에서 기술적으로 여러 가지 큰 어려움을 마주하게 될 터였다. 몇 가지만 떠올려 봐도 수백만의 사용자들을 수용할 정도로 플랫폼의 규모를 확장하고, 미로처럼 복잡한 결제 처리 방식을 해결해야 하며, 호스트와 게스트의 신원을 보증할 수 있는 견고한 시스템을 만들어 신뢰를 구축해야 하고, 리뷰가 조작되지 않도록 보호 장치를 마련해야 할 터였다.

초고속 성장의 과정에서 마주하게 될 어려움은 본질적으로 예측이 불가능할 수밖에 없다는 점에서 슈퍼빌더의 가치는 더욱 중요해진다. 이들은 미리 예측한 난관만이 아니라 미래에 필연적으로 마주하게 될 예상치 못한 문제에도 준비가 되어 있다. 스타트업의 창립 팀에 이러한 능력을 지닌 사람이 있다는 사실만으로도 이 팀은 불공평한 우위를 점하는 셈이다. 앞으로 예상하지 못한 기술적 어려움이 닥쳐도 그게 무엇이든 팀이 해결해 낼 수 있다는 뜻이니까. 비록 제품 시연은 망했지만, 알고 보니 네이트는 무엇이든 만들어 낼 수 있는 사람이었다. 내가 너무 정신이 없었던 나머지 네이트가 무엇을 제시하고 있었는지, 깊이 파고들 생각을 하지 못했다. 이렇게 또 하나의 실수를 저지른 셈이었다.

혼란스러운 미팅 자리에서 나는 소음 속 진짜 신호를 읽어내지 못했다. 겉으로 보기에는 피칭은 엉망진창인데다 제대로 망쳐버렸으니까. 훗날 브라이언 체스키는 회사의 성장 과정을 온전히 담아낸 책, 《에어비앤비 스토리》에서 그날의 피칭을 인생 최악의 피칭으로 언급하기도 했다. 결국 나는 투자를 하지 않기로 했었다. 그 일은 지금까지도 내가 저지른 가장 큰 실수로 남아 있다.

그렇다면 내가 간과한 것이 정확히 무엇이었을까?

브라이언은 디지털 네이티브로 자라 평점과 리뷰에 굉장히 익숙한 사람이었다. 평점과 리뷰에는 서로 모르는 사람들

간에 신뢰를 구축할 잠재력이 있다는 사실이 에어비앤비의 대단한 성공을 가능케 한 통찰이었다(이후 '에어베드'와 '브랙퍼스트'는 자연스럽게 떨어져 나갔던 것 또한 에어비앤비가 성공을 거둔 또 하나의 이유였다. 즉 사용자들의 이야기를 적극적으로 경청하고 개선을 계속해 나가는 능력이었다). 산업 경제 시대에 브랜드가 다른 방식으로 신뢰를 구축했던 것처럼, 브라이언은 디지털 시대에는 평점의 힘으로 낯선 사람들 사이에서 신뢰를 형성할 수 있다는 것을 이해했다. 이런 방식으로 신뢰를 구축할 수 있다는 그의 생각은 자기모순이 아니라 너무도 당연한 일이기에 굳이 그 원리를 설명하지 않은 것뿐이었다. 다만 그날 미팅에서 내가 너무 정신이 없었던 터라, 상대의 말에 회의적일 때면 늘 묻는 질문을 하지 못했던 것이었다.

"좀 더 자세히 말씀해 주겠습니까?" 바로 이 질문을 하지 못했다.

언뜻 보면 브라이언의 아이디어는 이미 시도된 바 있었다. 뿐만 아니라 Couchsurfing.com은 무료였으니까. 다만 에어베드 앤 브렉퍼스트를 또 하나의 카우치서핑 서비스로 이해한 것은 그 이면에 자리한 통찰과 변곡점을 충분히 읽어내지 못한 내 실수였다.

브라이언의 통찰은 호텔 브랜드가 보증하는 신뢰만큼 온

라인으로도 신뢰를 구축할 수 있다는 것이었다. 그리고 이러한 통찰을 사업 아이디어에 반영해 평점 시스템, 전문적인 사진, 신뢰를 둘러싼 고객의 다양한 우려 사항을 상세하게 신경 쓴 엄격한 조치들이 탄생했다. 나는 아이디어를 일차원적으로만 비교한 나머지 기존의 카우치서핑과 에어베드 앤 브렉퍼스트의 핵심적인 차이를 놓치고 말았다. 당시 내게 변곡점 이론이 있었다면 이 실수를 피했을지도 모른다(나는 이렇게라도 생각하려 한다). 다행히도 브라이언은 내 실수에 전혀 발목이 잡히지 않았다! 에어비앤비는 당시 10년을 대표하는 가장 영향력 있는 신생 기업 중 하나가 되었다.

강력한 통찰을 발견하는 것은 획기적인 창립자가 해야 할 가장 중요한 일 중 하나이기도 하다. 그렇다면 통찰이란 무엇일까? 통찰이 왜 중요할까? 통찰은 어디서 오는 것일까? 획기적인 돌파구로 이어질 통찰을 찾을 가능성을 어떻게 높일 수 있을까?

통찰이란 무엇인가?

앞서 변곡점의 힘이 무엇인지 또한 창립자가 변곡점을 어

 　　　　　　　　　　　　　제4장 다름은 곧… 다름이다

떻게 활용해 기존의 전제를 뒤집을 수 있는지에 대해 이야기했다. 하지만 변곡점만으로는 충분하지가 않다. 변곡점이 지닌 잠재력을 사람들의 생각, 감정, 행동을 변화시킬 상품으로 전환하는 방법 또한 마찬가지로 중요하고 어쩌면 더욱 중요하다. 변곡점과 상품 이 두 가지를 잇는 다리가 바로 통찰이다. 통찰이 없다면 당신을 둘러싼 변곡점들을 효과적으로 활용해 돌파구를 마련할 수가 없다.

통찰은 하나 이상의 변곡점을 이용해 사람들의 역량과 행동을 급진적으로 변화시킬 반직관적인 진실이다.

통찰이 중요한 이유는, 강력한 신기술이 존재한다고 해서 그 자체로 최대의 효과를 발휘할 수 있다는 보장이 없기 때문이다. 바퀴를 생각해 보면 된다. 바퀴는 운송 수단에 쓰이기 수백 년 전에도 이미 존재했었다. 그 오랜 세월 동안 사람들은 바퀴를 수평으로 눕혀 그릇을 효율적으로 만드는 데 사용했다. 메소포타미아인들의 공로는 마땅히 인정해야 할 것이다. 물레가 생기기 이전에는 점토를 길쭉하게 굴리고 손으로 직접 빙 둘러 쌓아올리는 방식으로 그릇을 만들었기 때문이다. 그러니 그릇을 빚는 데 바퀴를 적용한 것 또한 하나의 통찰이었다. 하지만 바퀴가 오늘날 우리가 이해하는 방식으로 잠재력을 발휘하기 위해서는 누군가의 두 번째 통찰이 필요했다. 즉 바퀴를 수직으로 달아 운송 수단으로 삼는 것 말이다.

바퀴의 사례를 통해 힘을 갖고 있다고 해서 반드시 그 힘을 인지한다는 의미도, 그 힘을 어떻게 사용해야 하는지 안다는 의미도 아니라는 사실을 알 수 있다. 바로 이것이 몇몇 변곡점이 특히나 비즈니스 맥락에서 대단히 흥미로워지는 이유다. 이제 어떠한 새로운 힘을 활용할 수 있게 되었다는 사실을 모르는 사람들이 대부분이다. 이들은 자신의 환경 안에서, 지금껏 가능하지 않았던 일을 가능하게 하는 새로운 무언가가 등장했다는 사실을 알아차리지 못한다. 그 결과, 이들은 지금까지 해온 대로 사업을 계속 이어가는 한편 급진적인 변화를 만들 수 있는 힘이 근처에 있다는 사실조차 깨닫지 못한다.

이러한 힘을 알아보고 이 힘을 이용해 급진적 변화를 만들어 내는 통찰을 지닌 창립자들도 있다. 우버와 리프트의 통찰은 차량에 공유 경제를 적용하는 것이 가능하다는 깨달음에서 시작되었다. 에어비앤비가 집에 있는 빈 방을 다른 사람들에게 공유할 수 있게 한 것처럼 우버와 리프트 같은 승차 공유 스타트업들은 차의 빈 좌석을 공유할 수 있도록 하자는 아이디어를 제시한 셈이다. 다시 말해 GPS 기능이 있는 스마트폰과 자신의 위치를 기꺼이 공유하려는 사람들의 심리를 결합한 앱을 통해 사람들이 이동 방식을 근본적으로 바꾸어 놓은 것이다.

불공평한 우위

이전 장에서 설명했듯, 변곡점은 스타트업이 만들어 내는 것이 아니라 외부에서 발생하는 사건이다. 통찰은 다르다. 통찰은 다른 사람들이 보지 못하는 무언가를 보는 스타트업 창립자들에게서 나오는 것이다. 그렇다면 돌파구를 만드는 데 통찰이 왜 이렇게 중요한 것일까?

이 질문에 내가 가장 마음에 드는 답변은 선도적인 벤처캐피탈 기업인 벤치마크Benchmark의 공동 창립자이자 웰스프런트Wealthfront의 CEO인 앤디 래클리프Andy Rachleff의 설명이다. 래클리프는 저명한 투자자이자 저자인 하워드 막스Howard Marks의 훌륭한 투자 이론을 기업가 정신에 적용했다. 스타트업의 아이디어는 그림 4.1처럼 2행 2열로 정리할 수 있다.

당연한 이야기겠지만 당신이 틀린 경우 사람들이 원하는 것을 만들어 내기 어려울 것이다. 이 경우 실패를 맛본다. 하지만 패턴을 파괴하는 스타트업을 만드는 데는 옳기만 한 것으로는 충분하지 않다. 옳은 동시에 비주류여야 한다.

이유가 있다. 당신이 옳더라도 주류 안에 있다면 수많은 걸림돌을 마주하게 될 가능성이 크다. 새로운 경쟁자들, 가격 경쟁, 판매 주기 연장, 기존 기업들의 빠른 보복 외에도 여러

통찰은 비주류이고 옳아야 패턴을 파괴하는 잠재력을 지닐 수 있다.

요인으로 인해 이익 마진이 제로에 수렴하게 될 수 있다. 이에 해당하는 최근 사례로는 전동 스쿠터 스타트업들 간의 무의미한 경쟁을 들 수 있다. 버드Bird, 라임Lime를 포함해 회사 수십 곳이 도시를 잠식할 정도로 곳곳에 전동 스쿠터를 쏟아냈고 그 결과 시장은 포화 상태에 이르러 시 정부의 반발은 물론 도로 한 켠에는 버려진 스쿠터가 쌓여갔다. 당연하게도 이러한 경쟁 압박으로 기업들은 이익을 거의 남길 수 없는 상황에 빠졌다.

비주류이면서 옳을 때 가장 높은 확률로 돌파구를 만들 길을 찾을 수 있다. 다만 감정적으로 훨씬 힘든 길이기도 하다. 무리에서 벗어나야 하고 타인을 모방하고 싶은 유혹과 싸워야 하기 때문이다. 당신의 통찰은 비주류에 속한 탓에 대부분의 사람들이 처음에는 당신의 통찰을 좋아하지 않을 것이라는 점 또한 인정해야 한다. 결국 너무 많은 사람들이 당신의 통찰에 단번에 호감을 느낀다면 그들이 이미 갖고 있는 생각과 너무 비슷하다는 의미이고, 이는 곧 당신의 통찰이 그리 새롭지 않을뿐더러 어쩌면 진정한 의미의 통찰조차도 아닐 수 있다는 뜻이기도 하다.

다만 비주류이면서 옳다면 이점은 이보다 훨씬 더 많다. 이때 스타트업은 더욱 낫다가 아니라 다르다로 경쟁할 수 있게 된다. 이렇게 생각해 보길 바란다. 기존 제품이 있는 시장에 진입해 우리가 더 낫다고 말한다면 그 말을 누가, 왜 믿어줄까? 기존 기업은 이미 그 사업을 한 지 좀 되었으니 당신보다 자원을 훨씬 많이 갖추고 있는 게 당연하다. 고객에게 성공적인 경험을 안겨준다는 근거 지표도 더욱 많이 갖고 있다.

하지만 다름은 곧… 다름이다. 스타트업은 다르다는 점을 내세우는 편이 더욱 설득력이 있다. 시장에 이미 존재하는 대상과의 비교에서 벗어나기 때문이다.

다름의 힘이 스타트업에게 유리하게 작용하는 이유는 비

교가 아니라 선택을 제시하기 때문이다. 기존 기업들이 사과를 파는 시장이라고 생각해 보자. 돌파력을 지닌 스타트업이라면 기존의 사과보다 다섯 배 나은 사과를 시장에 내놓지 않을 것이다. 대신 이렇게 말하는 게 낫다.

"저희에게 완전히 새로운 게 있습니다. 세계 최초이자 세계 유일의 바나나죠."

물론 모든 이들이 당신이 제공하는 바나나를 원하지는 않을 것이다. 하지만 바나나를 원하는 모든 사람은 오직 당신에게서만 바나나를 얻을 수 있다.

이 사례가 지나치게 단순하다 느낄 수 있으니 실제로 있었던 기술 혁신 사례를 들어보겠다.

애플이 아이폰을 공개했을 때 사람들은 "블랙베리와 비교해 어떻습니까?"라고 묻지 않았다. 오픈에이아이가 챗지피티를 출시했을 때 사람들은 "구글 서치와 비교해 어떻습니까?"라고 묻지 않았다. 테슬라가 모델 S를 출시했을 때도 사람들은 "벤츠와 비교해 어떻습니까?"라고 묻지 않았다. 이 상품들은 비교가 아닌 선택을 제시함으로써 비교의 덫에서 벗어났다.

다름은 경쟁자가 들어오기 전 시장과 초기 고객을 대상으로 상품을 시험하고, 거듭 개선하고, 학습할 여유를 확보해 준다. 세렝게티 초원에서 태어나는 새끼 영양들을 생각해 보라.

새끼 영양들은 축축한 양막에 싸인 채로 땅으로 툭 떨어진 뒤 태어나자마자 몇 분 내로 일어나 균형을 잡고 달릴 줄 알아야 한다. 그렇지 못한 새끼 영양은 자칼, 하이에나, 누비아 독수리, 이들보다 더욱 사나운 포식자에게 포위당한다.

스타트업에게는 곧장 공격하려 드는 기존의 기업들로 압박감을 느끼지 않고 스스로 균형을 찾을 여유가 마련되는 편이 좋다. 스타트업은 사람도 자원도 많이 확보하고 있지 않다. 당신은 취약한 상태다. 비주류가 된다면 아직은 당신이 무슨 일을 하는지 아무도 신경을 쓰지 않는 세계에서 당신에게 적대적인 요소들로부터 추가적인 보호막을 형성할 수 있다. 사람들이 당신 스타트업의 존재를 알고 있다 하더라도 당신이 지닌 통찰에 급진적인 변화를 불러올 힘이 있다는 사실을 눈치채기 전이므로 대다수는 그리 대수롭지 않게 여길 것이다.

나는 훌륭해 보이는 아이디어나 탄탄한 실행력을 갖춘 스타트업이 실패를 하는 한편 수많은 실수를 저지른 스타트업이 그럼에도 불구하고 돌파력을 마련하는 이유가 통찰에 있음을 깨달았다. 스타트업이 비관습적인 성공을 거두려면 사람들이 '간절히' 원하는 '유일한' 무언가를 만들어야 한다. 변곡점과 통찰은 서로를 증폭시키는 상호 승수의 관계다. 변곡점은 새롭고 급진적인 능력을 사람들에게 전파하는 조건을 만들고, 통찰은 급진적인 차별화의 조건을 만든다.

스타트업의 세계에서는 더 낫다는 것이 중요하지 않다. 고객들은 조금 더 낫다는 이유로 스타트업의 상품이나 서비스를 선택하지 않는다. 이상적으로는 상품은 완전히 다른 무언가를 제공하는 동시에 고객이 간절히 원하고 또 다른 어디에서도 구할 수 없는 무언가를 제공해야 한다. 변곡점을 활용하는 강력한 통찰은 뛰어난 성공을 거두는 데 필수적이다.

이제 리프트에서 창립자들이 통찰과 변곡점을 어떻게 연결 지었고, 두 요소 사이에서 승수 효과를 어떻게 만들어 냈는지 자세히 살펴보도록 하겠다. 변곡점은, GPS 위치 추적 칩이 내장된 아이폰 4s의 출시가 결정적인 역할을 했다. 이로써 해당 스마트폰을 사용하는 사람들을 앱이 알고리즘적으로 정확하게 파악할 수 있는 시대가 열렸다. 이에 더해 중요한 기술의 발전으로 페이스북 외부에서도 사용자가 자신의 소셜 정체성을 공유할 수 있는 페이스북 커넥터도 있었다.

이러한 변화는 우버나 리프트가 그 힘을 활용할 것인지 여부와는 무관하게 벌어졌다. 승차 공유라는 아이디어의 대단한 점은 주택 분야에서 에어비앤비가 주장하던 집 공유라는 개념이 교통수단에 적용될 수 있음을 간파했다는 데 있다. 창립자들의 통찰은 사람들이 운전자이자 또 승객으로 낯선 이들과 함께 차를 타고 이동하는 데 불편함을 느끼지 않을 거라는 믿음에서 탄생했다. 내가 에어비앤비 투자를 거절했던 한심한 결정으로 한 가지 덕을 봤다면 리프트의 통찰을 더욱 수용적인 자세로 대할 수 있게 되었다는 것이다.

우버와 리프트를 이끈 변곡점은 결코 사소하지 않았다. 변혁적인 힘이었다. 이 강력한 기술의 진보를 승차 공유에 적용하겠다는 기업의 통찰이 승수 효과로 작용했다. 강력한 기술의 발전에 기술 활용에 대한 획기적인 통찰이 더해질 때 산업을 새롭게 정의하는 변혁적인 상품의 탄생으로 이어지는 경우가 가 많다. 토대가 되는 새로운 역량이 등장하기 전에는 지금과 같은 의미의 승차 공유 네트워크를 만들어 낼 수가 없었다. 그러나 이 변곡점들에 접근할 수 있게 되자 우버와 리프트가 발견한 통찰은 유례없는 서비스의 탄생으로 이어졌다. 승차 공유 앱을 사용해 본 승객 가운데 기존의 택시와 비교를 하는 경우는 거의 없었다. 승차 공유 네트워크 기업들은 자신만의 고유한 강점이 발휘되도록 경쟁의 장을 새롭게 정립했다.

앞에서 강조했듯, 스타트업은 불공평한 우위가 필요하다. 기존 기업들은 이미 굳어진 사람들의 행동 패턴으로 큰 혜택을 보기 때문이다. 반면 스타트업의 우위는 사람들의 행동 패턴을 깨뜨릴 수 있는지, 즉 기존의 패턴을 새로운 패턴으로 대체할 수 있는지에 달려 있다.

그렇다면 스타트업에게 필요한 첫 무기는 그 어떤 비즈니스와도 무관하게 외부에 존재하는 한편 급진적 변화의 초기 조건을 형성하는 변곡점이다. 그 후에야 내부적으로 통찰이 생겨난다. 통찰은 변곡점이 제시하는 기회를 사람들에게 영향을 미치는 잠재적 돌파구로, 미래를 근본적으로 바꿀 정도로 사람들에게 영향을 미치는 힘으로 전환시킨다.

이 우위를 점하지 못하는 스타트업이 왜 그렇게 많은 걸까? 가장 큰 이유는 상품이나 서비스가 충분히 제공되지 못하는 시장과 충족되지 못한 고객의 니즈를 찾는 데서 시작하는 스타트업 창립자들이 많기 때문이다. 이 지점에서 이들은 시장의 요구와 고객의 니즈를 충족하는 상품을 당장 만들어야 한다는 강박을 느낀다. 하지만 이렇게 접근하다 보면 창립자들은 자신의 아이디어가 변곡점과 통찰에 맞닿아 있는지 확인하는 중요한 단계를 건너뛰고 만다. 그 결과, (사람들에게 어떠한 능력을 전해줄 수 있는 변곡점이 없는 탓에) 강력한 가치를 제공하지 못하거나, (고유한 통찰이 결여되어) 차별화를 선보이지 못하는 아이디어만 떠올린다. 결과적으로 이들은 패턴을 파괴할 잠재력을 지닌 아이디어를 쫓을 기회를 놓칠 때가 많다.

보통은 주류에 속한 기회를 발견하는 경우가 대부분이다.

　　　　　제4장 다름은 곧⋯ 다름이다

이 글을 쓰고 있는 지금의 상황에서는 AI가 예술계를 변화시키고 있다. 대규모 언어 모델(대용량 데이터세트를 사용하는 딥러닝 알고리즘들) 같은 AI 기술의 변곡점 덕분에 새롭고도 흥미로운 방식으로 예술을 창작할 수 있게 되었다. 당신이 이 변곡점을 이용한 스타트업을 만들고 싶다고 생각해 보자. 당신이 마주하게 될 문제는 당신 외에도 많은 사람들이 이 변화를 읽어내고 재빨리 같은 시장에 뛰어들 거라는 점이다.

여기서 핵심은 다른 무언가를 제공하는 것, 뻔히 보이는 무언가를 뛰어넘어 사고하는 것이다. 많은 사람들이 하게 될 일을 당신도 한다면 비교의 덫에 빠지고 만다. 사용자들은 당신이 만들어 낸 무언가로 혜택을 보겠지만, 당신의 비즈니스는 끝없는 경쟁 속에서 대체 가능한 상품으로 전락할 위험이 있다.

비교의 덫이 얼마나 위험한지를 확인할 수 있는 또 다른 사례는 밀키트 배달 서비스 시장에서 찾아볼 수 있다. 블루 에이프런Blue Apron, 헬로프레시HelloFresh, 선 배스킷Sun Basket 등 여러 스타트업이 거의 동일한 시기에 이 분야에 뛰어들었다. 이들이 제공하는 상품을 좋아하는 고객들이 많았지만 미리 구성된 식사를 포장해 배달한다는 아이디어 이면에 자리한 통찰은 그리 참신하지 않았다. 이 업계는 높은 고객 유치 비용과 낮은 고객 충성도, 관리 및 운송의 심각한 어려움에 시달렸다. 어떤 기업도 시장을 명확하게 장악하지 못했고, 많은 기업들이 재정적 어려움에 직면했다.

당신이 주요 변곡점들과 맞물린 강렬한 통찰을 발견했다고 생각해 보자. 스트레스 테스트로 자신의 통찰이 비주류이면서 옳은 것인지 확인할 수 있을까? 다음으로 집중적으로 다룰 주제가 바로 이것이다.

제5장

통찰력 검증하기

당신의 통찰은 얼마나 타당한가

삼류의 지성은 다수와 함께 생각할 때만 행복하다.
이류의 지성은 소수와 함께 생각할 때만 행복하다.
일류의 지성은 생각하는 그 자체로 행복하다.

−A. A. 밀른A. A. Milne, 《곰돌이 푸》의 저자

통찰에 대한 우리의 정의, 즉 스타트업이 하나 이상의 변곡점을 이용해 인간의 역량이나 행동을 급진적으로 바꾸는 방법에 관한 반직관적인 진실에 따르면, 당신이 진정으로 통찰을 갖고 있는지는 네 가지 테스트를 통해 검증할 수 있다.

첫째로 통찰은 진실이어야 한다. 거짓이어서는 안 된다. 2 더하기 2가 5가 될 수 없다는 것은 당신도 알고 있다. 따라서 2 더하기 2는 5라는 '통찰'은 명백한 거짓이자 애초부터 성공의 가능성이 없는 출발점이다.

둘째로 통찰은 당연해서는 안 된다. 누구나 알 수 있는 명백한 진실이어서는 안 된다. 매일 사용하는 제품에 AI 코파일럿 기능(문서 초안 작성, 데이터 분석, 문서 요약 등 다양한 작업을 지원하는 AI 비서 기능-역주)을 원하는 고객들이 많다는 것은 사실이다. 가령 마이크로소프트 엑셀을 위한 AI 코파일럿 인터페이스는 사용자들에게 대단히 가치가 있겠지만 마이크로소프트가 그런 기능을 실현할 가능성이 대단히 높기 때문에 이는 통찰이라고 할 수 없다. 직관적으로 봐도 그렇다. 현존하는 큰 문제들 다수는 이미 해결이 되었거나 이미 대기업들이 문제를 해결하는 데 집중하고 있으며 가까운 시일 내에 해법이 나올 것이다.

많은 이들이 명백한 영역을 깊이 파고드는 이유는 발견하기가 쉽기 때문이다. 그러나 획기적인 진보를 이루는 아이디어는 미래에 있는 미지의 지형을 탐색하고 사람들의 삶의 방식을 급진적으로 바꿀 가능성이 있는 무언가를 발견하는 데서 나온다. 이를 위해 창립자들은 급진적으로 다른 미래에서 살아가야 한다. 그 미래가 현재와 급진적으로 다를수록, 현재 사람들이 사는 방식과 급진적으로 다를수록 그 미래에 대한 진실들 또한 명백함과 거리가 멀어질 수밖에 없다.

명백한 진실에 기반한 상품 아이디어는 성장이 제한적이거나 실패 확률이 높다. 마이크로소프트 엑셀용 AI 코파일럿의 사례를 생각해 보자. 명백한 아이디어인 만큼 이미 기존의 기업들이 잘 알고 있는 아이디어이기도 하다. 기존 기업들은 스타트업보다 문제 해결에 훨씬 많은 자원을 투입할 수 있고, 실제로 해당 기능을 포함한 상품을 출시할 수도 있다. 여기서 스타트업이 경쟁하려 한다면 창립자들은 점진적으로 개선이 가능한 '매력적인 신제품'보다는 새로운 행동 패턴을 만들어 내는 통찰이 있어야 한다. 그렇지 않다면 경쟁에서 질 가능성이 크다. 기존의 기업들 또는 다른 스타트업들을 상대로 한 경쟁의 덫에 빠져서는 안 된다. 아이디어가 명백할수록 비교의 덫에 빠지기 쉽고, 이렇게 되면 성장의 가능성이 제한적일 뿐 아니라 최악의 경우 실패를 맞이하게 된다.

셋째로 통찰은 변곡점의 힘을 활용해야 한다. 바로 알아채기 힘든(통념적이지 않은) 귀한 진실이어도 변곡점의 힘을 활용하지 못한다면 그 진실은 통찰이 아니다. 우리는 하나 이상의 변곡점을 활용해 인간의 능력이나 행동을 급진적으로 바꾸는 통찰을 중요하게 생각한다. 사람들의 관심을 끌거나 밈이 될 아이디어는 유행에 부응하지만 사람들이 생각하고 느끼고 행동하는 방식에 지속 가능한 변화를 불러오지 못하므로 우리가 말하는 통찰에는 해당하지 않는다. 이에 해당하는 좋은 사례가 그루폰Groupon이라는 기업이다. 그루폰은 '그룹group'과 '쿠폰coupon'의 합성어다. 지역의 상품과 서비스, 체험을 일일 할인 가격에 제공한다. 반값 마사지와 리조트 숙박부터 수업, 의료 서비스, 지역 명소에 이르기까지 그루폰은 대단히 폭넓은 상품과 서비스를 다뤘다.

갑자기 스포트라이트를 받게 된 그루폰은 구글의 60억 달러 인수 제안을 대담하게 거절한 지 얼마 지나지 않아 2011년 시가총액 178억 달러로 상장했다. 그러나 지난 10년 동안 그 가치가 급격하게 곤두박질쳤다. 2023년 초, 기업의 가치는 상장 당시와 비교해 충격적으로 낮아진 1억 300만 달러였다.

그루폰의 가장 큰 문제는 참신함이 한시적이었다는 데 있다. 파격적인 약속을 내걸어 주목을 끌었지만 지속적인 가치를 제공하는 데 실패했다. 일일 혜택의 매력은 짧은 시간 동안만 제공된다는 데 있었고, 이 때문에 소비자들은 빠르게 움직일 수밖에 없었다. 그러나 사용자들이 끝없이 쏟아지는 딜에 익숙해진 나머지 열기가 식어갔다. 그루폰과 거래하는 비즈니스의 입장에서는 할인가에 그루폰의 수수료까지 더해지니 수익성을 확보하기가 어려워졌다. 결국 그루폰의 모델은 고객과 비즈니스들에게서 굳건한 행동 변화를 이끌어내지 못했고, 과잉 공급과 지키지 못한 약속으로 힘을 잃어갔다.

패턴을 파괴하는 아이디어는 일시적인 관심을 초월해야 한다. 이런 아이디어는 시간의 시험대를 견디고 기존의 규범을 대체할 변혁적인 힘을 제공해야 한다. 가장 본질적으로는 초기의 참신함을 넘어서 오래 지속되고 또 가치 있고 새로운 형태의 능력을 부여할 잠재력을 지닌 변곡점을 어떻게 활용할 것인지에 대한 통찰이 아이디어에 담겨 있어야 한다.

넷째로 통찰은 '왜 지금인가?'라는 질문에 답해야 한다. 발전이 티핑 포인트에 도달해 급진적인 변화를 가능케 할, 그리하여 당신이 지닌 새로운 아이디어를 펼칠 수 있는 시기는 제한적이다. 명확하게 정리된 통찰이라면 '왜 지금인가? 왜 지금이 이 아이디어를 선보이기 적절한 때인가?'에 대한 답이 내재되어 있다.

표 5.1

통찰 스트레스 테스트

통찰	어떠한 통찰인가
미래에는…	새로운 무언가인가? 이것이 누구에게 능력을 부여하는가? 어떻게 능력을 부여하는가?
이 새로운 아이디어를 가능하게 하는 것은…	구체적으로 명시된 변곡점들
이 미래가 비주류인 이유는…	이 미래를 가로막는 기존의 통념들
그럼에도 이 통찰이 옳은 이유는…	변곡점과 통찰이 기존의 통념이 틀렸음을 어떻게 입증할 수 있는지에 대한 가설
타이밍이 적절한 이유는…	"왜 지금인가?"에 대한 답변

변곡점과 마찬가지로 표 5.1은 통찰의 요소들을 검증하는 간단한 스트레스 테스트이다.

에어비앤비는 필요성에서 시작된 아이디어가 통찰로 이어지는 사례에 속한다. 2007년 조 게비아는 룸메이트들이 떠나자 월세를 감당할 수 없게 된 나머지 샌프란시스코의 아파트를 잃게 될 위기에 처했다. 그가 LA에서 살던 브라이언 체스키에게 함께 지내자고 설득했을 당시 브라이언의 통장에는 1100달러밖에 없었다. 두 사람은 빠르게 돈을 벌 방법을 찾아야 했다. 빨리 답을 찾아야 했던 이들은 여러 선택지를 자유롭게 논의했다.

그중 한 가지 아이디어는 얼마 후 도시에서 나흘간 개최될 산업 디자인 콘퍼런스에 관한 것이었다. 게비아는 이런 생각이 들었다. 콘퍼런스 기간 동안 두 사람의 아파트를 아침 식사를 포함한 숙소로 제공하면 어떨까? 이 행사에 참여하려 샌프란시스코에 오는 디자이너만 해도 몇천 명은 될 터였다. 도시는 새로운 방문객들로 가득 찰 예정이었다. 호텔은 빠르게 만실이 되고 객실 요금은 평소보다 높아질 게 뻔했다.

두 사람은 투숙객에게 에어 매트리스와 인터넷 연결, 업무 공간, 매일 아침 식사로 팝타르트^{Pop-Tarts}(두 겹의 얇고 직사각형 모양인 페이스트리 크러스트 안에 달콤한 속을 채워 넣은 과자–

역주)를 제공하기로 했다. 또한 프리랜서를 고용해 워드프레스WordPress로 웹사이트를 만들고, '크레이그리스트Craiglist와 Couchsurfing.com과 비슷하지만 더욱 고급스러운'이라는 문구로 마케팅을 했다. 놀랍게도 콘퍼런스 주최 측과 디자인 블로그들이 기꺼이 홍보를 해주겠다고 나섰고, 며칠 만에 벌써 투숙을 하겠다는 사람들이 생겨났으며 세 명이나 예약을 했다.

이쯤에서 멈출 수도 있었지만 그러지 않았다. 브라이언은 다른 사람들은 떠올리지 못했던 질문들을 스스로에게 하며 답을 찾고자 더욱 깊이 파고들었다. 호텔이 생기기 전에 여행객들은 어디서 머물렀을까? 호텔은 어떻게 생겨났을까? 여행객들이 왜 호텔을 신뢰하게 되었을까? 호텔이 만실일 때 여행객들은 어떻게 했을까?

브라이언은 자신의 관점을 형성한 밑바탕이자 강력한 이점이기도 한 한 가지를 적극 활용했다. 바로 디지털 네이티브 리더 1세대라는 점이었다.

베이비부머와 엑스세대를 포함해 1980년대 이전에 태어난 사람들은 '아날로그 네이티브'로 볼 수 있다. 이들에게 기술이란 일상에 추가로 더해진 무언가였고, 컴퓨터는 현실 세계의 상호작용을 보완해 주는 도구로 인식했다. 오늘날 미국에서 아날로그 네이티브 인구는 약 1억 3680명에 이른다.

이와 대조적으로 엑스세대 끝 무렵부터 밀레니얼세대에 이르는 디지털 네이티브는 기술에 잠식된 환경에서 성장했다. 자라는 동안 기술이 이들의 삶 모든 면면에 스며들었고, 그 결과 이 세대는 디지털 정체성과 경험에 높은 가치를 두게 되었다. 기술이 삶을 보완하는 게 아니라, 이 세대의 상당수가 삶의 대부분을 보내는 장소가 디지털 공간이 되었다. 최근 데이터에 따르면 디지털 네이티브는 현재 미국 인구의 다수를 차지하는 것으로 밝혀졌다.

에어비앤비의 초창기 때는 디지털 네이티브가 분명 소수에 해당했다. 이 소수 안에서 획기적인 비즈니스를 시작할 나이가 된 이들은 더욱 적었다. 이 집단의 초기 리더들인 브라이언 체스키와 마크 저커버그는 동시대 비즈니스를 한 사람들 대다수와 비교해 다른 관점을 지녔다는 사실이 이점으로 작용했다. 브라이언은 디지털 네이티브 세계관 덕분에 온라인 리뷰와 평점, 여기에 전문적인 사진을 더해 신뢰를 구축하는 방식에 잠재력이 있음을 더욱 민감하게 이해할 수 있었다. 그가 선택한 상품은 에어비앤비의 초기 수용자이자 그와 같은 디지털 네이티브들에게 강력한 공감을 이끌어냈고, 이는 마크 저커버그의 결정이 페이스북의 초기 사용자들에게서 좋은 반응을 이끌어냈던 것과 유사했다.

2008년부터 2009년까지 이어진 금융 위기는 브라이언과 같은 디지털 네이티브들에게 특히나 큰 타격을 주었다. 당시 대학을 졸업한 지 얼마 되지 않았던 이들 중 상당수가 심각한 부채에 시달렸고, 재정적 어려움을 겪거나 사실상 빈털터리나 다름없는 사람들도 많았다. 대침체기를 맞이해 사람들은 자신이 이미 소유하고 있는 것들을(브라이언의 경우에는 임대하고 있는 것을) 활용해 수입을 마련할 방법을 간절히 찾고 있었다. 이에 더해 전자상거래가 임계점에 도달해 있었다.

이 경험이 브라이언과 조, 에어비앤비 창립자들에게 통찰을 안겼다. 평점과 리뷰로 낯선 이들 사이에 신뢰를 구축하여 하나의 완전히 새로운 호스피탈리티 산업을 만들 수 있다는 것이었다. 에어비앤비는 비단 사람들이 몰리는 콘퍼런스 때만을 위한 것이 아니라, 호텔 객실을 예약하는 것처럼 간편하게 다른 사람 집에 있는 빈방을 예약할 수 있는 웹사이트로 순식간에 자리 잡았다.

여러 면에서 에어비앤비는 더욱 뛰어난 대안이 되어 주었다. 전 세계 어디든 힐튼을 만날 수 있고 훌륭한 숙박 경험을 제공하지만, 어느 힐튼이든 전부 똑같은 공간이란 의미이기도 했다. 그런 와중에 이제는 누군가의 집이나 아파트를 임대해 호텔보다 저렴한 가격으로 현지의 분위기와 경험을 누릴 수 있게 되었다. 에어비앤비는 새로운 형태의 민주화된 '솔로프리너solopreneur(혼자, 단독이라는 의미의 solo와 기업가, 사업가란 의미의 entrepreneur를 더한 합성어로 1인 기업가를 뜻한다.-역주) 생태계를 만들었고, 부동산을 가진 사람은 누구나 사업가가 되어 수익을 만들 수 있도록 했다.

에어비앤비는 여행에 대한 개념을 바꿔놓았다. 에어비앤비 창립자들은 자신과 같은 또래의 온라인 습관이 달라지고 있다는 점을 이해하고 있을 뿐 아니라, 창립자들 또한 대기업 브랜드 경험보다 장인적 경험을 더욱 중시하는 밀레니얼세대에 속했다. 이 세대는 인터넷의 방대하고도 경쟁적인 정보를 접하며 전통적인 광고와 대기업의 목적에 회의적인 태도를 취했고, 대기업을 얼굴 없는 존재로 인식했다. 이들은 진정성과 투명성을 갖춘 브랜드와 경험에 이끌렸다. 이러한 경향성은 팜 투 테이블farm-to-table(농장에서 재배한 농산물을 식탁에 올린다는 의미-역주) 레스토랑, 엣시Etsy와 같은 플랫폼에서 거래하는 수공예 상품, 맥주 양조장, 개인 커피숍이 각광 받는 현상에서도 뚜렷하게 확인할 수 있었다.

여행을 할 때 밀레니얼세대는 전형적인 관광 체험보다는 몰입감 있는 현지 경험을 우선했다. 이들은 현지 분위기가 담긴 상품이 전하는 스토리와 공동체적 연대를 중시했고, 이러한 상품을 통해 대량 생산으로 찍어낸 흔한 물건들로는 표현할 수 없는 자신의 개성을 드러낼 수 있었다. 2008년 금융 위기 속에서 성장한 이들은 자신이 소비하는 돈 이상의 진정한 가치를 지닌 무언가를, 의미 있는 경험을 제공하는 상품과 서비스를 원했다.

에어비앤비는 사람들은, 특히나 디지털 네이티브의 관점을 지닌 밀레니얼은 알려진 호텔 브랜드를 신뢰하듯 현지 사람들이 제공하는 집과 아파트를 예약하는 일 또한 신뢰할 것임을 깨달았다. 사용자들에게 온라인으로 신뢰를 전해줄 수 있고 또 현지의 경험을 더욱 잘 전달할 수만 있다면 말이다. 창립자들은 대부분의 호텔이 자리한 도심의 상업 중심지에서 주거 단지가 형성되어 있고 도시의 진정성을 느낄 수 있는 지역으로 관심을 돌리는 여행객들이 많다는 점 또한 깨달았다. 여행자들은 이제 도시의 상업 지역에 위치한 전형적인 호텔보다 보스턴의 비콘 힐이나 프로방스의 중세풍 빌라에서 거주하는 경험을 더욱 갈망했다.

표 5.2는 에어비앤비의 통찰을 스트레스 테스트로 평가한 것이다.

통찰 스트레스 테스트: 에어비앤비

통찰	사람들은 호텔 방을 예약하는 것처럼 현지인에게 방을 예약하는 일 또한 신뢰하게 될 것이다.
미래에는…	사람들은 현지인과 방을 예약할 수 있게 될 것이다. 여행자들은 가격이 중요한 관심사이기도 하고 호텔 숙박으로 도시와 문화에서 단절되는 경험을 하는 만큼 현지인의 집에서 머물며 주체성과 자율성을 느낄 것이다. 호스트들에게는 새로운 수입원이 생기는 것이므로 마찬가지로 실질적인 힘과 주체성을 느낄 것이다.
이 새로운 아이디어를 가능하게 하는 것은…	페이스북 커넥트 서드파티 APIs: 이전에는 개인 정보를 확인할 수 없어 낯선 사이였던 사람들끼리도 상호작용을 할 수 있게 되었다. 온라인 평점과 리뷰: 주류 브랜드가 보증하는 신뢰만큼 온라인 평점과 리뷰도 점차 사람들에게서 신뢰할 수 있는 대상이 되고 있다. 2008년 금융 위기: 여행자들은 비용을 아끼려는 욕구가 강해졌고, 부동산 소유자들은 새로운 수입원을 찾아 기존의 주택담보대출을 갚고 싶다는 욕구가 커졌다.
이 미래가 비주류인 이유는…	대부분의 사람들은 낯선 사람의 집에서 머무는 것이 안전하지 않다고 생각하기 때문이다.

| 그럼에도 이 통찰이 옳은 이유는… | 앞서 이야기한 변곡점들이 투숙객과 집주인 모두의 신뢰 문제를 해소해 줄 것이기 때문이다. |
| 타이밍이 적절한 이유는… | 평점과 리뷰의 영향력이 커지고 있다. 페이스북 커넥트의 출시와 금융 위기가 맞물려 이 새로운 방식의 숙소 예약이 수용될 조건이 갖춰질 것이다. |

스트레스 테스트에 리프트를 대입해 보면 변곡점 이면에 자리한 기업의 통찰을 이해할 수 있다. 리프트의 경우 변곡점은 페이스북 커넥트 써드파티 APIs와 더불어 고정밀 GPS 위치 추적 칩이 탑재된 아이폰 4s의 출시였다.

통찰 스트레스 테스트: 리프트

통찰	사람들은 택시를 타는 것처럼 낯선 사람의 차에 오르는 일 또한 신뢰하게 될 것이다.
미래에는…	승차 공유 네트워크를 통해 사람들은 스마트폰 앱으로 어디서든, 거의 즉각적으로 차를 잡을 수 있게 될 것이다.
이 새로운 아이디어를 가능하게 하는 것은…	아이폰 4s에 탑재된 새로운 칩들: 1미터 내 정확도로 위치를 감지해낸다. 소셜 리뷰들. 페이스북 커넥트 프로필 정보.
이 미래가 비주류인 이유는…	대부분의 사람들은 낯선 사람의 차를 타는 것이 안전하지 않다고 생각하기 때문이다.
그럼에도 이 통찰이 옳은 이유는…	대부분의 사람들은 앞서 이야기한 변곡점들이 신뢰 문제를 해소해 줄 것임을 확신하지 못한다. 하지만 에어비앤비를 통해 사람들이 낯선 이의 집이나 아파트에서 숙박을 할 수 있음이 드러나기 시작했다.
타이밍이 적절한 이유는…	소셜 리뷰와 페이스북 커넥트가 이미 널리 활용되고 있다. 정밀한 GPS 칩 덕분에 승객과 운전자가 서로의 위치를 파악하는 기술이 완성되었다.

통찰과 타이밍

앞서 변곡점을 다루며 살펴봤듯 타이밍은 돌파구를 만드는 잠재력을 좌우하는 결정적인 요소다. 통찰은 변곡점을 한 단계 끌어올리는 힘이다. 가장 강력한 통찰은 이미 자리를 잡은 변곡점을 활용하면서 이를 새로 등장한 변곡점과 결합해 그 무엇과도 완벽히 다른 무언가를 만들어 낸다.

에어비앤비의 상황을 들어보자면, 당시 이베이와 아마존 등의 사이트를 시작으로 이미 평점과 리뷰는 온라인에서 신뢰를 구축하는 주된 수단으로 영향력을 발휘하고 있었다. 또한 페이스북 커넥트는 낯선 이의 집에서 숙박을 한다는 데 사람들이 갖는 우려를 잠재우는, 새로운 차원의 신뢰를 구축하는 기술을 제공했다. 리프트의 경우에는 에어비앤비를 보며 페이스북 커넥트를 통해 낯선 사람들 사이에 신뢰가 형성될 수 있다는 사실을 확인했고, 이에 더해 아이폰 4s의 기술로 승객과 운전자가 서로를 정확하게, 실시간으로 위치를 파악할 수 있게 되었다. 두 사례 모두 창립자들은 새로 등장한 변곡점들이 어떤 의미인지 또 이를 어떻게 활용해야 하는지 이해했고, 이를 바탕으로 눈앞에 어떠한 미래가 가능할지 반직관적인 통찰을 도출해냈다.

오늘날의 발전 가운데 무엇이 내 흥미를 가장 사로잡는 가? 앞으로 어떠한 미래가 펼쳐질 것인지에 대한 통찰과 어떻 게 연관을 지을 수 있는가?

딥 러닝, 빅 데이터, 하드웨어 가속, 클라우드 컴퓨팅, 트랜 스포머 모델, 대규모 언어 모델 분야의 발전이 한데 맞물리며 AI 플랫폼 전환을 일으킬 만큼의 퍼펙트 스톰이 완성되었고, 놀 랍고도 새로운 상품들이 탄생할 길을 열었다. 오픈에이아이의 챗지피티는 폭발적으로 성장하며 두 달 만에 사용자 1억 명을 달성했다. AI가 민간 및 공공 부문에서 사실상 모든 것을 바꿔 놓을 것이다. 정책, 윤리, 사회의 근간 자체가 재편성될 것이다.

기후변화는 수십 년간 논의되어 온 주제지만 걷잡을 수 없 는 산불과 더욱 잦아진 홍수 등 기후 위기의 영향을 목격한 사 람들이 늘어가며 사고의 전환이 일어나고 있다.

예상하듯 나는 기술의 발전을 대단히 흥미롭게 지켜보고 있고, 이런 사람이 비단 나뿐만은 아니다. 2022년에는 기술 발 전에 대한 뜨거운 관심이 AI 스타트업 투자로 이어지며 500억 달러가 넘는 돈이 흘러들어갔다. AI의 잠재력은 PC, 인터넷, 스마트폰 등 과거 세상을 뒤흔든 기술들과 비견될 정도이다.

통찰의 중요성이라는 관점으로 보자면 스타트업이 AI를 활 용해 획기적인 돌파구를 마련하는 데는 큰 어려움이 따른다. 스타트업은 새로운 기술이 지닌 매력에만 의존할 수 없는 처지다.

스타트업은 구글이나 마이크로소프트, 오픈에이아이 등 막대한 자본과 데이터, 구조적 자원을 갖추고 시장을 지배하는 기성 기업들을 상대해야 하는 상황이다. 이 공룡 기업들은 AI의 데이터 집약적 프로세스에 필수적인 방대한 양의 데이터를 독점하고 있고, 대규모의 AI 솔루션을 실행할 수 있는 탄탄한 인프라 스트럭처와 시장에서의 굳건한 존재감, 노련한 인력, 최고의 인재를 사로잡는 능력까지 갖추고 있다.

스타트업은 서로 간의 경쟁도 치열하다. 흥미진진한 AI 혁신도 금세 진부해지는데, AI 기법은 복제가 쉽고 특히나 오픈 소스 프로젝트가 보편화된 탓에 새로운 기법들도 상품에 쉽게 통합되기 때문이다. 최고의 AI 전문가라는 인력 풀은 한정되어 있지만 수요는 높은 탓에 경쟁적인 환경이 더욱 심화된다. 이러한 과제들로 스타트업이 우위를 유지하기가 어렵다.

그렇다면 비주류적인 통찰을 발휘해 기존 기업 및 다른 스타트업과 차별화되는 스타트업은 어떤 곳일까? 이러한 통찰이 과거 신흥 강자로 마이크로소프트와 구글, 아마존, 페이스북이 발휘했던 영향력으로 이어지려면 어떻게 해야 할까? 많은 이들이 열광하는 무언가를 공유하는 것만으로는 충분하지 않다. 이례적인 성공을 추구하는 스타트업이라면 고유한 통찰을 발견하는 일이 필수적이라 할 수 있다. 만약 고유한 통찰을 지녔다면 이제는 누구를 대상으로 스트레스 테스트를 진행해야 하는지도 알 것이다!

통찰의 실패 양상

흔한 함정 중 하나는 자신의 아이디어가 세상에 없다는 믿음과 자신이 통찰을 발견했다는 믿음을 혼동하는 것이다. 가령 보안 패치의 관리 도구 개선이라는 아이디어는 기존의 어떤 상품보다도 잠재적 고객의 니즈를 해소해 줄 아이디어일 수는 있어도 근본적인 통찰에 기반한 아이디어는 아니다. 고객들이 보안 패치를 더욱 효율적으로 관리하고 싶을 거라는 아이디어는 미래에 대한 통찰이 아니라 제품 개선 아이디어에 가깝다.

미래에 대한 통찰이 틀렸을 때도 실패가 발생한다. 초보들이 하는 실수처럼 보이겠지만 사실 흔히들 하는 실수다. 개인적으로 안타까운 마음이 크다. 주류 아이디어는 옳고 그름을 빠르게 확인할 수가 있다.

반면 비주류 아이디어는 그 특성상 옳음을 입증하기까지 시간이 걸린다. 패턴을 파괴하는 기업가가 마주한 도전은 초반에는 자신의 아이디어가 비주류에 속하고 또 옳다는 것을 확신하기가 어렵다는 데 있다. 보통은 먼저 자신이 비주류에 속해 있음을 알게 되고, 자신이 틀릴 수도 있다는 선제적인 리스크를 감수하고 나서야 결국 자신이 옳았음을 확인하는 식이다. 나는 처음부터 주류에 속한 아이디어를 추구하며 성장의 가능성을 스스로 제한하는 것보다 차라리 실패의 위험을 감수하는 편이 낫다고 보는 쪽이다.

이를테면 요즘 AI 벤처들은 자본을 대단히 쉽게 유치하는 듯 보인다. 벤처가 갖고 있는 아이디어가 수많은 경쟁자들을 불러 모을 만한 것일지라도 말이다. 하지만 자본이 조달된다고 해서 그 아이디어가 추구할 가치가 있다는 의미는 아니다. 진정한 탐구란 잠깐의 인정이 아니라 오래도록 계속되는 진리를 추구하는 것이다. 많은 이들이 합의하는 아이디어는 설사 그것이 타당할지라도 성장이 제한적인 방향으로 치우칠 때가 많다. 처음에는 초기 우위를 점한 것처럼 느낄지 몰라도 결국 과도한 경쟁으로 그 이점마저도 상쇄되기 때문이다.

세 번째 실패 양상은 현상을 유지하려는 세력이 불공정한 또는 비시장적nonmarket(시장의 수요와 공급 원리가 작동하지 않는-역주)인 수단을 발휘해 어떠한 통찰을 무너뜨리는 경우다. 아웃박스 메일Outbox Mail이라는 한 야심 찬 스타트업의 여정에 합류하며 나는 이 고통을 몸소 경험했다. 아웃박스 메일은 우편물을 온라인으로 열람할 수 있도록 디지털 형식으로 변환하여 우편배달 서비스를 혁신하고자 했다.

한편 이들의 계획은 규제 장벽에, 특히나 미국 우정공사US Postal Service, USPS의 저항에 부딪혔다. USPS는 서비스 사용자의 허가가 있다 해도 수신자가 우편물을 받기 전에 타인이 중간에서 가로채는 행위는 위조 및 부당 변경 등에 관한 법안에 위배될 수도 있다고 문제를 제기했다.

하지만 진짜 문제는 아웃박스로 인해 사용자들이 광고 우편물을 수신 거부할 수 있다는 데 있었다. 아웃박스는 고객들이 이 기능을 좋아하니 당연히 USPS도 반길 거라고 생각했지만, 당연하다고 여긴 짐작이 틀렸음을 혹독하게 배웠다. USPS는 어떤 상황에서도 광고주들의 우편물이 집집마다 무사히 전달될 것이라는 점을 보장하며 상당한 수익을 거두고 있었다. USPS는 아웃박스를 잠재적 파트너보다는 중요한 수입원을 직접적으로 위협하는 적으로 인식했다. 우정공사가 협력을 거부하는 바람에 아웃박스의 비즈니스 모델은 실행이 불가능해졌고 결국 사업을 접어야 했다.

다만, 통찰에 대한 실패로 내가 가장 자주 목격하는 상황은 결국 창립자들이 변곡점과 관련해 가장 흔하게 저지르는 실수와 똑같다. 바로 구체성이 부족하다는 것이다. 이 지점에서 스트레스 테스트가 도움을 줄 수 있다.

스트레스 테스트를 통해 다음의 사항을 구체적으로 밝힐 수 있다.

- 어떠한 통찰을 갖고 있는지
- 그 통찰로 또 다른 미래가 어떻게 가능할 것인지
- 그 통찰이 힘을 발휘하게 하는 변곡점은 무엇인지
- 통찰이 비주류인 이유는 무엇인지
- 통찰이 옳은 이유는 무엇인지
- 타이밍이 적절한 이유는 무엇인지

■ 통찰 핵심 요약

1. 돌파력을 발휘하는 스타트업 아이디어는 근본적인 통찰이, 비주류이면서도 옳은 통찰이 필요하다. 더 좋은 신상품을 만드는 것으로는 충분하지 않다. 다른 스타트업들과 기존의 기업들이 이미 더욱 새롭고 더욱 나은 상품을 만들고

있을 것이고, 이 치열한 경쟁 속에서 당신이 성장할 기회가 사라지기 때문이다. 향후 사람들이 생각하고 느끼고 행동하는 방식을 어떻게 바꿀지, 그 기회를 옳지만 비주류의 입장에서 접근할 때 위대함으로 향하는 길에 오를 수 있다.

2. 강력한 통찰은 변곡점의 힘을 활용한다. 통찰이 비주류여야 한다고 해서 반대를 위한 반대를 해야 한다는 의미가 아니다. 통찰은 그럴듯한 슬로건이 아니라 변곡점에 기반해야 한다. "하나만 먹을 수는 없을 걸Betcha can't eat just one"이라는 슬로건의 통찰이 레이스Lay's 감자칩에는 통했지만 이는 강력한 변곡점에 기반을 두고 있는 것은 아니었다. 의미 있는 통찰을 발견하는 것과 재치를 발휘하는 것은 다르다. 돌파구를 마련하는 통찰에는 실체가 있어야 한다. 변곡점의 힘을, 즉 급진적인 변화의 동력이 되는 메커니즘을 활용해야 한다.

3. 강력한 통찰은 통념에 반하므로 당신의 의견에 반대하는 이들이 많을 것이다. 지금은 당연하게 여기는 사실들도 과거에는 이단으로 치부됐다. 갈릴레오는 행성이 지구 중심을 돈다는 당시의 통념이었던 지구중심설에 맞서 행성이 태양 중심을 돈다는 코페르니쿠스의 태양중심설을 지지했고, 이로 인해 1633년 로마 가톨릭의 종교재판에 회부되었

다. 그는 "이단 혐의가 강하게 의심된다"는 판결을 받고 주장을 철회할 것을 강요받았다. 그는 남은 생을 가택연금 상태로 보냈다. 그로부터 거의 2세기가 지난 1822년이 되어서야 가톨릭교회는 태양중심설에 관한 갈릴레오의 책들을 공식적으로 금서에서 해제했다.

이그나츠 제멜바이스Ignaz Semmelweis는 손 씻기로 병원 내 발열과 사망을 크게 줄일 수 있다고 주장했다. 그는 의료계로부터 의심과 조롱을 받았다. 그가 직접적으로 물리적인 위협을 받은 일은 없지만 비극적이게도 정신병원에서 생을 마감했다.

찰스 다윈은 자연선택설을 발표하기를 망설였다. 그것이 종교적으로 어떤 의미인지 인지하고 있었고, 창조에 대한 당시의 믿음에 반한다는 것 또한 알고 있었다. 그는 종교계의 반발을 두려워했다. 직업적으로나 사회적으로 동료와 친구, 가족들이 어떤 반응을 보일지 우려했다. 앨프리드 러셀 월리스Alfred Russel Wallace가 자신과 비슷한 생각을 갖고 있다는 사실을 알게 된 다윈은 자연선택설을 발표하기로 결심하고 1859년《종의 기원》을 출간했다. 예상한 대로 이 책은 상당한 논쟁과 논란을 불러일으키며 현대 진화생물학의 토대를 마련했다.

4. 오늘날 우리가 당연하다고 여기는 많은 사실들은 과거 이 단으로 분류된 통찰에서 비롯되었다. 하지만 어떤 분야에 속해 있던 위대한 돌파구를 마련하기 위해서는 통념에서 벗어나야만 한다. 직관에 반하는 행동이고, 우리가 자라면서 배운 것에 반하는 행동이다. 학교에서는 이미 답이 알려진 질문에 알려진 정답을 말할 때 더욱 좋은 점수로 보상받는다. 헬스장에서 더 오랜 시간 운동을 하면 더욱 좋아진 건강으로 보상을 받는다. 우리가 하는 대부분의 일은 무언가를 더욱 많이 생산했을 때 더욱 큰 보상을 받는 구조다. 하지만 돌파구는 기존의 성공 또는 점진적인 성공과는 다르다. 돌파구를 마련하기 위해서는 다르게 생각하고 다르게 행동해야 한다. 앞으로 나올 이야기를 통해 앞서 소개한 트위치의 저스틴 칸과 에밋 시어를 포함해 체그의 오스만 라시드Osman Rashid와 아유시 펌브라Aayush Phumbhra, 리프트의 로건 그린과 존 짐머가 획기적인 비전을 대담하게 지켜왔는지를 살펴보게 될 것이다. 이들 모두 도전과 회의적 시선에, 순응에 대한 압박에 맞섰다.

5. 통찰을 따르는 데는 용기가 필요하다. 돌파력을 지녔다고 여기는 아이디어로 스타트업을 만드는 경우 스트레스 테스트를 거쳤다 해도 자신의 생각이 정말 옳은지, 심지어 비

주류에 속하는 것이 맞는지조차 확신할 수가 없을 때가 있다. 그럼에도 당신의 희생에 보답할 정도로 성장 가능성이 있는 아이디어를 추구하고 싶다면 주류에서 벗어나야 한다. 주류의 아이디어와 돌파력을 발휘하는 결과는 역관계에 있다. 아이디어가 주류에 가까울수록 이미 그 아이디어에 동의하는 사람들이 많을 것이고, 경쟁 상대가 누구일지 아직 모를 뿐 이미 경쟁이 형성되어 있을 가능성이 크다. 대조적으로 최고의 통찰은 독점으로 이어질 가능성이 크다. 최고의 통찰은 통념에 반하는 만큼 초기에는 이를 추구하는 사람이 없기 때문이다.

6. 통찰을 상세하게 분석하며 스트레스 테스트를 진행해야 한다. 그저 다름을 위한 다른 무언가를 제안하기보다는 이런 질문을 해보는 것이다. 현재의 시점에서는 예상하기 어려운 방식으로 달라지는 것은 무엇인가? 이를 최초로 가능하게 할 변곡점은 구체적으로 무엇인가? 주류는 어떤 생각을 하고 나는 이들과 어떻게 다른가? 내가 옳은 이유는 무엇인가? 미래와 관련해 주류는 모르지만 나는 아는 것은 무엇인가? 곧 다가올 미래가 어떠한 이유로 내 통찰이 현실화되기에 적절한 타이밍인가? 그 미래가 아직 펼쳐지지 않은 이유는 무엇인가?

강렬한 통찰을 발견하는 것이야말로 돌파구를 마련하는 창업자들의 교묘한 기교가 발휘되는 지점이다. 새로운 기술이 지니는 의미를 이해하고 급진적 변화를 일으키려면 이 기술들을 어떻게 연결해야 할지 참신한 방법을 찾아내는 데는 창의력이 필요하다.

지금껏 의미 있는 통찰을 찾는 일이 얼마나 중요한지 설명한 바, 자연스럽게 몇 가지 질문이 떠오르기 마련이다.

통찰을 발견하기 위한 최적의 장소는 어디일까? 자신이 정말 무언가를 발견한 것인지를 어떻게 판단할 수 있을까? 이제부터 그 답을 알려주겠다.

제6장

미래에 살다

당신이 다음 통찰을
찾게 될 곳

미래는 이미 와 있다.
단지 고르게 퍼져 있지 않을 뿐이다.

-윌리엄 깁슨, 작가이자
'사이버펑크' 용어 창시자

1992년 겨울, 마크 안드레센은 일리노이대학교University of Illinois 학생으로 교내 전미 슈퍼컴퓨터 응용 연구소National Center for Supercomputing Applications, NCSA에서 최저 임금을 받고 프로그래머로 일하고 있었다. 수입은 많지 않았지만 그는 자신을 둘러싼 차세대 기술 속에서 더욱 중요한 가치를 발견했다. NCSA는 정부 산하에 있는 국립과학재단National Science Foundation, NSF의 풍족한 지원을 받으며 슈퍼컴퓨팅과 고속 네트워킹의 허브 역할을 하고 있었다. NCSA는 인터넷이라는 것에 초기 들불을 지피던 지성들과 기계들의 중요한 교점으로 자리하고 있었다.

안드레센과 동료인 에릭 비나Eric Bina는 기술의 최전선에서 경계를 조금씩 넓혀가고 있었다. 당시 미국 정부는 인터넷을 상업적 용도로 개방하기 시작했다. 팀 버너스 리Tim Berners-Lee는 월드와이드웹을 개발하고 누구나 무료로 사용할 수 있도록 공개했다.

마크와 에릭은 미래에 살고 있었던 것이다.

두 사람은 대부분의 사람들이 상상만 했던 기술에 접근할 수 있었지만 그 기술이 지닌 잠재력을 열어줄 소프트웨어는 원시적인 수준이었다. 무엇이 필요한지 직접 목격한 두 사람은 마땅히 있어야 한다고 생각한 소프트웨어를 직접 만들기로 했다.

당시 주요 기관을 운영하는 책임자들이 이에 무지했더라도 이해할 수는 있다. 이들에게는 훨씬 중요한 문제가 있었다. 바로 디지털 고속도로digital superhighway라는 것을 누가 만들 것인가? 하는 문제였다.

실제로 물리적인 망이 광범위하게 구축된 이동 통신 회사와 케이블 회사가 이를 주도할 것이라 여긴 사람들도 있었다. 기존의 전화선, 케이블을 확장해 새롭게 떠오르는 디지털 수요를 충족시킬 새로운 '파이프'를 제공하리라고 말이다. 또 어떤 이들은 마이크로소프트나 AOL 같은 기술 기업이 선두 주자가 될 것이라 짐작했다. 마이크로소프트는 마이크로소프트 네트워크Microsoft Network, MSN을 구축하고 있었고, AOL의 월드 가든walled garden(담장을 친 정원처럼 특정한 서비스 중심으로 사용을 제한하는 폐쇄적 환경-역주)과 유사한 접근법을 취했다. 마이크로소프트는 자신들의 네트워크 안에서 콘텐츠를 만들고, 선별하고, 통제하려 했다. 소비자 소프트웨어와 PC 시장을 장악한 지배력 덕분에 마이크로소프트는 강력한 후보자처럼 보였다.

또 어떤 이들은 정부가 주도해야 한다고 생각했다. 결국 DARPA*의 비전과 자금, 연구로 인터넷의 기반이 되는 기술과 프로토콜이 이미 구축된 것이나 다름없었으니까. 20세기 후반, 정부가 주간 고속도로를 성공적으로 건설해 미국인들의 삶을 바꿔놓은 일에 빗대어 이해할 수 있었다.

사람들은 초고속 디지털 통신망 구축은 하향식으로 진행되는 프로젝트가 될 것이라 여겼다. 다른 미래에서 온 상향식 접근법의 대안으로 진행될 거라 예상한 사람은 거의 없었다.

당시를 살고 있던 대부분의 사람들은 보지 못했지만 물밑에서 여러 변곡점들이 맞물리고 있었다. 첫 번째 변곡점은 앞에서 언급했듯, 1991년 정부가 인터넷을 상업적 용도로 공개하기로 결정한 일이다. 액세스 포인트Access Point, AP(사용자의 스마트폰, 노트북 등 무선장치가 유선 네트워크에 접근하는 지점 또는 중계 장치의 지점-역주)와 사용자 간 연결이 늘어나고, 디지털 트래픽이 오가는 경로의 용량이 무서운 속도로 확장되었다. 새로운 표준 체계가 정립된 일 역시 또 하나의 변곡점을 이뤘다. 이때

---

*   DARPA는 미국 국방 고등 연구 계획국Defense Advanced Research Projects Agency 로 미국 국방부US Department of Defense 산하의 연구 및 개발을 담당하는 기관 이다.

리소스 위치 식별Uniform Resource Locator, URL, 하이퍼텍스트 전송 프로토콜HyperText Transfer Protocol, HTTP, 하이퍼텍스트 마크업 언어Hyper-Text Markup Language 등이 생겨났다.

컴퓨터실에서 최저 임금을 받던 대학생이 세계 최초로 사용자 친화적 인터넷 브라우저를 개발해 담론을 뒤바꿔놓을 것이라고는 아무도 상상하지 못했다,

하지만 마크와 에릭, 몇몇 동료들은 달랐다. 미래에 살고 있던 이들은 인터넷이 지닌 새로운 기술을, 놀라운 역량을 가능케 하는 기술을 매일 같이 경험하고 있었고, 이 기술과의 상호작용으로 사고하고 느끼고 행동하는 방식이 새롭게 달라지고 있었다. 이들은 말끔하게 정리된 길을 따라 트래픽이 빠른 속도로 오가고 빅 플레이어들이 정해진 출구와 진입로를 통제하는 식의 디지털 고속도로는 적절한 비유가 아니라고 생각했다. 인터넷은 거미줄web에 가까웠다. 예측할 수 없고, 변수가 많으며, 다차원적이고 역동성과 생명력을 지닌 무언가. 엉망인데다 명확히 설명하기 어려우며 끊임없이 확장되는 유기체. 이들은 디지털 고속도로라고 보는 개념이 옳고 그르다는 생각 자체를 하지 않고 있었다. 이들은 자신들이 마주한 문제를 독립적으로 바라보고 있었다. 통념에 반한다는 의미의 반골들이 아니라, 그저 자신들이 제 나름대로 관심을 갖고 해결하고자 하

     제6장 미래에 살다

는 문제를 완전히 다른 관점에서 접근한 것뿐이었다. 남들과 다른 이들의 관점에서 모자이크Mosaic, 즉 일반 대중들도 사용하는 첫 번째 사용자 친화적인 인터넷 브라우저가 탄생했다. 혁명의 시작이었다.

미래의 파도를 타다

모자이크의 사례는 돌파구를 만들어 낸 창립자들에 관련한 한 가지 중요한 사실을 담고 있다. 이들은 거의 항상 미래를 살고 있다. 새로운 능력을 가능케 하는 낯선 기술들과 그리고 마찬가지로 미래에 살고 있는 다른 사람들과 지속적으로 상호작용하며 새로운 방식으로 사고하고 느끼고 행동하는 패턴을 키워가는 사람들이다.

돌파력을 발휘하는 아이디어가 어떻게 탄생하는지 잘못 생각하는 사람들이 많다. '비전'을 가져야 한다고 여기는 것이다. 다른 사람들보다 디욱 성능이 좋은 쌍안경으로 지평선 너머를 더욱 멀리 내다봐야 한다는 식으로 말이다. 또는 아이작 뉴턴이 머리에 떨어지는 사과를 맞고 중력 이론을 떠올렸던 것처럼 어떠한 아이디어가 불현듯 떠오르는 것이라고 말이다.

대부분의 사람들은 돌파력을 발휘하는 통찰은 미래를 더욱 잘 내다보는 아이디어에서 온다고 여긴다. 하지만 내가 경험한 바, 돌파력 있는 통찰을 찾아내는 데 가장 효율적인 접근법은 보다 본능적이다. 돌파력 있는 통찰은 멀찍이 떨어진 곳에서 미래를 바라보는 와중에 번뜩 어떠한 아이디어가 머릿속에 스쳐 지나갈 때 탄생하는 것이 아니라, 그 미래에서 살며 새로운 무언가를 직접 이리저리 만지작거릴 때 탄생한다.

그 이유가 무엇일까?

패턴을 파괴하는 아이디어는 사람들이 생각하고, 느끼고, 행동하는 방식에 급진적인 변화를 불러오는 새로운 무언가를 세상에 소개한다고 앞서 설명했다. 미래를 산다는 것은 현재의 상태를 가능하게 만드는 고정된 전제에서 벗어난다는 의미다. 더불어 강렬한 통찰로 이어질 새로운 전제들을 직접적으로 대면한다는 의미다.

변곡점이 사람들에게 부여할 새로운 힘을 직접 경험해야 한다. 그 무언가를 활용하고, 실험하고, 탐색하며 미래를 살고 있는 또 다른 사람들과도 상호작용하며 현재의 상황을 특징짓는 행동 패턴과는 다른 패턴을 익히기 시작하는 것이다.

이 새로운 패턴들을 통해 현재 사람들의 신념, 욕망, 기대, 야망을 제한하는 틀에서 벗어날 수 있게 된다. 반드시 현재 사람들이 살아가는 방식대로만 살아야 한다는 것은 아니라는 점을 깨닫게 된다. 현재 존재하는 현실 세계가 다양한 방식의 세계 가운데 하나에 불과하다는 사실을 알게 되는 것이다.

미래를 산다는 개념이 무엇인지 또한 이것이 왜 중요한지를 명확히 이해하기 위해 패턴 파괴자로 주목할 만한 또 한 명의 인물이자 이더넷의 공동 발명가인 밥 멧칼프Bob Metcalfe를 소개하고자 한다. 1970년대 밥은 컴퓨팅 역사에서 특별한 위치를 차지하는 제록스 파크Palo Alto Research Center, PARC(팰로앨토 연구 센터)에 속해 있었다. 제록스 파크는 마우스, 윈도윙 인터페이스, 레이저 프린터 등 업계의 판도를 뒤바꾼 기술들의 발상지였고, 이 기술들은 한참 후에야 애플을 포함해 다른 기업들 손에 대중화되었다. 그곳에서 밥은 이더넷을 공동 발명해 고급 제록스 컴퓨터를 쓰는 모든 직원들이 공용 레이저 프린터 한 대를 공유할 수 있도록 했다.

밥은 제록스 파크에서의 경험을 '타임머신' 속에서 사는 것 같았다고 설명했다. 파크에서 쓰는 컴퓨터들은 고가였지만 언젠가 모든 사람들이 이와 비슷한 컴퓨터를 사용하게 되는 날이 올 거라고 그는 확신했다. 연구소에서 컴퓨터들을 네트워크로 연결해 세계 최초의 레이저 프린터 중 하나를 공유하는 기술을 개발한 그는 상호연결성에 대한 자신의 통찰이 언젠가 컴퓨터 사용자 대부분에게 유효해질 것이라는 믿음이 커졌다. 이러한 생각에서 그는 최초의 PC 이더넷Ethernet 기업 중 하나인 쓰리컴3Com을 세웠다.

그의 통찰은 정확했다. 사용이 복잡하지 않고 유연성과 적응성이 뛰어난 이더넷은 로컬과 광역 네트워크를 매끄럽게 통합하는 네트워크의 표준 기술로 자리 잡았다.

마크 안드레센과 밥 멧칼프 모두 앞선 컴퓨팅 기술을 경험하며 어떠한 문제를 발견했고 그에 따른 해결책을 찾았으며, 기술이 점차 발전해 자신들이 미리 경험한 세상이 현실이 될 즈음이면 자신들이 찾아낸 해결책이 대중에게 꼭 필요하게 될 것임을 예측했다. 무엇보다 두 사람 모두 혁신적인 해결책을 개발하기 위해 낡은 관습을 버려야 할 필요가 없었다. 대신 이들은 극소수의 사람들만이 목격한 미래의 세상에 몰입했고 새로운 시야를 얻었다. 새로운 과제들을 직접 경험하며 이들은 자연스럽게 반직관적인 통찰을 얻었다.

마크 안드레센과 멧칼프의 통찰은 넷스케이프Netscape와 쓰리컴의 창립으로 이어졌고, 흥미롭게도 미래를 살고 있을 뿐 기업을 세우겠다는 의도가 없던 두 사람은 자신들의 통찰에서 획기적인 비즈니스 아이디어를 찾아냈다. 에어비앤비와 페이스북은 이들에 비해 훨씬 이후에 벌어진 사례다. 앞서 설명했듯, 에어비앤비는 브라이언 체스키와 조 게비아가 수입을 좀 더 늘려보려 방을 임대했던 일이 시작이었다.

두 사람은 워드프레스로 만든 사이트를 만들어 디자인 콘퍼런스에 참여하는 사람들을 대상으로 자신들이 사는 집을 임대했다. 마크 저커버그는 하버드대 재학 시절 프로젝트 삼아 학생들이 소통하는 공간인 '더페이스북thefacebook'을 만들었다. 이 사례들은 기업을 세우겠다는 야망 없이 시작되었지만 두 창립자 모두 디지털 네이티브라는 뿌리가 이점으로 작용했다. 당시 1981년에서 1996년 사이에 태어난 밀레니얼세대가 대형 기업을 이끄는 사례가 거의 없었다. 대부분이 아직 십대였다. 하지만 1981년생인 체스키와 1984년생인 저커버그는 21세기 초에 한 획을 긋는 기업의 수장 중 하나로 밀레니얼세대의 선두 주자에 서 있었다.

앞서 에어비앤비의 변곡점을 설명하며 밀레니얼세대를 디지털 네이티브로 분류했었다. 이들에게 디지털은 부가적인 무언가가 아니라 일상생활의 일부였다. 이들에게 '컴퓨터'는 보조적인 도구기 이니리 그들의 삶이 뛰이노는 공간이었디. 인터넷을 놀이터 삼아, 스마트폰을 믿을 수 있는 조수로 삼아, 소셜 미디어를 광장으로 삼아 자란 세대였다. 이 물결의 최전선에 있던 저커버그와 체스키는 단순히 전도유망하기만한 테크 리더들이 아니었다. 이들은 디지털 네이티브들의 즉, 새로 등장하는 기술을 소비하는 가장 역동적인 고객층의 선호를 각별히 이해하는 리더들이었다.

또 하나의 중요한 차이는 그들이 다루는 기술은 상품의 사용 방식만이 아니라 상품의 제작 방식을 뒤바꾼다는 점이었다. 2000년 이전만 해도 테크 기업의 엔지니어들은 창의적인 방법을 계속 고심하며 기술의 한계를 넘어서려 애썼다. 컴퓨터와 네트워크가 계속 발전하고는 있었지만 처리 능력, 메모리, 저장 공간, 대역폭의 한계에 발목이 잡혔다. 당시 엔지니어들은 부족한 기술로 고객이 겪어야 하는 부정적인 경험을 최소화하기 위해 창의적인 노력을 기울였다.

2004년, 마크 저커버그가 페이스북을 출시할 즈음에는 그 전까지만 해도 제약으로 작용하던 요인들이 어느새 풍부한 성장 동력으로 달라져 있었다. 브로드밴드가 널리 보급되어 온라인 서비스들이 방대한 사용자층에 도달할 수 있게 되었다. LAMP 스택과 같은 오픈소스 소프트웨어가 필수적인 인프라스트럭처를 무료로 제공해주었다. 스타트업은 더 이상 값비싼 독점 하드웨어와 데이터베이스, 툴을 구매하지 않아도 되었다.

얼마 지나지 않아 아마존 웹 서비스 덕분에 스타트업이 자체적으로 인프라 스트럭처를 유지할 필요조차 없어졌다. 스타트업은 자산의 온라인 서비스를 클라우드에서 운영하고 업데이트할 수 있게 되었고, 각 회사가 관리하는 서버를 업그레이드해야 하는 번거로웠던 기존의 과정을 건너뛸 수 있었다. 덕분에 저커버그를 포함한 창립자들은 실시간 피드백을 바탕으로 서비스를 지속적으로 개선하고, 성장을 목표로 한 공격적인 실험을 감행할 수 있었다. 브라이언 체스키 또한 자신의 성향에 따라 디자인 중심적 사고와 고객 경험에 더욱 치중할 수 있었고, 이에 필요한 기술적 요소들은 전만큼 신경 쓰지 않아도 되었다. 다시 말해 두 창립자들 모두 기술 비즈니스를 어떻게 만들어 가야 하는지 그 전제가 달라지던 바로 그 시점에 기술 비즈니스를 구축하는 새로운 방법을 배웠던 것이다. 새로운 상품 제작 및 유통을 어떻게 접근하고 실행해야 하는지에 관한 새로운 패턴이 등장한 것이다. 브라이언과 마크의 경우 기존의 지식을 버릴 필요 자체가 없었다. 이들이 처음으로 익힌 그리고 유일하게 아는 모델이었고, 미래가 이들에게 건네준 하나의 선물이었다.

돌파력을 발휘하는 스타트업을 만드는 데 가장 큰 어려움은 현재를 사는 사람들이 공유하는 사고 패턴과 여기서 비롯된 한계를 뛰어넘는 것이다. 현재의 사고 패턴 때문에 잠재적 창립자를 포함한 대부분의 사람들은 변곡점과 급진적으로 미래를 변화시킬 가능성을 알아보지 못한다. 미래에 산다면, 당신이 지금 마주하고 있는 새로운 무언가가 향후 사람들에게 어떻게 대단한 변화를 불러올 수 있을지 강렬하고도 반직관적인 통찰을 얻을 수 있는데 이것이 변곡점 이론의 두 번째 필수 요소이다.

미래에는 없는 무언가를 찾다

마크 안드레센과 밥 멧칼프는 자신이 마주한 문제를 해결하는 과정에서 돌파력을 발휘하는 통찰을 찾아냈다. 미래를 살던 이들은 자신이 경험하는 문제의 해법을 만들어 냈다. 자신의 필요에 의해 자신의 손으로 무언가를 만들어 내는 데는 특별한 힘이 있다. 와이 콤비네이터의 공동 창립자인 폴 그레이엄은 멋진 말로 이렇게 표현했다.

"자신이 마주한 문제를 해결하려고 노력하는 것이 왜 그리도 중요할까? 다른 무엇보다도, 어떠한 문제가 실재함을 방증하기 때문이다. 존재하지 않는 문제 말고 실제로 존재하는 문제를 다뤄야 한다는 소리가 너무도 당연한 이야기처럼 들릴 것이다. 그럼에도 스타트업이 범하는 가장 흔한 실수는 누구에게도 문제가 되지 않는 문제를 해결하려 드는 것이다."

이렇게 뻔한 실수를 저지르는 사람들이 왜 그렇게 많은 것일까? 미래를 살며 자신이 경험하는 문제와 사랑에 빠지는 것이 아니라 자신이 만들고 싶은 해결책과 사랑에 빠지기 쉽기 때문이다. "해결책과 사랑에 빠진다"는 말은 창립자나 크리에이터 혹은 팀이 특정 상품이나 서비스, 즉 자신이 만든 '해결책'에 지나치게 매료된 나머지 그것이 고객들이 경험하는 진짜 문제를 해결해 주는지 여부는 정작 생각하지 못하는 위험에 빠진다는 의미다.

그 결과, 기술적으로 뛰어나거나 미적으로 매력적인 상품이지만 중요한 문제는 해결해 주지 못해서 또는 사람들의 삶을 의미 있게 개선하지 못해서 사용자들의 공감을 얻지 못하는 상황이 벌어진다.

성공은 문제와 사랑에 빠질 때 찾아온다. 어떠한 문제를 깊이 이해하고 그 문제에 마음을 쏟을 때 창립자들은 사람들이 간절히 원할 무언가를 만들어 낼 가능성이 커진다. 문제들 가운데서도 더욱 당신의 사랑을 받을 만한 가치가 있는 문제가 있다. 추구할 가치가 가장 높은 문제는 미래에 존재하는 문제다. 패턴을 파괴하는 아이디어는 미래를 이끌 차세대 무언가를 억지로 만들어 내는 게 아니라 다른 사람들보다 앞서 미래의 문제를 진정으로 이해하는 데 가깝다.

하지만 딱 알맞은 시기에 마침 슈퍼 컴퓨터실에 또는 이와 비슷한 타임머신 같은 공간에 머무는 행운을 누리지 못하는 경우라면 어떻게 해야 할까? 당신이 마주한 문제를 해결해 내고 싶다는 욕망은 간절하나 이 욕망을 해소해 줄 통찰은 없다면 어떻게 해야 할까?

좋은 소식은, 미래를 사는 동시에 미래에 무엇이 필요할지를 파악하는 방법이 단 하나만은 아니라는 것이다. 고객에게 클라우드 앱에 대한 통합 액세스를 제공하는 옥타의 사례를 생각해 볼 수 있다.

2009년, 세일즈포스Salesforce의 엔지니어링 총괄이었던 토드 맥키넌은 동료였던 프레데릭 커레스트Frederic Kerrest(프레디Freddy)와 옥타(처음 사명은 새저Saasure였다.)를 설립해 CEO가 되었다.

세일즈포스가 본격적으로 성장하기 시작하던 시기, 그곳에서 맡았던 업무 덕분에 두 사람은 컴퓨팅 혁명의 최전선에 있었다. 때문에 이들은 가장 먼저 클라우드 컴퓨팅을 채택했던 선구적인 고객들이 어떠한 어려움을 겪는지 누구보다 잘 이해했다. 이 고객들과 허물없이 지내며 신뢰 관계를 쌓았던 토드와 프레디는 고객들에게 가장 시급한 문제가 무엇인지 파악할 수 있었다. 두 창립자는 향후 클라우드 기반 서비스가 점차 주류로 자리 잡아갈수록 현재의 선도적인 고객들이 경험하는 문제를 결국 많은 사람들이 겪게 될 거라는 사실을 알고 있었다.

토드 맥키넌의 사례는 앞서 소개한 사례와 한 가지 중요한 차이가 있다. 그의 팀은 미래를 살고 있는 고객들의 문제를 해결했다는 점이다. 클라우드 컴퓨팅 분야의 개척자였던 세일즈포스에서 엔지니어링 부사장이라는 역할 덕분에 토드는 자신의 문제를 직접 해결하는 경우만큼은 아니라도 미래를 향한 독점적인 시각을 얻을 수 있었다. 세일즈포스가 부상하기 전까지만 해도 기업들은 컴퓨터와 데이터 센터를 자체 설비로 운영하는 온 프레미스^{on-premises} 소프트웨어에 주로 의존했다. 이런 현실에서 세일즈포스는 고객을 대신해 클라우드에서 소프트웨어를 관리해주었다. 세일즈포스의 창립자인 마크 베니오프^{Marc Benioff}는 비용 효율성, 확장성, 원격 접근 가능성, 소프트웨어 업데이트 자동화 등 클라우드의 여러 이점을 부각시켰다.

처음 도입되었을 당시 회의적으로 보는 사람들도 있었지만 클라우드 컴퓨팅이 제안하는 가치는 점차 주류의 인정을 받게 되었디. 그렇디면 토드와 프레디가 님달랐던 지점은 무엇이었을까?

세일즈포스에서 고객들을 몸소 경험한 이들은 클라우드 컴퓨팅의 첫 열성 지지자들을 깊이 이해하고 있었다. 가장 먼저 클라우드 컴퓨팅을 경험한 고객들 사이에는 새로운 패턴이 형성되고 있었다. 이들이 또 다른 클라우드 서비스도 빠르게 수용한다는 것이었다. 더불어 이 고객들은 세일즈포스를 넘어 클라우드 컴퓨팅을 널리 사용하며 새로운 문제를 경험하기 시작했다. 사용하는 클라우드 어플리케이션이 점점 늘어났고, 각 어플리케이션마다 별도의 로그인을 따로 설정해야 했다. 이들에게는 하나의 로그인으로 자신이 사용하는 모든 클라우드 어플리케이션에 접근할 해결책이 필요했다.

토드가 자리한 유리한 위치에서는 언젠가 비즈니스 고객들이 세일즈포스나 워크데이Workday만이 아니라 별도의 비밀번호를 입력해야 하는 수백 가지 클라우드 기반 어플리케이션을 사용하게 될 것이라는 사실을 내다볼 수 있었다. 로그인 관리가 큰 골칫거리가 될 터였다. 그는 자신이 교류하던 초기 신봉자들만이 아니라 수많은 고객들이 다수의 클라우드 서비스를 채택하는 미래를 그릴 수 있었다. 여기서 더 나아가 클라우드를 일찍이 도입한 최전선의 고객들이 이미 이 문제를 경험하고 있고, 현재의 도구로는 이를 해결하기에 충분치 않다는 것 또한 알고 있었다.

클라우드 초기 사용자들을 위한 통합 액세스 관리 도구를 만들 수 있는 사람이 있다면 그건 토드와 프레디였다. 이들은 초기 고객과 이들이 겪는 고충을 잘 이해할 뿐 아니라, 고객들에게서 공모자와 같은 존재로 신임을 받고 있었다. 이들은 같은 부족의 일원이었고, 고객들은 토드와 프레디를 잘 알고 있었으며, 두 사람이 세일즈포스에서 어떤 일을 했는지 또한 옥타에서 무엇을 만들고 있는지 알고 있었다. 오늘날 옥타는 6천 곳이 넘는 기업 고객을 보유하고 있으며 플랫폼 사용자는 수억 명에 이른다.

옥타는 미래를 사는 고객들에게 서비스를 제공하는 하나의 사례다. 이 외에도 여러 사례가 있고 특히나 비즈니스 고객을 대상으로 하는 기업들을 여럿 찾아볼 수 있다. 하지만 마크처럼 자신이 마주한 문제를 해결하며 미래를 살거나, 토드처럼 다른 사람들이 어떠한 문제를 겪는지 파악하고 이를 해결할 방법을 찾으며 미래를 사는 경우가 아니라면 어떻게 해야 할까?

자기 자신을 미래로 옮겨다 놓을 수도 있을까? 충분히 가능한 일이다.

제17장

현재에서
벗어나라

흔히 저지르는
실수 피하기

우선 미래를 살고, 그다음에
아직 존재하지 않는 것을 만들어라.

-폴 그레이엄, 와이 콤비네이터 공동 창립자

매디 홀Maddie Hall이 CEO이자 공동 창립자인 바이오테크 스타트업, 리빙 카본Living Carbon은 유전 공학을 이용해 일반 나무보다 성장이 더욱 빠르고 대기 중 탄소를 더욱 많이 흡수하는 '슈퍼 나무supertrees'를 개발했다. 그녀는 또 다른 방식으로 미래를 살았던 것이다.

매디는 클라우드 기반 인사 관리 플랫폼인 실리콘밸리의 제네피츠Zenefits라는 기업에서 프로덕트 매니저로 일했다. 회사를 창업하고 싶었던 그녀는 처음에는 스타트업 아이디어를 고심하며 사업을 구상했다. 하지만 이후 그녀는 대단히 현명한 결정을 한 가지 내렸다. 창업 대신 샘 올트먼Sam Altman과 특별한 프로젝트를 함께하기로 한 깃이다. 와이 콤비네이터가 배출한 첫 기업인 중 하나인 샘은 이후 몇 년간 와이 콤비네이터의 대표직을 역임하기도 했다. 현재 그는 AI 연구를 선도하며 범용 인공지능AGI를 모두에게 이로운 도구로 만들고자 노력하는 오

픈에이아이를 이끌고 있다. 매디가 오픈에이아이에 합류한 데
는 주가 상승 가능성이나 자신이 받게 될 보상 같은 이유 때문
은 아니었다. 샘과 함께 일하며 그녀는 두 가지 중대한 기회를
맞이했다.

첫째로 오픈에이아이에서 일하며 매디는 진화하는 AI 판
세를 독보적인 시각에서 바라볼 수 있었다. GPT-3와 DALL·E
같은 혁신적인 모델이 만들어지는 과정을 직접 목격했다. 오픈
소스 AI 도구를 출시하려는 오픈에이아이의 노력에 더불어 뛰
어난 AI 전문가들로 구성된 팀 덕분에 매디는 AI 발전의 한가
운데 서 있었다. 안전성에 주력하고 AGI를 책임감 있게 배포
하려는 오픈에이아이의 노력은 예술에서 법률, 의학까지 AI 윤
리와 정책에 대한 담론에서 해당 기업이 중요한 역할을 하게
될 것임을 의미하기도 했다. 매디는 이렇듯 중요한 논의에 깊
이 몸담을 수 있는 기회를 얻었다. 영향력 있는 인물들이 모여
드는 오픈에이아이는 다양한 미래의 시나리오에서 알아두면
좋을 인맥을 형성하기 좋은 곳이었다.

둘째로 샘을 곁에서 지켜보는 경험이 매디에게는 무척이
나 값진 배움의 시간이었다. 진보적인 사고로 접근하고 테크
업계에서 가장 뛰어난 인물들과 교류하는 샘과 함께하며 매디
는 미래에 대한 다양한 시각을 배울 수 있었다. 오픈에이아이

의 다양한 이니셔티브를 통해 또한 AI 상용화를 선두에서 이끄는 기업들과 샘이 맺는 관계를 통해 매디는 다양한 기술이 지닌 잠재적인 방향성을 이해할 수 있었다. 이는 분명 미래의 여러 측면을 한눈에 볼 수 있는 특별한 기회였다. 그녀는 또한 샘이 교류하는 테크 업계 인사들 외에도 수많은 비즈니스 리더와 정책 결정자들을 통해 통찰을 얻을 수 있었다.

여러 조건들이 맞물려 하나가 아닌 다양한 미래를 엿볼 기회가 이 정도로 완벽하게 주어지는 상황은 드물 것이다. 샘을 따른 덕분에 매디는 미래를 가장 앞 열에서 지켜볼 수 있었다. 그녀는 각자의 분야에서 미래를 향해 나아가는 뛰어나고도 야심 찬 사람들과 매일 함께했다.

매디는 기후변화에 열정을 갖고 있었고, 그녀가 본 미래의 (중의적인 의미에서) 뿌리는 사실 그녀의 과거에서 비롯된 것이었다. 그녀의 할머니는 식물학자였다. 부친은 기업가였다. 삼촌은 벌목 회사를 운영하고 있었다.

언젠가 마이크로소프트사와의 회의에 참석했던 그녀는 경영진이 탄소 문제를 해결하기 위해 실로 의미 있는 일을 하게 되어 기쁘다고 말하는 것을 들었다. 그녀는 이들이 기후변화 문제를 해결하는 데 상당한 의지를 갖고 있다는 데 주목했다. 마이크로소프트는 2030년까지 탄소 네거티브^{carbon nega-}

tive(이산화탄소 배출량보다 흡수량을 높여 배출량을 0보다 적은 마이너스로 만들겠다는 계획-역주)를 달성해 2050년에는 자사 전체 탄소 배출량보다 더욱 많은 탄소를 제거하겠다는 목표를 세웠다. 탄소 감축 기술의 발전을 위해 10억 달러의 기후혁신펀드Climate Innovation Fund를 조성하기도 했다. 경영진은 종합적인 탄소 보고를 통해 투명성을 지키고 사내 탄소 세금을 도입할 계획이었다.

이에 더해 자사 공급망 아래에 있는 업체들도 탄소 중립 실천에 초점을 맞추고, 클라우드를 사용하는 고객들이 스스로 탄소 배출량을 평가하고 또 줄여나가도록 지속가능성 계산기를 개발 중에 있었다.

샘과의 여정을 함께하며 매디는 이와 비슷한 이야기를 꺼내는 여러 대기업의 경영진들을 점점 더 자주 마주하게 되었다. 그녀는 또한 정책입안자들과 기업들이 기후변화라는 사안에 진정성 있게 임하는 와중에 시장에는 이 문제를 해결할 급진적이고도 새로운 기술이 그리 많지 않다는 사실을 깨달았다.

한 가지 길이 그녀의 눈에 들어왔다. 바로 식물생명공학이었다. 그녀의 눈에 띈 것이 또 있었다. 평생을 식물 연구에 바쳐온 훌륭한 종신 연구원들 다수가 생명공학 분야로 이동할 계획을 갖고 있다는 점이었다.

눈에 보이는 가능성들이 그녀의 호기심을 자극했다. 그녀는 자신의 스타트업에 대한 열정이 이 연구원들의 관심을 끌 수 있을지, 그리하여 자신과 함께 비즈니스를 시작하게 할 수 있을지 궁금해졌다.

하지만 자신이 먼저 배워야 할 게 많다는 사실 또한 알고 있었다. 본인부터 그 미래에 살아야 한다는 것을 말이다. 그녀는 기후변화에 대응해 유전적으로 나무를 변형시키는 새로운 기술을 찾고자 연구 프로젝트 공부에 강박적으로 매달렸다. 이 과정에서 식물학자이자 고생물학자인 패트릭 멜러Patrick Mellor를 알게 되었고 후에 그는 공동 창립자이자 최고기술책임자가 되었다.

매디는 해당 미래에서 독자적인 위치를 차지하고 있었고 덕분에 가장 먼저 기회를 포착한 사람 중 한 명이 될 수 있었다. 그녀와 패트릭은 여러 종의 나무를 대상으로 실험실 및 현장 연구를 지원하는 회사를 설립했다. 덕분에 분야에서 가장 뛰어난 과학, 기술 인재들을 수월하게 섭외할 수 있었다.

매디는 강력한 변곡점 두 가시를 알아봤나. 첫 번쌔 번곡점은 나무를 더욱 빨리 자라게 하고 대기 중 탄소 흡수량을 늘리도록 유전적으로 변형하는 기술과 관련한 최신 연구였다. 두 번째는 임계점을 맞아 미국 기업들 사이에 예산 일부를 기후변

화 대응에 배정할 의지가 생겨났다는 것이었다. 이러한 변곡점
들의 힘을 활용한 리빙 카본은 현재 대기 중 탄소를 제거하는
방식과 그 속도를 급진적으로 변화시키고 있다.

■ 필요해질 것 같지만 아직 존재하지 않는 것을 찾아라

매디가 스타트업 아이디어를 발전시켜 나간 방식은 일반
적인 방식과 달랐다. 고객의 고충과 시장의 틈새를 찾아 하향
식으로 시장을 분석하거나, 여러 고객을 대상으로 인터뷰하며
니즈를 파악하고 스타트업 아이디어를 떠올리는 방식이 아니
었다.

고객과의 직접적인 교류와 꼼꼼한 시장 분석은 성공의 가
장 중요한 요소다. 하지만 매디는 또 한 가지 고려해야 할 중요
한 요소를 이해하고 있었다. 그녀는 현재에서 벗어나야 한다고
생각했다. 샘 올트먼과 함께하는 것이 그녀가 현재를 벗어나는
방법이었다. 그 결과, 그녀는 자신이 진정성을 다할 수 있는 미
래로 갈 수 있었다. 그녀는 그 미래에 베팅을 했고, 그 과정에
서 얻은 통찰이 리빙 카본으로 이어졌다.

대부분의 사람들은 현실에 살지만 모든 사람들이 그런 것

은 아니다. 물론 현재를 살면서도 돌파력을 발휘하는 통찰을 떠올릴 수는 있지만 그럴 가능성은 현저히 낮다. 내가 함께 하는 창립자들이 그렇듯, 당신 또한 가급적 성공 가능성을 높이고 싶을 것이다!

현재가 아니라 미래를 산다는 것이 구체적인 개념이라기보다는 말장난처럼 느껴지는 사람도 있을 것이다. 사실 스타트업을 시작한다는 것 자체가 사실상 미래를 살고자 하는 시도나 다름없지 않은가? 스타트업 창립자는 결국 또 다른 내일을 그리는 사람들이니까. 그렇게 생각할 수 있고 나 또한 왜 이렇게 생각하는지 이해는 간다. 잠깐만 내 이야기를 더 들어보길 바란다. 놓치기 쉬운 중요한 뉘앙스 차이가 있기 때문이다. 현재에 사는 것과 미래에 사는 것이 어떻게 다른지 조금 더 자세히 살펴보겠다.

대부분의 창립자들은 스타트업을 시작하는 단계에서 본인이 어디에 '살지' 결정을 내린다는 사실조차 깨닫지 못한다. 미래가 현재의 연속선상에 있고, 패턴과 규칙이 현재와 비슷할 것이라는 전제하에 스타트업을 세워야 할까? 아니면 현재의 규범과 전제가 완전히 바뀐, 현재와는 급격히 단절된 미래를 그리며 비즈니스를 만들어야 할까?

현재의 연장선에 있는 미래를 위해 상품을 만든다면 이들은 현재를 사는 사람들이고, 타인이 정립한 오늘의 사고방식과 감정, 행동 양식을 기반으로 하는 것이다. 이들은 더욱 나은 미래를 만들고 현재를 개선하는 버전을 만드는 데 초점을 맞추는 것이다.

물론 현재를 사는 방향으로 마음이 기울기 쉽다. 성공으로 향하는 길이 더욱 또렷하고 명확하게 보이기 때문이다. 공동 창립자들, 투자자들, 조언자들이 당신의 아이디어에 이의를 제기할 가능성도 적다.

하지만 이러한 명료함과 편안함에는 함정이 숨어 있다. 기존의 규칙을 따른다면 압도적인 영향력을 발휘할 당신의 잠재력이 제한될 수밖에 없기 때문이다.

패턴 파괴자들은 미래를 위해 지금 우리가 아는 것과는 다른 무언가를 만들고자 한다. 이들은 미래를 사는 사람들이다. 이미 존재하는 것을 개선하는 길을 거부한다. 이들은 급진적으로 달라진 미래 창조에 초점을 맞추고, 패턴을 파괴하는 해결책으로 이어질 변곡점과 통찰을 찾는 데 전력을 다한다.

미래를 산다는 것은 누구나 할 수 있는 것이 아니다. 그 길을 택할 만큼 내적 확신을 지닌 사람은 극소수에 불과하다. 지침이 되어 줄 명확한 지도도 없이 길을 직접 만들어 나가야 하기 때문이다. 하지만 미리 정해진 이정표와 경계가 없다는 바로 그 지점에서 굉장한 잠재력이 탄생할 수 있다. 다른 사람들이 만든 경계에 갇히는 대신 스스로 새로운 경계를 만들어 갈 자유를 얻게 된다.

현재가 아닌 미래를 살 것인지 그 결정은 올바른 마인드셋에서 시작되지만, 어떠한 변화를 만들어 낼 기술 변곡점을 몸소 경험하며 미래로 향하기도 한다. 기술 변곡점에 깊이 몰입할 때, 그리고 지평선 너머의 같은 지점을 함께 바라보는 동료들과 팀을 이룰 때 다가올 변화로 새로이 달라질 사고와 감정, 행동의 패턴을 포착하는 능력이 커진다.

앞서 설명했듯, 인터넷이 상업적으로 활용되기 시작할 당시 현재에 사는 사람들은 통신 및 케이블 회사나 대형 테크 기업들, 주 정부 등 기존의 세력들이 디지털 고속도로를 만들고 규칙을 정할 것이라 믿었다. 현재의 세계에 속한 사람들은 지금의 패턴이 그대로 이어져 내일의 세계가 펼쳐질 것이라 여겼다. 예컨대 마이크로소프트는 AOL보다 더욱 견고한 월드 가든을 만들고 자사의 윈도 운영체제와 긴밀하게 연계시켜야 한다고 판단했다. 윈도 사용자늘의 니즈에 귀를 기울인 경영진의 결정이었다. 그럴 만했다. 마이크로소프트는 이 사용자들이 경험하는 문제를 가장 해결하고 싶어 했으니까.

반면 미래를 살고 있던 모자이크 팀은 강력한 컴퓨팅과 그래픽 기능을 갖춘 첨단 하드웨어를 이용해 소프트웨어를 개발했고, 새로 출시된 월드와이드웹 프로토콜을 활용했다. 이렇게 앞선 기능을 경험해 본 사람은 극소수였고, 이 기능들을 이용해 완전히 새로운 무언가를 만들어 낼 수 있는 사람은 더욱 드물었다.

모자이크 팀은 새로운 기능들이 지닌 잠재력을 전부 활용해 보려 했고, 그 과정에서 몸소 난관에 부딪히며 무엇이 필요한지를, 무엇을 만들어야 하는지 깨달았다. 이들은 마찬가지로 미래를 살며 미지의 세계를 탐험하던 초기 인터넷 유저들에게서 피드백을 받았다. 그 결과, 현재를 사는 사람들이 선호하는 월드 가든과는 완전히 다른 해결책을 만들어 냈다. 이들은 하향식 사고에 갇혀 문제에 접근해서는 안 되며, 거미줄에 가까운 무언가가 해결책이 될 것이라고 믿었다.

현재를 산다는 것과 미래를 산다는 것의 차이는 출발점만으로도 쉽게 설명할 수 있다. 현재를 살 때면 현재에서 출발해 이를 근거로 미래를 예측한다. 반면 미래를 살겠다는 데서 출발한다면 현재를 근거로 미래를 내다보는 방식을 택할 수가 없다. 미래에 사는 사람들은 더욱 좋은 관측 지점을, 더욱 앞서 통찰을 발전시킬 기회를 얻는다. 현재에 사는 사람들은 따라가기에 바쁠 뿐이다. 이들은 현재의 문제를 다루는 해결책을 만

든다. 그렇게 성공적인 기업을 만들 수는 있어도 현재의 연장
선일 뿐이고, 현 상태를 점진적으로 개선하는 정도의 변화만이
가능할 뿐이다.

미래를 산다는 것은 말처럼 쉬운 일이 아니다. 하지만 피
터와 나는 미래를 사는 것이 가장 큰 영향력의 통찰을 얻는 가
장 효과적인 방법이라고 믿는다.

무언가를 보고 사람들의 삶의 방식을 급진적으로 바꿀 잠
재력이 있는지 판단하기란 대단히 어려운 일이다. 사람들에게
새로운 능력을 부여할 힘이 있는지 알아보는 가장 좋은 방법은
직접 그 잠재력을 경험하는 것이다. 대부분의 사람들은 기존의
사고방식에 갇혀 새로운 기술이 지닌 잠재력을 알아보지 못한
다. 이미 굳어진 삶의 방식이 상상력을 제한한다. 현재의 상태
가 당연하다는 생각에 갇혀 달리 어떻게 될 수 있는지를 이해
하지 못한다. 역설적이게도 이러한 제한적인 믿음은 스스로가
만들어 낸 것이다. 자기 자신을 가로막아 미래에 대한 통찰을
얻지 못하는 것이다.

한편 패턴을 깨는 창립자들은 관습에서 탈피한다. 이들은
사람들 대부분이 보지 못하는 현재의 한계가 사라진 세상을 볼
수 있다. 한계에서 자유로워진 이들은 새로운 기술이 어떠한
변화를 불러올지 그 잠재력을 이해할 수 있다. 바로 이 지점에

서 무엇이 어떻게 달라질 수 있는지에 대한 통찰을 얻게 된다.

현재에 산다 해도 곳곳에 변곡점들이 분명 존재한다는 막연하고도 일반적인 인식은 가질 수 있다. 하지만 그 변곡점들이 정확히 어디에 자리하고 있고 어떤 기술이 사람들에게 능력을 부여할지는 알 수가 없다.

한편 미래를 산다면 변곡점이 어디에 있는지 또한 사람들에게 능력을 주는 새로운 기술이 무엇인지를 구체적으로 파악할 수 있다. 다른 사람들보다 변곡점을 더욱 빨리 접하고, 새로운 기술이 무엇인지 또한 그것이 사람들에게 어떠한 역량을 부여하는지 생생하게 경험할 수 있다. 그 후에는 새로운 역량의 한계를 탐험할 수 있고, 새로운 기술이 사람들에게 실제로 어떠한 도움을 줄 수 있는지, 어떠한 한계를 극복해야 더욱 유용해질 수 있는지 더욱 실질적이고도 깊이 있게 이해할 수 있게 된다.

미래를 살아야 미래에 무엇이 부족한지 또한 파악할 수 있다. 마찬가지로 미래를 사는 사람들과 함께하며 새로운 기술의 힘을 탐험할 때, 해당 기술 사용 시 어떠한 문제가 있는지를 경험할 때, 이런 생각이 드는 것이다.

'이 문제를 해결해 줄 무언가가 있다면 좋을 텐데.'

당신이 살고 있는 미래에 부족한 것이 바로 그것이다. 모자이크 팀은 미래를 살며 그 미래에서 마주한 문제를 해결할 방법을 찾고 있었고, 그렇게 혁신을 이뤄내 인터넷이 자신들과 함께 일하는 동료들, 결과적으로는 전 인류에게 유용하게 쓰일 방법을 찾아냈다.

선택받은 창립자들은 미래를 살고 있다. 어쩌면 이들은 유일하게 그 미래에서 장애물을 발견할 사람들이다. 때문에 이들은 기존의 해결책을 활용하지 못하는 처지에 놓일 때가 많다. 마크 안드레센과 모자이크 팀이 그랬듯, 스스로 참신한 해결책을 고안해 내야만 한다.

낯선 것에 익숙해질 때 다른 모든 이들이 놓치는 변혁적 잠재력을, 우리 안에 불균형하게 퍼진 미래의 조각들을 볼 수 있다. 현재의 세상이 반드시 지금과 같을 필요가 없다는 것 또한 깨닫게 된다. 이렇게 달라질 수도 있는 세상만이 아니라 이렇게 달라져야만 하는 세상을 보게 된다.

벤처 투자자 다수는 특정 분야의 전문가에게 투자하고 싶어 한다. 더욱 구체적으로 말하자면 창립자는 무엇이 의미 있는 미래인지 잘 아는 전분가가 되어야 한다. 미래라는 토끼 굴로 깊이 파고들어 그곳을 경험하고 그곳에 있는 사물, 사람과 교류해야 가능한 일이다.

미래를 살기로 선택하는 사람이 적은 만큼, 새로운 기술로 규칙을 바꿀 수 있는 기회를 알아보는 사람도 적다. 미래 지향적인 관점은 더욱 선명해진 지각과 최소한의 방해라는 두 가지 이점을 제공한다. 새로 등장하는 기술을 탐험할 자유를 깊이 누릴 때 그리고 그 과정에서 기술을 직접적으로 경험하며 자신만의 뚜렷한 시각을 만들어 나갈 때 명료함이 찾아온다. 이에 더해 미래를 내다보는 시각을 지닌 다른 사람들과 함께한다면, 미래를 경험하는 또 다른 이들 곁에서 당신이 얻는 배움의 질이 높아진다. 이러한 경험을 통해 미래와 새로운 기술에 대한 이해가 깊어질 뿐만이 아니라 현재의 사고방식에 사로잡힌 다수로부터, 만연한 회의주의로부터, 새로운 기술이나 아이디어는 부적절하다며 실패할 거라고 여기는 사람들로부터 스스로를 지킬 수 있다. 이렇게 관찰력을 예리하게 다듬어 나가다 보면 다른 사람들은 한참 후에야 발견할 근본적인 통찰을 앞서 발견할 수 있다.

레딧Reddit과 같이 인터넷의 특정 플랫폼에서 특정 유형의 사람들과 어울리며 미래를 사는 것 또한 가능하다. 스트라이프Stripe(핀테크 기업-역주)의 공동 창립자이자 CEO인 패트릭 콜리슨Patrick Collison은 이렇게 말했다. "인터넷을 통해 당신이 관심 있는 대상에 뛰어난 실력과 지식을 갖춘 사람들을 사귀어라. 이전 세대와 비교해 당신이 누릴 수 있는 가장 큰 이점 중 하나가 바로 인터넷이다. 인터넷을 활용하라."

레딧은 미래 지향적인 스타트업 아이디어를 탐색하는 많은 창립자들에게 안식처와도 같은 플랫폼이다. 기술부터 지속 가능성까지 다양한 관심사를 아우르는 수많은 '서브레딧subreddits' 덕분에 활발하고도 깊이 있는 토론의 장이 형성되어 있다. 레딧 사용자들 중 초기 사용자와 테크 애호가들은 상대적으로 익명성이 보장된다는 플랫폼의 특성에 힘입어 자유롭게 통찰을 공유한다. 이 글로벌 커뮤니티는 공동의 브레인스토밍, 현실적인 피드백이 오가는 장이자 새로운 트렌드가 박동하는 공간이다. 인맥을 쌓고 사람을 사귈 기회도 있고 값진 교훈을 얻을 수 있는 스타트업 성공 및 시행착오의 사례 또한 가득하다. 레딧은 혁신적인 아이디어를 마음껏 시험해 볼 수 있는 이상적인 공간이다.

X/트위터 또한 미래 지향적인 비즈니스 영감과 협업으로 활력 넘치는 허브다. 다양한 전문가와 실시간 트렌드를 접할 수 있는 이 플랫폼에서 사용자들은 깊이 있는 대화에 참여하며 독특한 관점을 경험할 수 있고, 전 세계 사람들과 새로운 관계를 맺을 수 있다. 업계의 리더들과 직접적으로 상호작용을 하고, 큐레이션된 콘텐츠 목록을 제공받고, 즉각적인 피드백과 그에 따른 개선을 확인할 수 있는 이 플랫폼은 당신이 가장 관

심을 가진 분야에 따라 아이디어를 떠올리고 다듬는 데 도움을 준다. 또한 미래 거주민들future-dwellers은 해커뉴스Hacker News와 프로덕트 헌트Product Hunt 등 온라인 포럼에서 자신과 같은 시간 여행자들, 잠재적인 공모자들을 만나기도 한다.

현재의 패턴을 망설임 없이 깨트리는 사람들의 특징은 무엇일까? 이들은 관습에서 벗어나 사고하고, 느끼고, 행동했다. 이러한 사고 및 행동 방식 덕분에 미래를 더욱 친근하고 편안하게 느낄 수 있다.

샘 올트먼이 좋은 사례다. 샘처럼 이들은 미적으로 더욱 나은 미래를 만들고자 변화를 꿈꾸는 사람들이자, 변화를 일으킨다는 그 자체에 열정과 동기를 느끼고 동력을 얻는 사람들이다. 대다수의 사업가들처럼 계산적이지 않고, 어디에서 가장 큰 수익을 얻을 수 있을지, 새로운 트렌드를 어떻게 활용해야 돈을 가장 많이 벌 수 있을지가 주된 동기가 아닌 경우가 많다.

이들은 아이디어 자체에 더 관심이 많다. 그 이유는 뭘까? 계산적인 사고방식이야말로 이들이 벗어나고자 노력하는, 평범한 현재 세계의 특징이기 때문이다. 계산적인 사고방식은 아이디어를 탐험하는 즐거움을 앗아간다. 이들은 상대를 볼 때 자신이 관심을 가진 아이디어를 풍성하게 해줄 수 있는 사람인지에 더욱 관심을 둔다.

이들은 자신이 머물고 있는 미래를 직접 만들어 가는 사람들이자 그 미래를 열정적으로 응원하는 지지자들이다. 여행객도 구경꾼도 아니다. 이들은 새로운 기술과 교류하고자 하고, 그 새로운 기술이 만들어 낼 미래에 머물고자 한다. 그 미래를 멀찍이서 지켜보다 훗날 미래를 향한 길이 등장했을 때 그에 편승해 재정적인 이익만 취하고자 하지 않는다.

기술은 꿈꾸는 자들과 탐욕스러운 자들을 모두 세상에 드러낸다. 단시간에 큰돈을 벌고자 하는 사람들을 더욱 사로잡는 미래도 있다. 암호 화폐 분야가 그런 사람들이 모이는 주요 무대였다. 무언가를 만들어 내기보다는 이를 이용해 돈을 벌어보려는 사람들이 지나치게 많이 모여들었다. 암호화폐 공개(ICOs, 블록체인 기술을 기반으로 새로운 암호화폐를 만들기 위해 불특정 다수의 투자자들로부터 초기 개발 자금을 모금하는 과정을 말한다-역주)로 창립자들은 자신이 내세운 영향력 있는 혁신을 실제로 이루지 않고도 부를 달성할 수 있고, 이로 인해 애꿎은 투자자들이 큰 피해를 떠안는 일이 많았다.

암호화폐 분야는 인위적인 시세 조종 기법을 쓰는 꾼들, 신뢰할 수 없는 거래소들, 유명 인사들을 포함해 온갖 장사치들이 들끓는 곳이다. 그럼에도 나는 암호 화폐와 그 네트워크의 잠재력은 여전히 낙관적으로 보고 있다. 다만 미래를 위해 무언가를 만들고자 하는 사람들과 단기간 큰돈을 벌고자 하는 사람들을 구분하기 위해 면밀히 살펴보기는 한다.

■ 준비된 마음

루이 파스퇴르Louis Pasteur는 "기회는 준비된 사람에게 온다"는 유명한 말을 남겼다. 파스퇴르는 백신을 개발하고 미생물 발효의 원리와 저온 살균법을 발견하는 등 미생물학 분야에 크게 공헌한 인물이다. 그가 한 일은 준비, 관찰, 분석까지 상당히 세심한 주의를 기울여야 하는 작업이었고, 그는 성실하고도 신중한 태도로 임했다.

파스퇴르가 남긴 말은 예상치 못한 발견이나 우연으로 과학적 발견이 이루어질 때가 많지만 이러한 예상 밖의 발견을 알아보고 이해하는 능력은 결국 철저히 준비된 정신, 필요한 지식을 착실히 쌓아온 정신에서 비롯된다는 그의 믿음을 담고 있다. 우연한 사건만으로는 돌파구로 이어지지 않는다. 지금 무엇을 목격하고 있는지, 이를 어떻게 적용할 수 있을지를 알려면 잘 훈련된 정신이 필요하다.

훈련된 정신이란 파스퇴르에게는 과학적 원리를 깊이 있

게 이해하고, 실험을 신중하게 준비하며, 예상치 못한 결과를 이해하고 받아들일 수 있도록 호기심과 열린 태도로 접근하는 것을 의미했다. 그의 믿음은 과학을 넘어 비즈니스와 예술에 이르기까지, 잘 준비된 정신으로 자칫 놓치기 쉬운 기회를 알아보고 활용할 가능성이 커지는 모든 분야에 적용될 수 있다.

우연한 사건을 마주할 마음의 준비를 해야 한다는 이야기가 직관에 반할 뿐 아니라 불안하게까지 느껴질 수도 있다. 그 여정이 우회적이고 다음 걸음은 불분명하기 때문이다. 스타트업 성공에 이르기까지 직접적인 경로를 그리고자 하는 사람들은 주어진 질문에 답하는 학생처럼 스타트업을 대한다. 이들은 지금껏 문제를 대해온 것처럼 익숙한 사고 패턴에 빠지고 그 결과 주류의 생각에 부합하는 익숙한 아이디어를 떠올린다.

미래를 산다는 것은 미래의 불확실성을 받아들이고, 특정 유형의 기술은 물론 특정 유형의 사람들과 함께한다는 의미다. 당신이 어떤 일을 할 것이고 또 누구와 시간을 보내기로 결정했는지가 여러 면에서 당신이라는 사람을 규정한다. 여기에는 내가가 따르기도 한다. 미래를 사는 사람들과 이울리고 세로운 기술과 교류를 하는 대가로 더 높은 연봉을 포기하거나 뻔한 친구들 및 사업상 인맥들을 빌어 영향력을 행사할 위치에 오를 기회를 잃게 될 수도 있다.

현재에서 벗어나기 핵심 요약

1. 스타트업을 생각하지 마라. 스타트업을 떠올리기 시작하면 현재를 사는 사람들이 공유하는 기존의 사고 패턴과 한계에 갇히기 쉽다. 이러한 사고 패턴은 변곡점이 불러올 강력한 가능성을 직접 경험하는 데 방해가 될 수 있다. 변곡점이 불러오는 가능성과 교류할 때 돌파력을 발휘하는 아이디어로 이어지는 통찰을 얻을 수 있고, 이러한 통찰이야말로 급진적으로 달라진 미래를 창조하는 힘을 지니고 있다. 당신의 조언자들과 당신의 직관은 스타트업부터 구상하는 것이 돌파구를 마련할 최단 경로라고 말할지도 모른다. 하지만 우리는 다르게 생각한다. 돌파력을 발휘하는 통찰을 얻는 최상의 길은 미래를 살고 그 미래에 무엇이 부재한지를 알아차리는 데서 찾을 수 있다.

2. 미래를 살 때 당신은 돌파력을 발휘할 아이디어를 얻을 가능성을 자신에게 가장 유리한 방향으로 높일 수 있다. 최첨단 신기술과 직접적으로 교류하고, 이 기술이 지닌 잠재력을 어떻게 일깨워야 급진적으로 달라진 미래를 만들어 나갈 수 있을지 고민할 때 바로 미래를 산다고 할 수 있다. 미래를 살다 보면 그 기술을 최대한 활용하지 못하게 가로막

는 문제들을 경험하는데, 이 과정에서 우리에게 필요하고 가장 중요한 것이 무엇인지 직관을 얻게 된다. 이 직관이 당신을 강력하면서도 비주류적인 통찰로 이끌 가능성이 크다.

3. 미래를 사는 방법은 다양하다. 어떻게 미래에 도달할 수 있을지 창의적으로 접근해야 한다. 길은 다양하다. 미래를 살아야겠다는 생각을 의도적으로 하지 않는다면 굉장한 기회를 놓치는 셈이다.

4. 어떻게 행동하느냐에 따라 돌파력을 발휘하는 통찰을 찾을 가능성이 높아진다. 주변 세상을 더욱 면밀하게 살피고, 대부분의 사람들은 굳이 생각하지 않는 패턴이나 연결 고리를 찾고자 노력하며 관찰력을 예리하게 벼릴 수 있다. 한결같이 꾸준하게 다양한 주제의 글을 읽고, 새로운 기술을 배우고, 다양한 출처를 통해 정보를 접하며 창의적 사고를 자극할 수 있다. 놀이와 실험을 통해 새로운 아이디어, 소재, 기법을 깊이 있게 배울 수 있고, 이 과정에서 획기적인 발견에 이를 수 있다. 또한 자신의 징서직, 개인적 경험에 세심한 주의를 기울이며 자신의 감정을 반추할 때 영감을 얻을 수 있다.

미래를 살 때 마음을 준비시킬 수 있다. 마음이 준비되었을 때 변곡점을 더욱 잘 포착하고 이 변곡점이 불러올 심오한 변화가 무엇일지 파악하는 통찰을 기를 수 있다. 미래를 살아야 주류의 덫에서 벗어날 수 있는 이유도 이 때문이다. 결국 당신은 비주류인 동시에 옳아야 한다. 그렇다면 자신이 현재 비주류이면서도 옳은지 어떻게 확신할 수 있을까? 이제부터 다룰 이야기가 바로 그것이다.

이제 패턴 파괴적 아이디어에서 한 걸음 더 나아가
이 아이디어를 현실에서 성공시키기 위한
패턴 파괴적 행동에 대해 알아보자.

제2부

패턴을
파괴하는 액션

돌파구를 현실로 만드는 색다른 전술들

제8장

루비콘 강을 건너기 전에

시제품
스트레스 테스트

우리는 가능한 한 빨리

우리가 틀렸다는 사실을 입증하려 한다.

그것이 진보로 향하는 유일한 길이기 때문이다.

-리처드 파인만Richard Feynman, 이론 물리학자

지금까지의 여정을 정리해 보겠다. 돌파력을 발휘하는 아이디어는 진정성 있는 태도로 미래를 살고 대부분의 사람들보다 그 미래를 훨씬 깊이 있게 이해할 때, 미래에서 마주하는 강력한 변곡점들을 포착할 때, 언젠가 사람들이 생각하고, 느끼고, 행동하는 방식을 급진적으로 변화시킬 힘을 지닌 반직관적인 통찰을 발견할 때 얻을 수 있다. 대단히 뛰어난 재능을 지닌 스타트업 창립자들도 있지만 재능만큼 기회도 중요하다. 미래를 만들 잠재력을 지닌 중요한 변곡점에서 비롯된 심오한 통찰이야말로 위대함으로 향하는 출발점이다.

가슴 뛰게 하는 스타트업 아이디어가 떠오르면 곧장 최소 기능 제품부터 개발하고 싶다는 마음이 들기 쉽다. 하지만 그 아이디어가 진정으로 강력한 변곡점과 미래에 대한 강렬한 통찰을 내포하고 있는지 여부를 알기 위해 스트레스 테스트부터 하지 않는다면, 설령 스타트업을 잘 운영한다고 해도 대단한 성공으로 이어질 가능성은 낮아진다. 급진적인 변화를 일으키고 경쟁 시장에서 벗어나는 데 필요한 근본적인 힘이 없다면 현 상황을 점진적으로 개선하는 데 초점이 맞춰진, 성장 가능성이 제한된 아이디어일 위험이 크다. 이때 수학자들이 '극댓값local maximum'이라고 하는 지점에 도달하는 결과로 이어질 수 있다.

극댓값이라는 개념은 이렇게 이해할 수 있다. 하이킹을 하러 나가 근방에서 가장 높은 산에 오르기로 결심했다고 생각해 보자. 가장 높은 봉우리가 어디인지 파악하고, 정상까지 경로를 가늠하고, 등반 준비를 한 뒤 각고의 노력 끝에 다행스럽게도 정상에 이르렀다. 다만 정상에 올라 저 멀리까지 볼 수 있게 되자 저 너머에 더욱 높은 봉우리가 있다는 사실을 깨닫게 된다. 당신이 방금 오른 봉우리는 이 근방에서는 가장 높기는 하지만, 조금 전에는 시야가 제한되어 있었고, 자신이 어디까지 도전해 볼 수 있을지 믿음이 제한되어 있었다. 저 멀리 보이는 더 높은 산에 오르고 싶지만 이미 이 봉우리에 갇힌 셈이다.

눈앞에 보이는 정상 너머 더욱 높이 솟아 있는 산을 향해 길을 찾아가는 과정이 벅차게 느껴질 수 있다. 저 높은 산들이 선명하게 보이지 않거나 정말 존재하는 게 맞는지 확신할 수 없을 때는 더욱 그렇다. 하지만 올바른 마인드셋과 도구, 행동

전략을 갖춘다면 극댓값을 넘어설 수 있다. 변곡점과 통찰에 스트레스 테스트를 실행해 당신의 통찰이 미래 지향적인지를 확인한다면 돌파구를 마련할 가능성을 크게 높일 수 있다.

제2장에서 소개한 변곡점 스트레스 테스트는 외부 요인에 초점이 맞춰져 있다. 거대한 변화를 불러올 외부 사건의 힘을 활용하고 있는지 점검하는 것이다. 모든 조건이 같다면 마땅히 활용할 수 있는 가장 강력한 변곡점을 찾아야 할 것이다. 서로 맞물려 더욱 큰 시너지를 낼 수 있는 변곡점 여러 개를 찾아낼 수 있다면 더욱 좋을 것이다.

제5장에서 소개한 통찰 스트레스 테스트는 진정으로 참신하고 놀라운 무언가를 발견했는지에 초점을 맞춘다. 잠재적인 돌파구로 이어질 강력한 변곡점을 활용하는 과정에서 당신이 비주류인 동시에 옳은 위치에 서 있는지를 점검하는 것이다.

변곡점과 통찰을 효과적으로 활용하면 두 요소가 각각의 힘을 발휘할 뿐 아니라 서로의 영향력을 증폭시킨다. 강력한 변곡점은 사람들을 만족시킬 만한 새로운 능력을 부여하고, 이를 통해 당신의 아이디어는 큰 힘을 발휘한다. 근본적인 통찰로 당신의 아이디어는 특별해지고, 경쟁의 덫에서 벗어날 수 있게 된다. 패턴을 파괴하는 스타트업을 만들려면 사람들에게 대단한 능력을 부여하는 동시에 독보적으로 돋보이는 아이디어에서 출발하는 것이 가장 좋다.

스트레스 테스트로 변곡점과 통찰을 검증하는 일은 스타트업을 활주로에 올려놓는 것과 같다. 아직 이륙 허가가 난 것은 아니다. 추가적인 스트레스 테스트, 즉 구현 스트레스 테스트를 거쳐야 한다.

당신의 아이디어가 강력한 변곡점을 포함하고 당신에게 특별한 통찰이 있다면 제대로 잘하고 있는 것이다. 하지만 패턴을 파괴하고 또 향후 사람들이 사고하고 느끼고 행동하는 방식을 변화시키는 상품을 만들고자 한다면, 특정 해결책을 간절히 바라는 특정한 사람들을 찾아내야 한다. 이 지점에서 초기 사용자 집단의 마음을 강력하게 사로잡을 시제품을 제작하는 구현 스트레스 테스트가 도움을 준다. 올바른 사람들을 대상으로 올바른 방식으로 구현된 시제품을 보여준다면 이들은 실제 버전을 사용하고 싶어 안달이 날 것이다.

아이디어를 구현한 시제품

구현 시제품: 특정 기능을 강조한 상품으로 잠재적인 초기 지지자들과의 접점을 만들고 다음의 두 가지를 파악하는 용도

이다.

- 가장 중요한 혜택은 무엇인가?
- 가장 간절한 고객은 누구인가?

대학생을 위한 거래 사이트 기업인 체그의 시제품, 텍스트북플릭스Textbookflix가 좋은 사례다. 2007년 말, 체그는 난감한 상황에 빠졌다. 오스만 라시드와 아유시 펌브라는 대학생들을 위한 거래 사이트를 만들어 고무적인 성과를 경험했다. 하지만 어느새 보유 현금은 4개월 치 운영 자금만 남게 되었다. 그런 와중에 2000년대 초반 가장 중요한 스타트업으로 인정받는 페이스북이 대학생을 대상으로 한 광고 시장에 진출한다고 발표하며 폭탄을 던졌다. 대학 캠퍼스를 잠식했던 페이스북은 학생들로 가득했다. 2007년의 어느 시점이 되자 페이스북 계정이 없는 대학생을 찾아보기 어려웠다.

체크는 비교적 안전한 틈새시장을 찾았다고 생각했었다. 교과서부터 가구까지 대학생의 니즈를 겨냥한 거래 사이트였다. 페이스북은 전자 상거래나 경매 시장보다는 사진 공유, 친구 맺기, 이른바 '소셜 그래프social graph'를 통해 사람들을 연결시킬 방법을 찾는 데 더욱 관심이 커 보였다. 체그의 경우 꾸준하게 성장하고 있었고, 미래도 유망해 보였다. 하지만 현금 보유량이 적었고, 얼마 가지 않아 자금을 조달할 방법을 찾아야 할 것 같았다. 그럼에도 지금까지 거래 사이트로 보여준 성공과 매출 성장 전망을 고려하면 그리 큰 문제로 느껴지지는 않았다.

페이스북이 대학생 거래 사이트로 확장하겠다는 발표를 하자 체그는 새로운 현실을 마주하게 되었다. 이 시장에서 페이스북이 성공한다면 체그의 비즈니스에는 곧장 먹구름이 드리워질 터였다. 역으로 페이스북이 휘청거린다면 잠재적 투자자들은 체그의 성공 가능성에 의심을 품을 것이 분명했다. 결국 대단한 도달력을 자랑하는 페이스북마저도 대학생 거래 사이트로 성공하지 못한다면 체그 같은 소규모 신생 사업체가 성공할 수 있겠는가? 현금 보유액이 점차 줄어드는 체그는 생존에 위협을 받는 상황이었다. 매력적인 방향성을 새롭게 찾지 못한다면, 고객 수요의 강력한 신호가 없다면 제 때 추가 자금을 확보하기 어려울 터였다.

이에 앞서 몇 달 전, 체그는 북플릭스Bookflix라는 이름으로 교과서를 대여하는 사업 아이디어를 브레인스토밍한 적이 있었다. 하지만 거래 사이트라는 본질에 초점을 맞추고자 새로운 아이디어를 추진하지 않았다. 이제 상황이 달라져 있었다. 이렇듯 암담한 순간, 절박함 속에서 영감이 스쳤다. 체그의 현금 보유액은 몇 달 내로 바닥이 날 처지였다. 묘수를 찾아야 했다. 현금이 거의 소진된 체그는 기본적인 교과서 대여 시스템조차 만들 자금이 없었다. 대여해줄 교과서도, 교과서를 보관할 창고도, 주문과 반품을 관리할 방법도, 심지어 결제 시스템도 마련할 수 없었다. 실물 상품을 만들 자본이 없었던 이들은 교과서 대여 콘셉트라는 아이디어를 구현한 시제품에 모든 것을 걸었다.

시제품의 목적은 뭐였을까? 방법만 있다면 대학생들이 교과서를 대출하고 싶어 할 것이라는 사실을 잠재적 투자자들에게 보여주는 것이었다. 이것만 보여줄 수 있다면 실물 상품을 만들고 진짜 비즈니스를 꾸릴 추가 자금을 확보할 수 있을지도 몰랐다.

이들이 만든 시제품은 텍스트북플릭스라는 온라인 서비스였다. 그림 8.1처럼 2007년 무렵의 페이스북 느낌이 나는 사이트에 넷플릭스라는 이름을 더해 제작했다.

텍스트북플릭스는 실제로 교과서를 대여해 주는 사이트처럼 보였다. 학생이 대여받고 싶은 책을 고르면 대여 가격과 함께 쇼핑 카트에 담겼다. 결제 과정을 마무리하는 단계에 이르면 사이트는 오류가 난 것처럼 화면이 멈춰 주문이 완료되지 않았다.

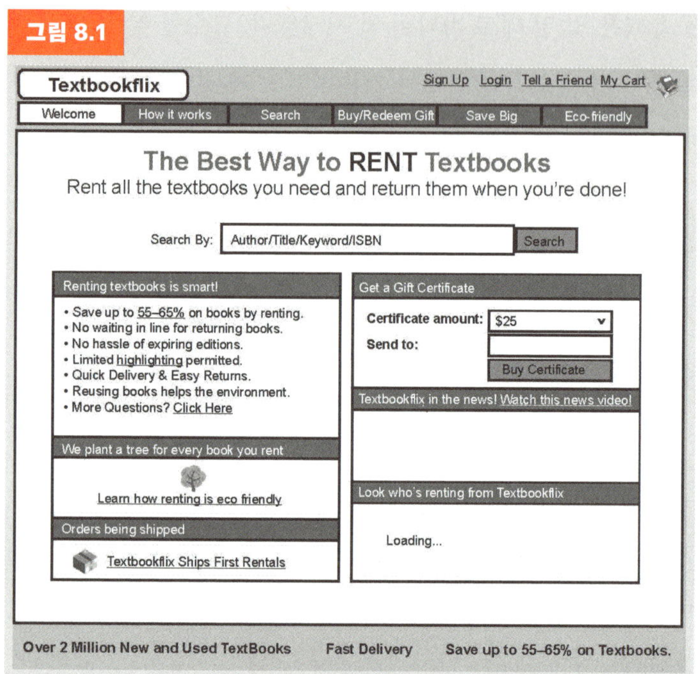

텍스트북플릭스: 체그가 만든 교과서 대여 서비스의 시제품

이렇게 가짜 서비스를 만든 이유가 무엇이었을까? 체그 창립자들은 새 교과서의 가격이 100달러라면 학생들이 최소 34달러에는 대출할 의사가 있음을 투자자들에게 보여주어야 한다고 판단했다. 이를 콘셉트 사이트에서 테스트할 수 있었다. 텍스트북플릭스가 체그에서 만든 것이라는 사실을 아는 사람이 없었기에 창립자들은 미래의 고객들에게 평판을 잃을 걱

　　　　제8장 루비콘 강을 건너기 전에

정을 하지 않으면서 가짜 사이트를 실험해 볼 수 있었다.

텍스트북플릭스는 '고객들'에게 35달러에서 75달러 범위 내에서 임의로 대여 가격을 제시했다. 또 하나의 묘수였다. 보통의 창립자라면 비즈니스가 성공하는 데 필요한 최소 판매가를 넘길 수 있다는 점만 투자자들에게 입증하면 된다고 생각하기가 쉽고, 체그의 경우 그 선이 35달러였다. 하지만 오스만과 아유시는 사람들의 지불 의사를 최대로 실험해 보기로 했다. 왜 35달러나 50달러에서 멈춰야 할까? 책을 대여할 때마다 얼마를 받을 수 있을지 확인해 보지 않을 이유가 있을까?

여기서 또 하나의 중요한 사항이 등장한다. 좋은 시제품이란 당신의 바람이나 의견을 확인하는 데 그치지 않고 당신조차 놀랄 만한 결과를 보여주어야 한다는 점이다(이에 관련해 자세한 내용은 다음 장에서 다룰 예정이다). 체그의 창업자들은 "학생들이 우리의 비용을 충당할 만큼 가격을 지불할 의사가 있을까?"라고만 묻지 않고 더욱 나은 질문을 던졌다. "가격을 어느 선까지 올릴 수 있을까? 최적의 가격은 어떻게 찾아낼 수 있을까?"

그 결과, 새 교과서가 100달러인 경우 75달러까지 지불하고 대출할 의사가 있는 학생들이 많다는 사실을 깨달았다. 학생들은 학기가 끝나면 교과서가 더는 필요하지 않았던 만큼 구매보다는 대여가 더욱 타당하다고 느꼈다. 대학 교재는 비쌌고, 25퍼센트 이상의 비용 절감은 학생들에게 의미가 컸다.

체그가 텍스트북플릭스라는 시제품을 통해 무엇을 배웠는지 생각해 볼 필요가 있다. 이들은 실제로 대학생들이 저마다 다른 가격을 지불하고 책을 대출할 의사가 있다는 점을 잠재 투자자들에게 보여줬다. 상당히 허술하게 제작된 사이트로도 학생들이 교과서 대출에 어느 정도의 가격을 지불할 의사가 있는지를 확인할 수 있다면 해당 서비스에 대한 수요가 상당할 것임을 분명하게 알 수 있었다.

시제품을 향한 뜨거운 반응 덕분에 창립자들은 투자자들을 설득해 최대한 빨리 실물 상품을 만드는 데 필요한 자금을 조달받을 수 있었다. 체그 팀은 즉시 분위기를 달리해 급히 최소 기능 제품을 만드는 데 착수했다. 사이트는 곧 학생들에게 큰 반향을 일으켰고, 회사는 일약 성장을 거두었다. 텍스트북플릭스 시제품을 실험한 지 5년 만에 체그가 취급하는 교과서는 무려 2억 달러 규모가 되었다. 이때가 2012년이었다. 2013년 체그는 기업 상장을 통해 명성을 굳혔다.

시제품과 최소 기능 제품은 다르다

시제품과 최소 기능 제품을 혼동하는 경우가 있지만 이 둘은 분명 다르다. 최소 기능 제품은 출시가 가능하고 초기 수용자들이 사용할 수 있을 정도로 최소한의 필수 기능만 갖춘 제품이다. 시제품은 제품을 만들기 이전의 단계다. 이 단계에서는 당신의 아이디어가 상품화될 수 있을지, 특정 고객이 상품의 콘셉트를 온전히 이해하고 이에 공감하고 난 후 간절히 원하는 상품이 될 수 있을지를 검증하는 것이다.

시제품은 모터쇼의 콘셉트 카와 비슷한 개념이다. 언뜻 보기에는 완성품 같아 보이지만 기능성을 갖춘 최소 기능 제품은 아니다. 가령 엔진이 작동하지 않거나 시동 버튼을 눌러도 아무런 반응이 없고, 대시보드 게이지도 움직이지 않는다. 라디오나 에어컨 같은 기능도 장식용이나 다름없다. 이런 콘셉트 카는 도로 주행용이 아니고 안전 검사도 거치지 않았다.

자동차 제조사들이 콘셉트 카를 보여주는 데는 생산 준비를 마친 자동자를 조기 고객늘에게 선보이겠다는 게 아니라 다른 목표가 있다. 새로운 아이디어에 관람객들이 어느 정도 관심을 갖고 열광할지 가늠하고자 한다. 핵심 질문은 이것이다. 관람객들이 우리 콘셉트 카가 실현되기를 바라는가, 아니면 그냥 슥 지나쳐 다른 차에 관심을 보이는가? 시제품을 만들고 실험할 때는 상품과 목표 고객에 맞춰 접근법을 달리 하는 것이 중요하다. 온라인 수업이나 구독형 플랫폼과 같은 온라인 서비스 및 상품의 경우, 랜딩 페이지landing page(사용자가 검색 또는 광고 링크를 통해 도착하는 첫 페이지-역주)가 수요를 확인하기에 효율적인 방법일 수 있다. 빠른 피드백이 가능하다.

하지만 대개는 이렇게 기본적인 방법만으로는 충분하지 않다. 이런 식의 가상 테스트는 촉각이나 미각처럼 감각에 의존하는 실물 상품의 경우에는 통하지 않는다. 사용자가 상당한 시간이나 비용을 들여야 하는 상품이라면 웹페이지로는 상품이 주는 실제 경험을 충실하게 재현하기 어려워 사용자의 흥미를 사로잡을 수 없다. 자동차 제조사들이 콘셉트 카를 제작하는 이유는 구매자와 딜러의 반응을 깊이 있게 파악하기 위해서다. 구매자와 딜러들은 콘셉트 카로 차를 눈으로 보거나 차에 대한 설명을 듣는 게 아니라 경험을 하는 것이다. 실제 자동차와 똑같은 시제품을 만드는 데는 비용이 들지만 고객이 이 차의 출시를 간절히 원하는지를 파악하는 데 필수적이다.

이 지점에서 패턴을 파괴하는 창립자들은 뛰어난 균형 감각을 발휘한다. 시제품을 제작할 때 중요한 점은 시뮬레이션에 들이는 노력과 피드백 유형 이 두 가지 사이에서 균형을 잡는 것이다. 잠재적 초기 지지자들에게서 당신의 아이디어가 큰 공감을 끌어낼 수 있을지 가늠할 구체적인 피드백이 필요하다.

리프트의 사례를 소개하겠다. 창립자인 로건 그린과 존 짐머는 사업 아이디어를 실현시키기 전, 사람들이 낯선 이들과 함께 차를 타는 데 불편함을 느끼지 않을지 확인하고 싶었다. 아이디어와 현실 사이의 간극을 파악하기 위해 이들은 단순한 시제품을 만들었다. 처음에는 창립자들과 이들의 친구들이 직접 차를 운전하며 피드백을 구했다. 차량에 붙인 커다란 분홍색 콧수염 덕분에 눈에 확 띌 뿐 아니라 친근한 느낌도 주었다. 공식적으로 차량 서비스를 출시하기에 앞서 수요를 파악하고자 이들은 태스크래빗^{TaskRabbit}과 같은 단기 일자리 중개 플랫폼에서 비용을 지불하고 섭외한 승객들로 반응을 살피고, 이들의 피드백에 따라 앱을 수정해나갔다. 시제품을 테스트하며 리프트의 창립자들과 팀은 "이 앱 꼭 만들어 주세요." 흥분한 얼굴로 말하는 초기 탑승자들을 다수 만났다. 이러한 반응 자체보다는 그 말 속에 담긴 열기가 중요했다. 창업자들은 그저 탑승객들의 피드백을 수집하고 있었던 게 아니라, 폭발적인 무언가를 예상케 하는 기대감과 수요를 직접 목격했던 것이다.

이러한 사례들이 보여주듯, 이 여정에는 정해진 공식이나 단계별 지침이 적힌 안내서가 없다. 수완과 적응성, 즉흥적인 창의력이 필요하다. 가장 효과적인 아이디어 구현 전략을 고민할 때는 길을 알려주는 북극성처럼 길잡이 질문^{Guiding Question}이 도움이 된다. 나는 개인적으로 제1부 제4장에서 언급한 앤디 래클리프의 질문을 좋아한다.

우리가 유일하게 제공할 수 있고 또 사람들이 간절하게 원하는 것은 무엇인가?

'간절한^{desperate}'이라는 말에서 절망이나 체념의 느낌이 들 수도 있다. 하지만 여기서 '간절함'은 강렬하고도 긍정적인 갈망, 한 번 인식하고 나면 반드시 갖지 않고는 해소할 수 없는 욕구를 의미한다.

토드 맥키넌과 프레디 커레스트 또한 아이디어를 구현하는 시제품을 만든다는 접근법을 통해 통찰을 얻었고, 이 통찰에서 옥타가 탄생했다. 고객과 직접적으로 교류한 경험을 바탕으로 특정 기능을 강조한 상품을 소개하겠다는 마인드셋을 B2B 시나리오에 적용한 이들의 사례는 훌륭한 본보기가 된다.

세일즈포스의 엔지니어링 부사장이었던 토드는 클라우드 컴퓨팅의 초기 수용자들의 사용 경험을 가장 앞 열에서 지켜볼 수 있었다. 이 고객들과 관계를 맺고 있었던 그는 다가오는 클

라우드 세계에서 비즈니스 시스템에 중요한 솔루션을 구현해
낼 인물이라는 평판을 쌓았다.

공동 창립자이자 비즈니스 파트너인 토드와 프레디는 과
거 고객들이 다른 유형의 컴퓨터 아키텍처를 관리하며 어려움
을 겪었듯이, 클라우드 컴퓨팅의 초기 수용자들이 새로운 클라
우드 중심 환경을 관리하고 통제하는 데 필연적으로 어려움을
경험할 것이라 생각했다. 사용하는 클라우드 어플리케이션이
늘어감에 따라 고객들이 관리에 문제를 경험할 거라는 가설을
시험하면서도 이 고객들이 간절하게 원하는 것이 무엇인지는
확신하지 못했다.

토드와 프레디는 발사믹Balsamiq이라는 도구로 다양한 모형
을 그려보기 시작했다. 초기 디자인들은 대단히 기본적이었고,
이들이 판단했을 때 기업이 클라우드 어플리케이션을 사용하
며 직면하게 될 것 같은 기술적 문제들을 해결하는 데 초점이
맞춰져 있었다. 사용자들은 이를테면 "연결할 수 없습니다." 또
는 "연결 시간이 초과되었습니다." 같은 오류 메시지를 마주할
터였나. 노는 서상 공간이나 데이터베이스 같은 영역에서 리소
스 할당량이 초과되는 문제도 있었다. 어플리케이션이 작동하
지 않아서가 아니라 실행이 지연되어 속도가 느려진 것처럼 느
껴지는 레이턴시 문제 또한 예상되었다.

토드와 프레디는 사업체가 이러한 문제들을 모니터하고 해결할 시스템을 만든다면 클라우드 초기 수용자들에게 좋은 반응을 불러올 수 있을 것이라 믿었고, 두 사람의 모형은 문제 해결 기능을 보여주는 데 초점이 맞춰져 있었다.

초기 모형들은 토드와 프레디가 기대했던 바와 달리 옥타의 잠재 고객들에게서 반응을 이끌어내지 못했다. 두 사람이 예상한 기술적 문제들은 세상에 처음 등장했던 유형이 아니었던 탓이다. 세일즈포스와 같은 클라우드 분야의 밴더들이 이미 대응하고 있는 문제들이었다. 지연과 연결 문제처럼 한 번씩 벌어지는 말썽이야 클라우드 서비스 제공자들이 관리하고 처리했다. 결국 클라우드는 이러한 복잡한 문제들을 대신 해결해준다는 점이 소구점이자 매력이었다. 두 사람의 이야기를 들은 고객 다수는 "흥미롭긴 한데, 그 문제는 제 우선순위 목록에서 네 번째쯤 되는 것 같네요."와 비슷한 말을 했다. 이에 토드와 프레디는 이 질문을 할 수밖에 없었다. "그럼 첫 번째는 뭡니까?" 자신들이 만든 시제품을 주제로 세일즈포스 고객들과 대화를 나누기 시작했던 이들은 이 과정에서 계정 관리가 가장 중요한 문제라는 사실을 알게 되었다.

계정 관리를 통해 사내 직원들이 올바른 클라우드 서비스에 올바른 접근 권한을 갖도록 보장할 수 있었다. 기업은 영업

사원들이 세일즈포스의 세일즈 데이터에는 접근하지만 넷스위트NetSuite에서 관리되는 재무계획에는 접근하지 않기를 바랐다. 재무팀은 이와 반대의 경우였다. 새로운 직원이 입사하면 IT 부서에서 구글 앱스Google Apps, 사내 위키와 인트라넷, 의료보험 및 복지 시스템 등 여러 기업용 앱의 계정을 마련해주어야 했다. 직원들 또한 드롭박스Dropbox, 온라인뱅킹과 증권 계좌를 포함해 개인적으로 이용하는 클라우드 서비스가 많아질수록 비밀번호가 늘어갔다. 이 모든 비밀번호를 하나하나 관리하기가 번거로웠고, 클라우드 호스팅 서비스가 늘어갈수록 사용자의 고통이 커졌다. 직원이 퇴사하는 경우에는 IT 부서는 해당 직원이 고객 정보나 사업 운영 계획 등 민감한 정보에 더는 접근할 수 없기를 바랐다. 이들은 새로운 직원의 계정을 만들고 퇴사 시 해당 계정을 시스템에서 빠르게 삭제할 수 있도록 클라우드 서비스 접근을 간소화한 클라우드 계정 관리 시스템을 원했다.

토드와 프레디는 계정 관리가 가장 중요한 문제라는 고객들의 말에 훌륭하게 대응했다. "다음 주에 다시 이야기를 나눠도 될까요?" 시간을 좀 확보한 두 사람은 고객들이 계정 관리 시스템에서 가장 간절하게 보고 싶어 하는 기능을 담아 시제품을 새로운 버전으로 제작했다.

애초에 토드와 프레디는 올바른 통찰에서 출발했었다. 사용자들이 활용하는 클라우드 어플리케이션이 늘어날수록 이를 관리하는 일이 복잡해질 것이라는 통찰이었다. 하지만 이 통찰을 처음 구현한 시제품은 고객의 가장 큰 문제 관심사를 비켜 갔다. 토드와 프레디가 연결, 지연, 리소스 할당 등 클라우드 서비스의 기술적 문제를 해결하는 데 초점을 맞춘 탓이다. 그러던 중 잠재 고객들에게 시제품으로 만든 솔루션을 보여주었고, 고객들의 미온적인 반응을 통해 기술적인 문제가 가장 중요한 쟁점이 아님을 깨달았다. 바로 이 지점에서 두 사람은 고객의 가장 시급한 고충이 계정 관리라는 것을 파악할 수 있었다.

여기서 소개된 리프트와 텍스트북플릭스(체그), 옥타의 사례를 보면 아이디어를 구현한 시제품을 만드는 데 든 비용과 시간은 가장 기본적인 제품을 출시하거나 최소 기능 제품을 제작하는 데 비하면 지극히 낮은 수준이었다. 투자자들에게서 큰 돈을 투자받기 전에도 창립자들은 시제품을 만들 수 있었다. 잠재 고객들에게서 정보를 들으며 창립자들은 자신이 올바른 길 위에 있음을 확인했다. 또한 고객들이 들려준 이야기는 곧 고객들이 그들의 제품을 간절히 원하게 될 것이라는 증거로 작용했고 덕분에 창립자들은 투자를 받을 수 있었다.

자금을 조성하고 인력을 구해 최소 기능 제품을 만들기로 결정했다면, 당시에는 완벽히 자각하지 못했다 하더라도 '루비콘 강을 건넌' 것이나 다름이 없다. 기원전 49년 율리우스 카이사르가 군대를 이끌고 루비콘 강을 건너겠다는 과감한 결단을 내렸고 이로써 로마 내전이 시작된 사건에서 비롯된 표현이다. 강을 건너 진군을 하면 되돌릴 수도, 돌이킬 수 없는 상황이었다. 지금은 무효로 만들 수 없는, 최종적인 결단을 뜻하는 표현으로 사용한다.

내가 지켜본 바, 스타트업 창립자들이 자금을 조성하고 최소 기능 제품을 개발하기 시작하고 나면 정신적으로나 정서적으로나 되돌릴 수 없는 지점에 이르렀다고 할 수 있다. 나중에서야 스타트업 아이디어의 기저에 자리한 힘이 충분치 않았다는 것을, 크게 성장할 가능성이 없다는 것을 깨달아봤자 아무런 도움도 되지 않는다. 그때쯤이면 이미 전력을 다한 후니까.

자신의 통찰이 지닌 힘을 확인하고 열정적인 초기 지지자 집단을 찾아내기에 앞서 성급하게 투자금부터 확보하려 드는 사람들이 많다. 자금을 얻고 난 후 개발자들을 고용하고, 첫 사무실을 임대하고, 최소 기능 제품 개발에 착수한다. 왜 아니겠는가? 가장 보편적인 순서이자 방식이 그러한데.

하지만 이러한 창립자들 가운데 다수는 뒤늦게 자신이 어쩌지 못하는 상황에 빠졌음을 깨닫는다. 이제 그들에게는 큰 위험부담을 감수하고 아마도 연봉까지 낮춰가며 뜻을 함께하겠다고 합류한 직원들이 있다. 기대를 품고 있는 투자자들도 있다. 당신이 바랐던 만큼의 규모는 아닐지라도 당신에게 신뢰를 보내준 초기 고객들도 있을 것이다. 이 창립자들은 애자일 개발의 모범사례를 충실히 따랐고, 사무실을 벗어나 고객들을 찾아다니며 대화도 나눴으며, 가격 결정 및 비즈니스 모델 설계의 최신 프레임워크에 대입해 아이디어를 점검했다. 자신의 조직 문화를 선제적으로 정의하기도 했다. 정제된 기업가 정신의 원칙들을 따랐다. 하지만 그럼에도 무언가가 빠져 있었다. 이들이 기대했던 견인력을 얻지 못했다.

그 이유는 무엇일까? 고객은 이 창립자들이 만들어 낸 무언가에 관심을 갖고는 있지만 간절히 원하지는 않기 때문이다.

어느 순간인가 자신의 아이디어가 충분치 않음을 깨닫게 된다. 어떻게 해야 잘하는 것인지 모범 사례를 따랐지만 이 장에서 언급한 함정을 마주하는 것이다. 제한적인 성장에 만족하고, 자신의 눈에 보이는 낮은 산 정상에 갇히는 것이다. 지금 아는 것을 그때 알았더라면 그 아이디어를 쫓지 않았을 것이다. 하지만 이제는 직원, 고객, 투자자들을 그리고 포기해서는 안 된다는 스스로의 다짐을 저버릴 수 없다고 느낀다. 당신은 갇히고 만 것이다.

그때서야 스타트업에서 진정한 실패란 무엇인지를 깨닫는다. 대부분의 사람들이 말하는 실패 또는 성공의 관점이 아니다. 스타트업에서 진정한 실패는 시간을 잃어버리는 것이다. 특히나 자신의 스타트업이 애초에 별 가치가 없었다는 사실을 알게 된 후부터 흘러가는 시간이다. 절대로 되돌릴 수 유일한 대상이 바로 그 시간이다.

아이디어를 구현한 시제품은 루비콘 강을 건너기에 앞서 당신의 확신을 더욱 강화할 수 있는 기회다. 가장 먼저 변곡점과, 통찰, 구현된 시제품을 검증해야 한다. 최고 기능 제품을 제작하기에 앞서 이 단계들을 거치는 편이 훨씬 낫다.

제9장

놀라움
음미하기

숨은 보석을
찾아 줄 사람

놀라움은 삶이 우리에게 줄 수 있는
가장 위대한 선물이다.

-보리스 파스테르나크Boris Pasternak, 러시아 시인, 소설가

몇 년 전 나는 인튜이트Intuit의 창립자이자 초대 CEO인 스캇 쿡Scott Cook과 함께 패널로 자리했던 적이 있었다. 그는 테크 업계에서 최고의 제품 전문가 중 하나로 꼽히는 인물이었다. 수십 년 간 그는 제품 개발에서 고객의 니즈를 깊이 있게 이해하는 것이 가장 중요하다고 여기며 이를 최우선으로 삼아 왔다. 1980년대 그는 '팔로우 미 홈follow-me-home' 전략을 도입해 인튜이트 직원이 자사의 제품을 가정 또는 일터에서 실제로 어떻게 사용하는지 관찰하도록 했다. 이렇게 직접적으로 확인하는 방법 덕분에 상품의 부정적인 문제는 물론 회사가 예측한 것보다 고객에게 훨씬 더 기쁨을 주는 기능들까지 모두 파악할 수 있었다. 이에 자극받은 여러 테크 기업들이 인튜이트의 성공적인 접근법 다수를 채택하기도 했다. 질의응답 시간에 스캇은 팀이 새로운 상품 아이디어와 함께 성공 가능성을 조사한 자료를 내밀며 발표를 할 때마다 이런 질문을 한다고 말했다. "그 아이디어에서 가장 놀라웠던 점은 무엇이었습니까?”

그 말을 듣는 순간, 내 머릿속에 여기저기 흩어져 있던 점들이 하나로 연결되며 스타트업에서 놀라움이 지니는 가치에 대해 한 차원 더 깊이 있게 이해하게 되었다.

스타트업에게 놀라움이 그토록 중요한 이유는 창립자로서 당신은 거의 알려지지 않은 미래를, 적어도 분명하게 그려지지 않는 미래를 향해 비주류적인 아이디어를 추구하고 있기 때문이다. 당신은 현재의 무언가를 점진적으로 개선하는 것이 아니라 지금껏 사람들이 본 적 없는, 돌파력을 발휘하는 상품을 만들고 싶은 것이니까. 스캇의 말을 들으며 나는 돌파구란 본질적으로 새로운 무언가를 발견하는 일이고, 그렇기 때문에 돌파력을 발휘하는 무언가에는 사람들을 놀라게 하는 요소가 반드시 포함되어 있어야만 한다는 점을 깨달았다.

놀라움을 마주할 기회

초기 고객들에게 시제품을 소개한다는 것은 당신이 가진 미래에 대한 통찰을 그 미래를 가장 간절하게 바랄 것이라고 여기는 사람들에게 미리 보여주는 것이다. 미래에 대한 당신의

   제9장 놀라움 음미하기

통찰은 아마도 정확할 것이다. 하지만 만약 잠재적 초기 고객들과의 상호작용을 통해 자신의 통찰이 틀렸다는 결론에 이른다면 실패할 가능성이 높은 벤처를 위해 자금을 유치하고, 팀을 꾸리고, 자신의 시간과 에너지를 쏟는 것보다는 다른 길을 찾는 편이 낫다.

자신의 통찰이 아무리 정확하다고 해도 초기 고객과 소통하는 상황은 대단히 예측하기 어려운 땅 위에서 길을 찾는 것과 비슷하다. 잠재 고객들에게 초기 시제품을 제안하는 것은 당신이 그린 미래의 지도를 펼쳐 보이는 것과 같다. 때로는 그 지도에서 보물을 찾기도 하지만, 어떤 때는 당신이 길을 잃었다는 또는 옳은 길에서 벗어났다는 피드백을 받기도 한다. 하지만 당신의 나침반인 통찰이 진실을 향해 있다면 어디로 가야 할지 큰 방향성은 알려줄 것이다. 누구도 탐험한 적 없는 땅을 여행하는 만큼 몇 번이고 경로를 수정해야 한다는 것쯤은 예상해야 한다. 때문에 놀라움을 마주할 마음의 준비뿐 아니라 그 놀라움을 음미할 줄도 알아야 한다.

옥타의 경우, 초기 시제품에 대한 피드백은 미온적이었다. 부정적인 놀라움이었다. 하지만 예측하지 못한 피드백을 열린 태도로 받아들인 토드와 프레디는 고객의 간절함이 자리한 지점을 파악할 수 있었고, 두 사람은 이를 기준 삼아 시제품을 반복적으로 개선해 나갔다.

때로는 체그와 텍스트북플릭스 사례처럼 예상했던 것보다 고객이 당신의 아이디어를 더욱 높게 평가한다는 점을 깨닫기도 한다. 긍정적인 놀라움의 사례다. 체그는 학생들이 100달러 새 교과서를 구매하는 대신 35달러 정도는 지불하고 교재를 대출하길 바랐다. 다만 100달러 교과서를 75달러나 내고 대출할 학생들도 있다는 것은 놀라운 사실이었다. 생각해 보니 100달러보다만 적다면 어쨌든 비용 절감인 셈이었고, 주머니 사정이 빠듯한 대학생들에게는 단 얼마라도 절약할 수 있다는 게 중요하다는 사실을 알게 되었다.

체그의 사례를 통해 초기 고객과 상호작용을 하는 과정에서 마음을 열고 긍정적인 놀라움을 마주하는 일이 얼마나 중요한지를 알 수 있다. 다시 말해 시제품을 제작할 때는 예상치 못한 피드백을 끌어내는 것을 목표로 삼아야 한다는 뜻이다. "학생들이 35달러를 낼까?"처럼 예, 아니오라는 대답이 나오는 질문보다는 "학생들이 얼마까지 비용을 지불할 수 있을까?"처럼 개방형 질문으로 일정 범위를 실험해 보는 편이 훨씬 나을 때가 많다.

이 두 사례 모두 놀라움을 음미하는 일이 얼마나 중요한지를 보여준다.

놀라움을 음미하자는 이야기가 어쩌면 당연한 소리처럼 느껴질 수도 있다. 하지만 나는 창립자들이 실제로는 이를 잘 행하지 못하는 모습을 수없이 봐왔다. 이들은 예상치 못한 무언가를 발견하려 눈을 빛내며 미지의 영역을 탐험하기보다는 이미 세워둔 자신의 가설을 확인하려는 듯 확증 편향에 젖어 초기 고객을 대한다. 이들이 진정으로 추구하는 것은 깨달음이 아니라 자신의 생각이 옳다는 확인이다. 이들은 상대방이 고개를 끄덕이는 모습을 보며 "그럴 줄 알았어!" 하고 자신의 믿음이 옳았음을 확인하는 순간을 기대한다.

하지만 초기 고객과의 상호작용은 단순히 피드백을 받는 기회 이상임을, 예상치 못했던 지혜 한 조각을 발견할 수 있는 기회임을 간과한다. 창립자가 검증에 너무 집착하면 고객과의 상호작용으로 심오한 교훈을 배울 수 있는 기회의 문을 무심코 닫게 되는 것이다. 아이디어를 구현한 시제품의 본질은 예기치 못한 깨달음의 창구가 되어 준다는 데 있고, 놀라운 발견을 통해 창립자는 자신의 콘셉트를 다듬고 개선할 수 있다.

당신의 동찰이 옳다면 이 동잘을 구현한 상품이 나오기를 간절히 바라는 사람들을 찾을 수 있을 것이다. 하지만 실제로 그런 사람들이 존재하는지를 파악해나가는 과정에서 다음의 두 가지 중요한 변수를 고려해야 한다.

- 이것이 내 통찰을 구현하는 최상의 방식인가?
- 내가 올바른 사람들과 이야기를 나누고 있는가?

부정적인 놀라움을 마주한 경우라면 당신의 통찰을 제대로 구현하지 못해서일 수도 있다. 하지만 당신이 잘못된 사람들과, 즉 당신이 어떠한 통찰로 무엇을 구현하든 관심이 없는 사람들과 대화를 나누고 있는 것일 수도 있다.

한 가지 명심해야 할 점은 당신의 아이디어가 비주류에 속한다면 당신이 옳다 할지라도 대부분의 사람들은 그 아이디어를 싫어할 수밖에 없다는 것이다. 초창기 때 사람들은 이베이를 페즈PEZ 디스펜서를 판매할 때만 찾는 한심한 웹사이트로 생각했다. 또한 에어베드 앤 브랙퍼스트가 터무니없는 아이디어라고 여긴 사람들도 많았다. 낯선 사람 집에서 머물고 싶어 하는 사람이 있을까? 리프트를 보면서는 '모르는 사람 차에 탄다고?'라며 의심했다. 재사용이 가능한 로켓을 우주로 쏘아 올리겠다고 말하는 스페이스XSpaceX 같은 기업을 누가 진지하게 받아들였겠는가?

대부분의 '보통' 사람들은 미래에 대한 가장 강력하고도 정확한 통찰마저도 싫어하기 마련이다. 진정한 통찰은 사람들에게 관점을 바꿔야 한다고 요구하고, 이 과정에서 불편함을 느끼기 때문이다.

인간은 익숙한 것을 선호하도록 만들어졌다. 때문에 역설적으로 대다수의 사람들이 당신의 통찰을 좋아한다면 그것은 애초에 통찰도 못될 가능성이 크다. 사람들이 이미 알고 있고 또 선호하는 바와 너무도 유사하기에 그러한 통찰은 비주류보다는 주류에 더욱 가깝다고 봐야 한다.

이런 이유로 시제품을 두고 부정적인 피드백을 받을 때마다 "내가 아이디어를 제대로 구현하지 못했는가?" 외에도 "내가 올바른 사람들과 대화를 나누고 있는가?"를 계속해서 물어야 하는 것이다.

앞 장에서 언급한 옥타의 사례가 바로 이에 속한다. 발사믹 시제품을 만들었을 때 창립자들은 올바른 사람들과 (클라우드 컴퓨팅과 세일즈 포스의 초기 수용자들과) 교류하긴 했지만 이들이 제시한 것은 통찰을 잘못 구현한 초기 시제품이었다. 공감을 얻지 못한 이유는 이 때문이었다. 이후 올바른 사람들의 의견에 귀를 기울인 옥타 창립자들은 자신의 통찰을 최상으로 구현하는 데 필요한 피드백을 얻을 수 있었다.

이보다 훨씬 가치 있는 것은 긍정적인 놀라움이다. 긍정적인 놀라움을 마주했을 때 가장 중요한 점은 '무엇이 좋은 반응을 얻고 있는가'를 깊이 있게 이해하고 그 지점을 공격적으로 파고드는 것이다. 스타트업 창립자들은 시제품을 반복적으로 개선하는 과정에서 부정적인 피드백을 해결해야 한다는 마음으로 임하지만 진짜 목표는 긍정적인 놀라움을 주는 지점이 무엇인지 파악하고 이를 강화하는 방향으로 개선해 나가야 한다.

이 둘의 차이는 상당하다. 긍정적인 즐거움이 가장 중요한 이유는 사람들의 간절함이 무엇이었는지를 드러내기 때문이고, 이를 파악할 때 성공을 향한 문이 열린다. 부정적인 놀라움은 사람들의 간절함을 해소하지 못했다는 사실을 파악하는 데는 도움이 되지만, 부정적인 피드백을 반드시 당신이 극복해야 하는 반대 의견으로만 보아서는 안 된다. 그보다는 구현 방식을 바꾸거나, 청중을 바꾸거나, 이 둘 모두를 바꿔가며 긍정적인 놀라움을 마주할 때까지 시제품을 꾸준히 개선하고 수정해 나가야 한다. 긍정적인 놀라움은 당신이 통찰을 구현하는 방식과 청중이라는 두 가지 변수를 점점 더 잘 이해해 나가고 있다는 신호이고, 이런 이유로 긍정적인 놀라움을 발견하기 위해 적극적으로 노력해야 하는 것이다.

검증보다 더 가치 있는 것

　긍정적 놀라움은 대단히 기쁜 경험이다. 당신의 아이디어가 옳고 또 비주류에 속한다는 사실을 보여준다. 이 긍정적인 놀라움을 파고들 때 위대함으로 향하는 길이 열린다. 긍정적인 놀라움을 마주하는 순간은 진정으로 당신의 통찰과 맞닿아 있고 당신의 통찰을 간절히 바라던 사람들을 발견하는 순간이자 이들에게 무한하게 밝은 빛을 비추는 순간이다.

　부정적인 놀라움 또한 다음의 세 가지를 판단할 수 있다는 점에서 가치가 크다. 당신이 통찰을 잘못된 방식으로 구현했거나, 당신이 잘못된 사람들과 대화를 나누고 있거나, 당신의 근본적인 통찰이 애초에 잘못되었음을 알 수 있다는 점에서 말이다. 통찰이 틀린 경우라면 애초에 당신이 바라던 위대함에 도달할 수 없는 아이디어에 수년을 매달리며 고통 받게 될 운명에서 벗어난 셈이다. 만약 자신의 통찰이 여전히 옳다고 믿는다면 사람들의 간절함이 무엇인지 발견하고 긍정적인 놀라움을 마주할 때까지 정승을 바꾸어보거나 통찰을 구현하는 방식을 변경해가며 개선과 수정을 계속해나가면 된다.

　놀라움을 발견하고 음미하는 능력은 가장 위대한 창립자들조차도 자주 간과하는 핵심 역량이다. 놀라움을 알아채는 능력을 갖출 때 어떤 새로운 기술이 돌파구로 이어질 수 있을지 그 범위를 좁혀가며 찾아나갈 수 있다. 이는 직관에 반하는 이야기처럼 들릴 수도 있다. 실험이란 사실 가설을 검증하는 과정이기 때문이다. 하지만 검증만을 추구한다면 우리가 이미 알고 있는 것이 옳다는 점만 확인하게 될 뿐이다. 미래로 가장 먼저 향하는 선구자라는 위치를 적극 활용해 새로운 무언가를 배워야 한다.

좋은, 더 나은, 간절한

간절한 사람들을 찾는 것이 왜 이토록 중요할까? 강력한 변곡점을 활용할 때 당신은 급진적으로 다른 무언가를, 마법처럼 보이는 새로운 역량을 세상에 소개할 수 있다. 강력한 통찰을 바탕으로 그 마법 같은 역량을 다른 누구도 발견하지 못한, 당신만의 새로운 방식으로 펼쳐 보일 수 있다. 이 두 조건을 모두 충족할 때 당신이 지닌 강점을 가치 있게 여기는 사람들은 당신의 아이디어가 실제로 구현되기를 간절히 바랄 것이다. 자신들이 대단히 중요하게 여기는 대상을 당신이 고유한 방식으로, 극적으로 개선시켜 주기 때문이다.

만약 당신이 제안하는 것과 비슷한 수준의 대안이 있다면 당신은 충분히 다른 무언가를 보여주지 못한 셈이다. 돌파구를 마련하고 싶다면 아직 해결되지 못한 강렬한 문제나 욕구에 초점을 맞춰야 한다. 당신은 기존의 무언가를 대체하려는 게 아니다. 사람들이 중요하게 여기는 영역에서 사람들이 도저히 잊을 수 없는 무언가를 보여줄 수 있어야 한다.

당신의 생각을 전하고 당신이 구현한 무언가를 보여주었을 때 잠재 고객에게서 이런 탄성이 터져 나와야 한다.

"지금껏 어디서 뭘 하다 이제 나타난 겁니까?!"

대부분의 사람들은 이런 반응을 보이지 않을 것이다. 하지만 당신의 강점을 가치 있게 여기는 사람들에게는 당신이 제공하는 것을 대체할 만한 대안이 없을 것이다. 이들이 간절함을 느끼는 이유가 여기에 있고, 당신이 이 간절한 사람들을 찾아야 하는 이유도 이 때문이다.

간절한 사람들을 찾는 데는 또 하나의 이점이 있다. 이들의 문제를 해결해 준다면 당신만의 고유한 강점을 널리 퍼트려 줄 것이기 때문이다. 자신이 발견한 무언가가 친구들을 크게 놀라게 할 것이라는 생각이 들 때 사람들은 이를 공유하고 싶어 한다. 새롭고 위대한 무언가를 가장 먼저 알게 되고 또 이를 알릴 때 사회적 지위가 생겨날 뿐 아니라 자신이 중요하게 여기는 사람들과 더욱 가까워질 수도 있기 때문이다.

너무 많은 이점은 저주가 된다

앞에서 소개했던 앤디 래클리프는 고객에게 너무 많은 이점을 제공하는 일이 도리어 문제가 될 수 있다는, 상식과 반하는 생각을 내게 알려준 사람이다. 요는, 너무 많은 이점을 내세우면 잠재 고객이 혼란을 느끼고 핵심 가치가 희석된다는 것이다. 어떠한 상품을 두고 초기 고객이 왜 간절함을 느껴야 하는지 명확한 이유를 보여주지 않은 채 너무 많은 이점만 제시하면 고객이 의사결정 과정에서 더욱 혼란과 어려움을 느낀다.

여러 가지 이점을 얇게 분산시키면 초기 고객에게 인상을 남기지 못하거나 이들이 당신의 상품에 관심을 가져야 할 단 하나의 설득력 있는 이유마저도 제대로 전달하지 못할 위험이 크다. 너무 많은 사람에게 너무 많은 것들을 제시하려 한다면 그 누구에게 단 하나도 제시하지 못하는 셈이다. 주목을 끄는 것도, 자신을 차별화하는 것도 이미 어려운 스타트업의 세계에서 이런 저주에 빠진다면 대단히 치명적일 수 있다.

자금이 충분한 스타트업이 이런 실수에 빠지기가 쉬운데,

그 이유는 가진 자본이 많다 보니 가장 중요한 무언가에 집중하기보다는 여러 가능성에 다발적으로 발을 담그려 하기 때문이다. 변곡점을 다룬 장에서 2020년 런칭한 후 6개월 만에 문을 닫은 퀴비에 대해 소개했었다. 17억 5천만 달러의 자금을 조달한 퀴비는 제프리 카젠버그와 메그 위트먼을 포함한 드림팀까지 갖추고 있었다. 앞서 설명했듯 이 기업은 변곡점 활용에 실패했을 뿐 아니라 그들만의 방식으로 사람들의 관심을 사로잡는 단 하나의 이점을 제시하지 못하고 지나치게 많은 이점을 내세우는 바람에 더욱 문제가 커졌다. 퀴비는 두둑한 자금력과 거대한 야망을 바탕으로 다양한 취향과 선호를 아우르겠다는 다면적 전략을 펼쳤다. 퀴비는 시장 내에서 여러 역할을 내세워 넷플릭스의 라이벌에서 유튜브의 대체제로, 심지어 인스타그램의 대안으로 자신을 홍보했다. 단 하나의 핵심 이점에 초점을 맞추지 못했고, 이런저런 가치 제안을 얇게 분산시켰고, 명확함이 부재하자 잠재적 사용자들은 혼란을 느꼈다. 퀴비는 너무 많은 이점을 내세운 나머지 고유한 정체성이나 틈새를 구축하는 네 어려움을 겪었고, 그 결과 중성도 높은 이용자층을 확보할 수 없었다.

당신의 아이디어를 구현한 시제품을 설계할 때 잠재 고객이 간절함을 느끼는 지점을 판단하기 위해 어떠한 질문을 하는 것이 가장 중요한지를 확실하게 알아야 한다. 체그의 경우 가장 중요한 질문은 "교과서 대출에 어느 정도까지 지불하려 하는가?"였다. 옥타는 "클라우드의 초기 수용자들이 관리에서 현재 가장 시급하게 해결하고 싶어 하는 문제는 무엇인가?"였다.

타임박싱

자신의 시제품을 개선하고 수정해 나갈수록 많은 것을 배울 수 있다. 또한 이러한 개선 과정을 반복하며 '잘못 해서는 안 된다'는 강박도 점차 줄어든다. 앞에서 말했던 콘셉트 카 사례를 다시 살펴보고자 한다.

모터쇼에서 자동차 제조사들은 콘셉트 카를 전시한다. 회사 한 곳이 서로 다른 콘셉트 카 두 대를 선보였다고 생각해 보자. 이 때 A 자동차는 많은 이들의 화제를 끄는 반면 B 자동차는 관심을 거의 받지 못하는 상황이 벌어질 수 있다. 엔진이나 구동장치 등 핵심적인 (제작비용이 많이 드는) 부품이 빠져 있는 콘셉트 카들을 통해 제조사는 (자동차 업계 기준으로) 단시간 안에 낮은 비용으로 많은 것들을 배울 수 있다.

이와 유사하게 체그의 창립자들은 교과서 대여에 대한 수

요를 실험하는 과정을 거쳐 한 가지 비밀을 발견할 수 있었다. 학생들은 교과서 대출에 상대적으로 높은 비용을 감수할 의지가 있다는 점이다. 교과서 대여로 더 높은 이윤을 남길 수 있다는 점으로 투자자들을 설득했고, 다음 단계의 투자 유치를 이끌어냈다. 이 투자금은 주문, 배송 및 재고 관리를 갖춘 실제 플랫폼을 개발하는 자본이 되었다.

옥타의 창립자들은 미완성의 발사믹 시제품을 제시했다. 이 두 가지 사례 모두 시제품은 최종 상품이 아니라 일회성을 목적으로 한 것이었다. 이렇듯 짧은 생명력은 결함이 아니라 특징에 가깝다. 시제품의 짧은 생애를 통해 혁신가들은 완성품을 폐기한다는 정서적 부담감을 느끼지 않고 끊임없이 개선과 수정을 반복할 여유를 얻는다. 이때 목표는 무엇일까? 과거를 돌아보지 않고 끊임없이 무언가를 발견하는 것이다.

이 모든 사례들은 타임박싱timeboxing의 중요성을 말하고 있다. 타임박싱은 특정 활동이나 업무에 얼마간의 시간(시간 상자)을 할당하는 타임 관리 기법으로, 여기서는 시제품 개발이 그 대상이 된다. 정해둔 시간이 끝나면 그 활동이 완료되든 아니든 끝난 것으로 간주해야 한다. 이 시간 관리 기법의 목표는 집중력을 발휘하고, 일을 미루지 않도록 관리하며, 특정 업무에 드는 시간을 제한함으로써 시간을 더욱 효율적으로 관리하는 것이다.

우리의 경우 목표는 당신의 아이디어에 진짜 수요가 있는 지를 빠르게 검증하는 것이다. 잠재 사용자들에게 실물 시제품을 이르게 또한 자주 제시하며 소통한다면 진짜 수요 여부를 더욱 빨리 확인할 수 있다. 일부 스타트업은 선뜻 행하지 못하기도 하는데, 내심 자신의 통찰을 구현한 상품을 간절히 원하는 사람이 없을까 봐 두렵기 때문이다. 결국 스타트업에게는 규모는 차치하고 간절한 고객들을 찾아내는 것과 간절한 고객이 단 한 명도 없는 것은 대단한 문화적 차이를 만든다. 스타트업이 이론적으로는 굉장한 시장 기회를 갖고 있지만 이들이 만든 무언가를 간절하게 원하는 고객을 단 한 명도 찾지 못하는 경우가 많다.

타협하지 말라

스타트업 아이디어가 처음에는 매력적으로 보이지만 사실 창립자가 시간을 쏟을 만한 가치가 없는 것이 대부분이다. 아니었다면 이 세상에는 지금보다 더욱 많은 돌파구가 존재했어야 한다. 어떠한 아이디어를 추진시키겠다고 루비콘 강을 건

너기로 결심하기 전, 그 아이디어에 높은 기준을 적용해봐야
한다.

타협하지 말라. 당신의 기준을 충족하는 아이디어가 아니
라면 굳이 그 아이디어를 밀어붙일 필요가 없다. 변곡점과 통
찰 스트레스 테스트를 거쳐 아이디어를 구현한 시제품을 제작
한다면 겉으로 보기에는 매력적이지만 실제로는 그리 강력하
지 않은 아이디어를 가려내는 데 도움이 된다. 또한 (심지어 당
신 자신을 포함해!) 대부분 사람들의 눈에 말도 안 되는 것처럼
보이지만 돌파구로 이어질 요소들을 갖춘 아이디어를 탐험할
용기도 얻을 수 있다.

시제품을 다듬는 과정에서 중요한 것은 올바른 사람들과
협력하는 것이다. 현재 상태에 만족하며 당신의 비전에 공감하
지 못하는 사람들이 많을 것이다. 이런 사람들은 당신이 어떠
한 시제품을 제시하든 좋아하지 않을 것인데, 그 이유는 당신
의 통찰을 받아들일 준비가 되지 않았기 때문이다. 따라서 당
신이 보는 미래의 통찰에 깊이 공감하는 엄선된 사람들에게 집
중하길 바란다. 나는 이들을 '공모사들'이라고 부르는데, 당신
과 신념을 공유하고, 당신이 말하는 잠재력을 함께 바라보는
사람들이기 때문이다. 이 초기 지지자들을 찾아내고 이해하는
것이 왜 중요한지 이제부터 깊이 알아보도록 하겠다.

제10장

공모자들

스타트업 팀 꾸리기

좋아, 잘 들어 봐.
너만큼 미친놈들로 팀을 꾸려야 해.
누구 떠오르는 사람 있어?

-영화〈오션스 일레븐〉중

돌파력을 발휘하는 아이디어라도 이를 받아들이고 실현시키도록 사람들을 설득할 수 없다면 아무런 의미가 없다. 여기에는 한 가지 과제가 더 있다.

패턴을 파괴하는 스타트업은 규범을 거스르는 도발적인 미래관을 제시한다는 점이다. 이러한 스타트업은 기존의 통념에서 벗어나 전통적인 신념과 방식에 도전한다. 이들은 현 상황에 대립하는 대담하고도 색다른 접근법을 내세운다. 당신은 평범한 비즈니스를 위한 도움과는 다른 도움이 필요하다.

이렇듯 급진적인 아이디어를 위해 싸우려면 열성 지지자들이 필요하고, 여기에는 당신의 스타트업 팀과 초기 고객, 협업자, 심지이 투자자들까지 포함된다. 이들은 당신이 그린 변화를 열정적으로 믿어야 하고, 그 변화가 실현되도록 돕고 싶다는 마음이 우러나와야 한다.

주류의 인정이나 명망을 얻기를 바라는 인사이더가 아니

라 당신의 아웃사이더 또는 언더독의 시각을 받아들이는 사람이 필요하다. 당신은 기존의 강자들을 무너뜨리겠다는 열정적인 헌신과 깊은 동지애로 함께 나아갈 사람을 바라는 것이지, 이 일을 그저 하나의 직업으로 여기며 일이 잘 풀리면 이득이 올 거라고 계산하는 사람은 원치 않는다. 당신은 해군에 입대하려는 사람이 아니라 해적을 바라야 한다.

당신에게는 공모자들이 필요하다.

대부분의 사람들은 이런 일에 함께하고 싶어 하지 않는다. 현 상태에 만족하거나 이보다 나쁜 경우, 현 상태를 지키려는 의욕에 차 있다. 공모자들은 당신의 통찰을 열성적으로 지지하는 사람들일 뿐 아니라, 운동 초기에 당신을 불신하는 사람들에게서 받게 될 반발을 이겨내도록 도와줄 것이다.

돌파력을 발휘하는 스타트업은 올바른 공모자들의 믿음에 생기를 불어 넣어 성공을 거두는데, 그 공모자의 시작은 바로 스타트업 팀이다. 이들은 일반적인 비즈니스의 직원 및 관리자들과는 다르게 생각하고, 느끼고, 행동한다.

재즈처럼

일반적으로 비즈니스는 행군하는 군악대처럼 효율적으로 움직이기 위해 정해진 스텝과 악보가 필요하고 일관된 모습을 보이는 것이 중요하다. 하지만 스타트업은 일반 회사를 운영하는 것과 다르다. 정해진 방식이 거의 없는 스타트업은 세상에 아직 등장하지 않은 무언가를 만들어 내고자 한다. 보통의 조직이라면 이런 일을 할 수가 없다. 돌파력을 발휘하는 스타트업은 전통적인 조직도에 빈칸을 채워 넣는 것부터 시작해서는 안 된다.

돌파력을 발휘하는 스타트업은 군악대보다는 즉흥 연주를 하는 재즈 밴드처럼 운영된다. 뉴올리언스의 프렌치 쿼터를 방문하면 이런 재즈 밴드를 가까이서 만날 수 있다. 이러한 밴드에서는 리더가 즉흥적으로 리프(짧은 멜로디를 반복해 리듬을 만드는 것-역주)를 시작한다. 그럼 나머지 멤버들이 리더의 신호를 알아채고 그 자리에서 이에 맞춰 단 한 번뿐인 라이브 연주를 보여준다. 즉흥 재스 앙상블이 똑같은 연주를 선보이는 경우는 없다. 이들은 악보가 아니라 서로의 신호를 읽어가며 단 하나뿐인 연주를 보여 준다.

이렇게 생각해 볼 수 있겠다. 좋은 평판의 대기업에서 일

하던 사람을 채용했다고 가정해 보자. 이 직원은 이전 직장에
서 사용했던 익숙한 프로세스를 도입하려 할 것이다. 만약 직
원이 이런 모습을 보인다면 사람을 잘못 들였다는 신호다. 대
기업에서 프로세스가 존재하는 이유는 큰 규모의 성공을 도출
하기 위해 군악대의 악보를 따르는 것과 같다. 당신의 스타트
업은 즉흥 재즈 밴드의 연주 방식과 박자처럼 움직여 줄 사람
이 필요하다.

또한 조직 내의 지위가 동기로 작용하지 않는 사람들이 필
요하다. 대기업 경영에는 분명한 지휘 체계와 프로세스, 책임
의 경계가 필요하다. 하지만 스타트업 팀이 원하고 스타트업
팀에 필요한 것은 조직 구조에 종속되기보다는 모든 이들이 맡
은 과제에 창의적인 에너지를 쏟아붓는 문화다. 리듬을 느끼고
리프를 쌓아 올릴 수 있는 사람들, 혼돈 속에서 기량을 발휘하
는 사람들이 필요하다.

트위치의 에밋 시어는 이렇듯 강렬하고도 소란스러운 에
너지를 생생한 언어로 다음과 같이 표현했다.

"우리는 끔찍할 정도로 제 기능을 못하고 있었습니다. 채
팅 인터페이스의 타임스탬프에 24시간제를 쓸지 AM/PM을
쓸지를 두고 여섯 시간 동안 논쟁한 적도 있으니까요. 하지만
스타트업이 훌륭한 경영 덕분에 승리하는 경우는 없습니다. 훌

륭한 경영이 중요했다면 성공적인 스타트업은 하나도 없을 겁니다. 대기업들이 압승을 거두었을 테니까요. 스타트업이 성공하는 이유는 열심히 일할 의지를 지닌 영리한 사람들이 몇 번이고 난관을 만나도 계속 이겨내며 나아가기 때문입니다. 초창기에는 당신의 스타트업에 관심을 갖는 사람이 아무도 없으니 실패한다 해도 그리 큰일은 아니에요. 잃을 게 없거든요. 사용자도 없고, 스타트업 실패로 다칠 사람이 없습니다. 하지만 규모가 커지면 규칙이 달라집니다. 그때부터는 실수를 하지 않도록 조심해야죠. 수백만 명에게 영향을 끼칠 수 있으니까요."

네 명의 창립자가 한 팀을 이룬 트위치는 혼란스러운 상호작용과 결정을 끊임없이 헤쳐나갔다. 그러나 이들을 하나로 묶어준 힘은 더 큰 조직에서는 보기 힘든 수준의 투지와 상호 존중, 신뢰였다. 이들은 어떠한 실수나 난관 앞에서도 포기하지 않겠다는 의지와 집념을 공유하고 있었다. 이러한 공동의 투지는 최악의 시기에도 이들을 붙들어 주는 닻이 되었다. 에밋은 이렇게 덧붙였다.

"제대로 기능을 하지 못했던 순간에노 우정을 잃게 될까봐 두려웠던 적은 한 번도 없었습니다… 서로를 존중했고, 각자 자신이 책임지는 고유의 영역이 있었거든요."

팀을 꾸릴 때면 2001년에 개봉한 블록버스터 범죄 영화,

<오션스 일레븐>에서 영감을 얻길 바란다. 금고털이, 곡예사, 사기꾼, 폭파 전문가, 전력을 차단하는 사람, 도주 차량 운전자까지 저마다 다른 기술을 지닌 사람들이 조지 클루니가 연기한 대니 오션을 중심으로 모여 한 팀을 이룬다. 이들은 벨라지오 호텔의 '절대로 뚫리지 않는 금고'에 들어 있는 돈을 한 푼도 남김없이 훔칠 수 있다고 믿었다. 물론 스타트업을 운영하는 당신은 범죄를 저지르려는 것은 아니다(보통 사람들 눈에는 또 다르게 보일 수도 있겠지만!). 당신은 금고털이와 도주 차량을 운전해 줄 사람은 필요치 않다. 하지만 미래를 바꾸는 일에는 체제 전복적인 요소가 있는 만큼 함께 무언가를 공모하는 팀처럼 에너지와 상호 신뢰, 다양한 기술이 있다면 도움이 될 것이다.

트위치 창립자들은 <오션스 일레븐> 팀의 특징을 갖추고 있었다. 구성원들마다 서로 다르면서도 보완적인 기술을 보유했고, 역할이나 업무의 책임자 자리를 두고 충돌하는 일은 거의 없었다. 이들이 많은 위험을 감수할 수 있었던 이유는 잃을 것이 거의 없었기 때문이었다. 자본이나 인재와 같은 자원이 거의 없었던 이들은 일을 처리하는 데 창의적인 접근법을 활용해야 했다. <오션스 일레븐> 팀이 금고를 털기 위해 창의적인 방식을 떠올려야 했던 것과 비슷하다.

대니 오션의 팀처럼 예상치 못한 난관에 부딪혔을 때 트위치 팀은 흔들리지 않았고 도리어 회복력을 발휘했다. 이들의 협업 이면에는 서로를 향한 신뢰가 단단히 자리하고 있었다. 트위치 팀과 <오션스 일레븐> 팀 모두 긴장감 넘치는 순간마다 팀원 각자의 전문성과 헌신에 의지했다. 본질적으로 <오션스 일레븐>은 작고 힘없는 집단이 크고 건재한 상대(카지노)에게 도전하는 언더독 이야기다. 에밋 시어의 발언을 통해 트위치가 스스로를 의심과 난관 앞에서 물러서지 않는 결연한 언더독으로 인식하고 있었음을 확인할 수 있다.

어떤 사람들로 팀을 꾸릴 것인가

정확히 어떤 유형의 사람과 기술이 필요한지는 당신이 만들고자 하는 미래가, 상품이 무엇인지에 따라 달라진다. 스타트업의 인재 채용에 관련한 모범 사례만 모아도 책 한 권은 될 것이다. 그럼에도 우리가 지켜본 바, 돌파력을 발휘하는 공모자들로 구성된 스티트업 팀을 꾸릴 때 몇 가지 접근법을 따르면 패턴을 파괴하는 성공으로 이어졌다.

핵심 리스크를 제거할 수 있는 사람을 팀에 합류시켜라

돌파력을 발휘하는 스타트업을 만드는 데는 위험이 따른다. 스타트업의 생존은 당신이 직면한 가장 중대한 리스크가 무엇인지를 판단하고, 이 리스크들을 정리해 줄 사람을 모을 수 있는지에 달렸다. 리스크를 최소화할 능력과 대담함을 갖춘 사람들과 창업을 하거나 일찍부터 팀원으로 합류시켜야 한다. 법률이 개정되어 사업이 문을 닫게 될 수도 있다면 팀 내 또는 당신의 영향권 내에 이 사태를 사전에 막아줄 수 있는 사람이 있어야 한다. 스페이스X라면 우주로 쏘아 올린 후 다시 발사대로 착륙시켜 재사용할 수 있는 로켓을 만들 사람들이 필요하다. 새로운 소셜 미디어 플랫폼을 만드는 경우라면 플랫폼을 널리 알리고 사용자를 늘리는 데 사활을 거는 사람이 팀에 있어야 한다. 사용자의 규모를 키울 수 있는지가 당신이 마주한 가장 큰 리스크인 만큼 지금은 서비스 확산 여부가 가장 중요한 문제다.

관계성을 강조하라

스타트업 공모자들 사이에 단단한 신뢰를 쌓는 일 또한 필수적이다. 이러한 신뢰는 보통 오랜 우정이나 극한의 상황에서 함께 프로젝트를 함께한 경험에서 탄생한다. 함께 일을 했던 경험이 중요하게 작용하는데, 특히나 공동 창립자 사이에서는 더욱 그렇다. 나는 이른바 창업자 데이팅founder dating(창업을 함께 할 사람들을 찾는 웹사이트나 모임)이라는 것을 그리 좋아하지는 않는다. 좋은 결과로 이어지는 경우도 있지만 대부분은 그렇지 않다. 큰 시련을 겪으며 서로 가치관이 다르거나 해소되지 않은 문제가 있다는 사실을 뒤늦게 깨닫는 경우가 많다. 초기 스타트업을 주저앉히는 가장 큰 사유 중 하나는 창업자들 간의 갈등이고, 이는 투자자와 창업자 간 갈등보다도 더욱 많이 발생한다. 현 와이 콤비네이터의 대표인 개리 탄Gary Tan은 이렇게 설명했다.

“제가 2008년 공동 창립한 포스터러스Posterous는 매년 열 배 씩 성장해 퀀트캐스트Quantcast 웹사이트의 200위 안에 올랐습니다. 하지만 2010년 말, 성장세가 완전히 꺾였어요. 사업이 잘될 때는 우리 사이트를 잘 운영하는 데 정신없이 바빠서 서로 의견이 갈릴 만한 문제가 전혀 없었습니다. 이후 저는 공동 창립자와의 갈등에 대비하지 않는다면 협력이 가장 절실한 순간 서로의 멱살을 잡게 된다는 사실을 혹독하게 배웠습니다. 달콤했던 시기가 끝나고도 회사를 든든히 유지시켜 줄 건강한 토대가 부족했던 거죠.”

성공적인 공동 창립자들은 설사 친구 관계라고 해도 갈등을 피하기보다는 온전히 수용하는 관계성을 발전시켜야 한다. 상황이 어려워질 때가 바로 두 사람의 협력심이 가장 단단해야 할 때다.

팀의 좋은 관계성에 우정과 신뢰가 필수적이기는 하지만 그것만으로는 충분하지 않다. 기술과 관심사가 비슷한 친구들끼리 모여 팀을 이루고는 누가 어떤 일을 해야 할지 다툼이 생기기 시작한다면 이 또한 문제가 될 수 있다. 수백만 개의 웹사이트 및 온라인 서비스의 성능과 보안에 핵심적인 역할을 하는 클라우드플레어Cloudflare의 공동 창립자, 매튜 프린스Matthew Prince는 제대로 된 스타트업 공모자들이라면 역할을 놓고 논쟁이 일어날 일이 없다고 강조한다. 역할을 둘러싸고 논쟁이 벌어지거나 공동 CEO 체제처럼 두 창립자가 같은 책임을 공유한다면 팀을 잘못 꾸렸거나 공동 창립자가 제 역할을 잘 해낼 거라는 불신을 품고 있고 이 사안을 제대로 마주하고 해결하지 않고 있다는 의미다. 창립자는 자신이 그린 미래를 자신만큼이나 믿어주는 동시에 서로 보완적인 기술을 갖추고, 스스로의 역할을 명확히 이해하며, 깊은 신뢰가 형성된 사람들을 모아야 한다.

당신과 공모자들이 모든 사안에 완벽히 의견이 일치해야 한다는 말을 하는 것이 아니다. 내가 아는 훌륭한 스타트업 팀 중에서도 서로 엄청나게 다투었던 사례가 많았다. 저스틴티비

팀은 브랜딩부터 어떤 기능을 가장 중요하게 생각해야 할지, 사용자들에게 외면당하지 않으면서 수익을 창출할 방법은 무엇인지, 성장 전략과 사용자 관리 정책, 콘텐츠 정책에 이르기까지 수많은 사안을 두고 논쟁을 벌였다. 이렇듯 의견이 갈리는 상황을 보면서도 나는 이들 사이에 해소되지 않은 갈등이 남아 있다는 느낌은 받은 적이 없었다. 건강한 의견 차이라고 할 수 있다. 서로의 존재 자체에 분노를 느끼는 것과 달랐다. 이들은 서로의 강점과 약점을 알고 있었고, 어떻게 해야 서로의 취약한 면을 건드리지 않고 일할 수 있는지 알고 있었다. 내 소관이 아니니까 생각이나 걱정을 숨겨야 한다고 느끼는 사람도 없었다. 모두가 자신의 모습을 있는 그대로 온전히 드러낸 채 같은 목표를 향해 달렸다. 이런 식의 상호 이해는 함께 일해본 경력이 없다면 쌓기가 어려운 것이기도 하다.

또 한 가지 중요한 점은, 오랜 친구 사이라 하더라도 여정을 함께하는 동안 이 관계를 잘 유지하기 위해 꾸준하게 노력해야 한다는 것이다. 일반적인 스타트업도 이미 충분히 힘들지만 하나의 팀으로 미래를 비춰보겠다는 희망찬 음모를 함께 저지르는 경우라면 팀원 모두가 크게 소진되는 경우가 많다. 다시 포스터러스 사례를 들어보자면, 개리 탄은 이렇게 말했다.

"제 경우 공동 창립자와 대학 때부터 친구라 8년 이상 알고 지낸 사이였습니다. 함께한 역사가 있었지만 그것만으로는 충분하지 않다는 것을 둘 다 배운 셈이죠. 모든 관계가 그러하듯 지난 세월을 함께한 역사가 있는 관계도 잘 관리하고 신경을 써야 하거든요. 오랫동안 친구였다는 점만으로는 충분하지 않습니다. 중요한 건, 지금 현재 두 사람의 관계가 어떤가입니다."

슈퍼빌더를 찾아라

너무도 많은 불확실성에 직면하는 스타트업은 앞으로 예상치 못한 어떤 문제가 눈앞에 등장하든 무언가를 만들어 낼 수 있는 능력이 대단히 중요하다. 돌파력을 발휘하는 스타트업들에게서 한 가지 발견한 패턴은, 이들의 팀에는 '슈퍼빌더'가 있었다는 것이다. 첫 아이디어가 잘못되었을 때 (이것은 만약의 문제가 아니라 시기의 문제일 뿐이다) 기술의 제약을 받지 않는 슈퍼빌더가 있다면 옳은 방향으로 신속하게 전환할 수 있다.

앞서 에어비앤비의 사례에서 언급했듯, 내가 놓쳤던 요소들 중 하나가 바로 에어비앤비의 슈퍼빌더, 네이트 블레차르지크의 존재였다. 미팅 당시 브라이언 체스키와 시리얼 박스들, 제품 시연 때 벌어진 문제들에 내내 정신이 팔려 있었다. 네이트의 역량이 어느 정도인지 파악할 여유가 없었다. 알고 보니,

　　　　　　　　　　　　제10장 공모자들

필요하다면 무엇이든 만들어 내는 네이트의 능력은 에어비앤비의 위대한 성공담에서 제대로 인정을 받지 못한 측면이었다. 네이트는 구글 애드워즈Google AdWords를 활용해 특정 도시의 특정 사람들을 타기팅하는 방법을 찾아냈다. 그는 클릭 한 번으로 연동되는 통합 기능을 만들어 에어비앤비 호스트들이 크레이그리스트의 수백만 사용자에게 자신의 숙소를 노출시킬 수 있도록 했다. 대단히 영리한 전략이었다. 기억할지 모르겠지만 앞서 에어비앤비가 페이스북 커넥트를 활용했다는 이야기를 했었다. 애플리케이션 프로그래밍 인터페이스API인 페이스북 커넥트를 통해 기업들은 자사의 프로그램으로 페이스북 플랫폼과 직접 소통할 수 있었다. 에어비앤비는 페이스북 커넥트의 API로 사용자 가입 과정을 간소화하고, 겹치는 친구들을 보여주며 신뢰를 형성했고, 프로필 정보를 자동으로 채워주고, 소셜 공유를 가능케 했으며, 친구 추천 기능을 활용했고 덕분에 플랫폼의 성장을 이루었다.

하지만 크레이그리스트에는 API 서비스를 제공하지 않았다. 때문에 네이트는 영리하세노 우회 방식을 찾아내 호스트들이 에어비앤비 숙소를 크레이그리스트에 자동으로 게시할 수 있도록 했다. 이는 크레이그리스트의 에티켓과 이용 약관의 경계를 넘어서는 전략이었기에 플랫폼은 이러한 자동 크로스 포스팅cross-posting을 방지하는 조치를 취했다. 하지만 이미 에어비앤비가 상당한 견인력을 얻은 후였다. 네이트는 결제부터 고객 서비스, 리뷰 등 여러 영역에 이르기까지 큰 기술적 문제들을 맡아 해결해 나갔다. 처음만 해도 이런 일을 해낼 수 있는 사람은 네이트 한 명뿐이었다.

스타트업 초기 단계에서 슈퍼빌더는 리더 못지않게 중요한데, 이 두 역할을 한 사람이 맡는 경우는 거의 없다. 슈퍼빌더는 대체되거나 복제될 수 없는 동시에 다른 팀원들과 상호보완적인, 창의적 역량을 발휘하는 인물이다.

슈퍼빌더는 그저 전문성을 제공하는 데 그치지 않고, 팀의 속도를 높이고, 때로는 회사의 성공과 실패를 가르는 결정적 차이를 만들어 내기도 한다. 저스틴티비/트위치의 초창기 시절이 이를 잘 보여주는 사례다. 공동 창립자인 마이클 세이벨은 초창기 시절, 상당히 긴장감 넘쳤던 일화 하나를 들려주었다.

저스틴티비에서 주요 스포츠 경기를 포함해 저작권이 있는 콘텐츠를 스트리밍하는 사용자들이 많았다. 2008년 베이징 올림픽 중계권에 막대한 투자를 한 NBC는 자신들의 투자 가치를 지키기로 단단히 마음을 먹었다. 세이벨은 당시를 이렇게 전했다.

"금요일 오후, NBC 측 변호사가 제 휴대전화로 전화를 걸었습니다. 오는 월요일에 샌프란시스코의 법원에 가서 저스틴티비로 올림픽이 방송되지 않도록 한 달간 저희 사이트를 폐쇄시킬 거라고요. 올림픽 중계 문제가 아니었습니다. 한 달 동안 운영이 중단되면 플랫폼이 완전히 끝나버릴 수도 있는 일이었어요. 저스틴티비가 문을 닫을 수도 있는 상황이었습니다.”

실존의 위협 앞에서 세이벨은 다른 방법이 있을지 물었다. 변호사는 NBC 측에서 저작권 침해 콘텐츠를 모니터링하고 차단하기 위해 유튜브의 특수 소프트웨어를 사용 중이라는 이야기를 전했다. 그 말에 세이벨은 이렇게 제안했다.

“그럼 저희가 주말 동안 비슷한 소프트웨어를 만들면 어떻겠습니까?”

짧은 시간 안에 가능할지 변호사는 회의적이었지만 세이벨의 팀은 주말 동안 쉬지 않고 일했다. 일요일 오전, 이들은 직접 만든 해결책을 NBC 측에 전달했다. 이를 시험해 본 NBC는 플랫폼을 폐쇄시키지 않고 해당 도구를 사용하기로 결정했다.

이 사례는 위기의 상황에서 슈퍼빌더가 얼마나 중요한 역할을 하는지를 여실히 보여준다. 하지만 세이벨의 지적처럼 슈퍼빌더의 본질은 보다 심오하다. 그는 이렇게 전했다.

“슈퍼빌더의 가장 중요한 특성 중 하나이지만 사람들이 간과하는 것이 바로 믿음입니다. 슈퍼빌더는 자신이 한 번도 만들어 본 적 없는 무언가를 만들 수 있다는 믿음이 있는 사람들이죠. 이 지점에서만큼은 에밋 시어보다 카일 보그트^{Kyle Vogte}가 더욱 본질에 가까운 사람이라고 할 수 있습니다. 에밋도 어느 정도 자신감을 갖고 있었지만 카일은 무엇이든 만들어 낼 수 있다고 믿는 사람이었거든요. 실제로도 거의 사실이었다고 볼 수 있고요.”

흥미롭게도 저스틴티비/트위치 이후 카일 보그트는 자율주행차량 기업인 크루즈 오토메이션^{Cruise Automation}을 설립했다. 이 분야에 대한 열정은 MIT 재학 시절로 거슬러 올라간다. 크루즈가 초기 단계였을 때 카일을 만났던 나는 그의 스타트업에 투자를 고려하고 있었다. 플러드게이트의 팀원들 대부분은 회의적이었다. 나는 내 직감을 믿고 투자를 감행했다. 그로부터 1년도 채 지나지 않아 GM이 10억 달러가 넘는 금액으로 크루즈를 인수했다.

슈퍼빌더들은 공모자들은 물론 고객과 파트너들까지 팀에 합류시키는 데 중요한 역할을 한다. 이들은 통찰 이면에 자리한 기술적 예술성을 구현해내고 그것이 기술적 탁월함을 중요하게 생각하는 사람들에게 짜릿한 흥분감을 안기기 때문이다.

오늘날 우리는 어디서나 무엇이든 만들 수 있는 세상에 살고 있다. 어떤 상품인지를 제시하고는 피버^{Fiverr}나 업워크^{Upwork}

등 온라인 서비스에서 프리랜서 개발자를 찾거나 동유럽 등 인건비가 더욱 낮은 지역에서 외주 계약자를 고용할 수도 있다. 뉴욕, 로스앤젤레스, 실리콘밸리에서 직원을 고용할 때보다 훨씬 낮은 비용으로 상품을 만들 수 있다.

하지만 스타트업에서 중요한 것은 무언가를 제작하는 데 드는 비용이 아니다. 중요한 것은 돌파구를 마련하는 필요한 무언가를 만들 수 있는 능력, 그것을 가급적 빨리 만들어 낼 수 있는 속도다. 회사와 느슨한 관계를 맺은 외주 개발자 팀을 고용했다면 저스틴티비가 그 주말 동안 보여준 극적인 반전을 결코 만들지 못했을 것이다. 외주 개발자에게 이메일로 어떤 사양의 무엇이 필요한지 전달해야 하고 또 개발자들이 이를 완전히 이해부터 해야 제작에 들어갈 수 있다. 그러나 저스틴티비의 상황에서는 대단히 신속하고도 즉흥적으로 임기응변을 발휘해야 했고, 사전에 어떠한 시스템을 개발할 것인지 문서로 정리할 수도 없었다.

만약 이 일을 외주로 처리했다면 설령 개발자들이 주말 내내 일을 했다고 해도 하루는 너 시나야 1차 초안 결과물을 받을 수 있을 것이다. 그 결과물도 제대로 된 결과물은 아닐 것이고, 수정을 계속 반복하다가… 결국 스타트업은 흔적도 없이 사라지게 될 것이다.

숨어 있는 훌륭한 인재를 찾아라

내가 본 모든 스타트업 창립 팀은 하나같이 "사람이 가장 중요하다"고 말했다. 하지만 정작 인재를 채용하는 문제에 자신의 목숨이 달린 듯 임하는 경우는 거의 보지 못했다. 마땅히 사활이 걸린 문제처럼 접근해야 한다. 어떤 인재를 채용하는지가 스타트업의 존폐를 결정하기 때문이다. 최고의 창립자라면 공석이 있든 없든 자신의 시간의 15퍼센트에서 20퍼센트는 투자해야 한다고 생각한다.

키스 라보아Keith Rabois는 페이팔Paypal의 정부 대응 전략을 정립하고 실행하는 일과 규제 문제를 해결하는 일에 핵심적인 역할을 했다. 그는 이른바 '페이팔 마피아'로 잘 알려진 집단의 일원으로, 페이팔 마피아란 페이팔을 떠난 뒤 영향력 있는 테크 기업과 투자 회사를 창립하고 성장시킨 페이팔 출신 인재들을 가리키는 말이다.

키스는 페이팔을 떠나 링크드인LinkedIn과 슬라이드Slide, 스퀘어Square에서 중요한 역할을 맡았고 현재는 파운더스 펀드Founders Fund라는 벤처 투자사에서 파트너로 일하고 있다. 팀 빌딩에 깊은 통찰을 지닌 그는 최고의 인재를 찾는 과정에서 중요한 한 가지를 강조한다. 바로 숨어 있는 훌륭한 인재를 찾아야 한다는 것이다. 그 이유는 무엇일까? 훌륭한 인재가 이미 널리 알려진 상태가 되면 스타트업으로 데려오기가 대단히 어려워지기 때문이고, 설사 합류한다고 해도 당신이 이끄는 재즈 밴드 같은 스타트업에 적합하지 않은 사람일 수도 있다.

숨어 있는 훌륭한 인재를 찾을 때 다음의 다섯 가지 요소를 고려하길 바란다.

1. 상시 채용하라. 사람이 필요해졌을 때 대단히 유리한 위치를 선점하게 될 것이다.

2. 훌륭한 인재를 알아보는 눈을 키워라. 훌륭한 스타트업 인재는 끈기 있고, 가르쳐주지 않아도 배움이 빠르며, 기지가 뛰어나고, 혼란스럽고 예측 불가능한 환경에서 더욱 잘 성장하며, 무언가를 증명해 보이고자 하는 마음을 품고 있다.

3. 스타트업의 니즈에 맞는 인재를 찾아라. 성장이 필요하다면 능력을 봐야 한다. 리스크를 방어하고자 할 때는 경험을 고려해야 한다.

4. 숨어 있는 놀라운 인재Undiscovered Awesome People, UAP 리스트를 만들어라. 공보사늘에게 스타트업에서 활약할 자질을 갖추었다고 판단하는 사람 최소 열 명씩 목록을 작성하도록 하고, 당신 또한 이에 참여한다. 해당 인물이 지금 당장은 당신의 스타트업에 어울리지 않을지 몰라도 나중에는 잘

맞을 수도 있다. 그러니 계속 관계를 유지하라.

5. 당신의 스타트업을 항상, 공개적으로 알리고 납득시켜라. 스타트업 팀에 합류할 후보자들과 대화를 나눌 때, 상대가 당신의 비전 가운데 무엇을 가장 매력적으로 느끼는지 살펴야 한다. 그것이 바로 전체적인 마케팅에서도 강조해야 할 요소일 가능성이 크다. 마찬가지로 고객에게 잘 통하는 홍보 전략을 채용 후보들에게도 활용해야 한다. 스타트업의 진짜 스토리를 들려주고, 그 스토리 속으로 이들을 초대해야 한다.

범블Bumble(데이팅 앱-역주)의 위트니 울프 허드Whitney Wolfe Herd와 블룸 인스티튜트 오브 테크놀로지Bloom Institute of Technology(테크 교육 기관-역주)의 오스틴 올레드Austen Allred 같은 창립자들은 고객을 끌어들이는 것만큼이나 자연스럽게 인재를 불러들인다. 또한 일론 머스크는 마케팅과 채용 분야에서 자신의 비전을 납득시키는 데 아마도 가장 뛰어난 인물 중 한 명일 것이다. 그는 자신이 운영하는 기업들에서 전형적인 방식의 마케팅이나 광고에는 단 한 푼도 쓰지 않았다. 그럼에도 자신이 하는 일을 널리 알리고 세계 최고의 인재를 불러들이는 능력만큼은 타의 추종을 불허한다고 많은 이들이 말한다.

내부 공모자로 팀을 꾸리는 일도 중요하다. 하지만 투자자와 당신을 믿어주는 초기 고객들, 당신의 운동을 널리 확산시켜줄 외부 공모자들도 필요하다. 다음 장에서 다룰 내용이 바로 이것이다.

제11장

당신의
첫 신봉자들

완벽한 고객과 투자자
끌어들이기

우리는 어울리지 못하는 존재야

우리는 어울리지 못하는 존재야

어울리지 못하는 게 뭐가 문제야

이곳에서는 잘 어울리잖아!

-〈빨간 코 순록 루돌프와 못난이 장난감 섬
Rudolph the Red-Nosed Reindeer and the Island of Misfit Toys〉 중

현재를 사는 대부분의 사람들이라면 당신의 통찰을 처음 들었을 때는 지지자가 되고자 하지 않을 것이다. 대다수는 당신이 그리는 미래를 좋아하지 않을 텐데, 스스로가 의식하든 못하든 이들은 그 미래에 반격하는 현재의 모습을 몸소 보여주고 있는 것이다. 당신의 미래를 믿어줄 소수의 사람들을 찾고 그 미래로 함께 나아가자고 설득하는 것이 당신에게 주어진 과제다.

초기 고객은 당신을 믿는 사람들이어야 한다

이 첫 번째 지지자들이 당신의 외부 공모자들이다. 내부 공모자들과 마찬가지로 이들은 유용성 때문이 아니라 믿음으로 당신이 살고 있는 미래에 함께하는 동지들이다. 초기 지지자들과 관련해 가장 중요한 점은 많다고 해서 반드시 더 좋은 것은 아니라는 점이다.

스타트업 초기 단계를 세일즈 퍼널sales funnel(잠재 고객이 상품 및 서비스를 인지하고 이후 구매 고객에 이르기까지의 과정을 깔때기에 빗대어 구조화한 개념-역주)처럼 접근해 가능한 한 많은 사람들을 깔때기 입구로 불러들여 최종 고객 수를 늘리려 해서는 안 된다. 상식에 반하는 이야기처럼 들리겠지만 당신의 첫 지지자들은 당신을 선택해주는 사람으로 구성하는 게 아니라 당신이 신중하게 선택한 사람들로 구성되어야 한다. 올바른 지지자들은 당신이 함께 만들어 가고자 하는 새로운 미래를 향해 운동을 이끌어갈 핵심 동력이 된다. 잘못된 지지자들은 당신을 기존의 방식으로 떠밀고 현재로 끌어당겨 당신이 바라던 미래에서 점차 멀어지게 만든다. 당신을 믿지 않는 사람들은 그저 당신의 시간만 낭비하게 만들 뿐이다.

초기 고객은 당신의 상품을 사는 사람들 이상이다. 이들은 당신이 들려준 스토리 속 세계에 대한 믿음으로 움직인다. 스타트업 아이디어가 수정과 개선의 과정을 반복할 때마다 이들의 믿음을 확인시켜줄 수 있어야 한다. 그래야 이들은 당신을 더욱 많은 사람들에게 알리고, 그렇게 당신의 스토리를 받아들일 초기 지지자들이 늘어간다.

초기형 테슬라 로드스터Roadster는 같은 가격대의 주류 럭셔리 자동차와 비교했을 때 살아남기가 어려웠다. 차체는 로터스Lotus 것이었고, 라디오와 좌석은 표준 부품 중 아무거나 집어 탑재한 것처럼 보였다. 테슬라는 같은 가격대이나 좌석을 조절하는 열 가지 기능을 갖추고 스피커가 열 대나 내장되어 있으며, 500와트 출력의 오디오 시스템을 갖춘 차들과 경쟁해야 했다.

이런 기능들이 중요했을까? 아니었다. 테슬라 창립 팀은 진정으로 중요한 한 가지에서 A+를 받았다. 바로 전기차에 열정을 가진 사람들에게 전기차를 만드는 것도, 전기 자동차 회사가 이 세상에 탄생하는 것도 모두 가능한 일임을 보여줬다는 점이다. 기업은 이 미션을 믿는 지지자들을 찾아냈고, 기업에 그리 중요하지 않은 회의론자와 반대론자들에 저항했으며, 관심을 보인 사람들의 마음 깊은 곳을 건드렸다. 로드스터는 테슬라의 첫 번째 지지자들의 눈에 돌파구처럼 보였고, 이것으로 충분했다.

초기 테슬라 로드스터는 단지 최소 기능 제품이 아니었다. 최소 기능 미래minimum viable future였다. 초기 고객들이 매력적으로 느낀 미래이자 기능성을 갖춘 시제품이었다. 부유한 사람들은 로드스터를 구매했다. 자신들의 믿음이 옳았음을 입증하는 증거였기 때문이다. 로드스터를 몰며 자신이 믿는 미래가 무엇인지 사람들에게 보여주었다.

테슬라가 '보통의' 포커스 그룹 인터뷰를 진행했거나 모든 고객들의 의견을 동등하게 수용했다면 초기 지지자들, 즉 공모자가 되어 줄 이 사람들에게는 그리 중요하지 않았던 기능을 개선하는 데 초점을 맞췄을 것이다. 첫 번째 지지자들은 '보통의' 기능에는 관심이 없었다. 이들은 기존 기능을 개선한 상위 버전을 원하는 게 아니었다. 이들은 테슬라 미션 이면의 스토리를 향한 자신들의 믿음이 옳았음을 보여줄, 혁신적으로 다른 무언가를 바랐다.

하지만 최소 기능 미래가 단 하나만 존재하는 것은 아니다. 당신이 어떠한 미래를 만들고자 하는지에 따라, 초기 지지자들의 믿음을 입증하는 데 무엇이 필요한지에 따라 달라진다. 옥타의 토드 맥키넌과 프레디 커레스트가 그러지 않았듯, 클라우드 계정 관리 플랫폼을 만들고자 한다면 초기 고객들에게 대충 손짓을 해가며 이런저런 일들을 한 번 상상해 보세요, 라고 말할 수는 없다.

옥타의 첫 번째 시제품은 초기 지지자들이 자신이 속한 회사에 보여줄 수 있는 무언가여야 했다. 즉, 옥타의 시제품이 여러 클라우드 서비스에 접속할 수 있는 하나의 공통 인터페이스를 제공한다는 점을 보여줘야 했다. 옥타의 초기 지지자들은 클라우드를 일찍이 수용한 혁신적인 고객이었지만 현실적인 문제를 안고 있었고, 이를 해결할 현실적인 해결책이 필요했다. 옥타는 초기 신봉자들이 겪는 고통을 해소해 줄 실질적인 유용성을 보여줘야 했다. 그래야 자신의 믿음이 옳았음을 확인한 초기 고객들이 지지자로 남을 터였다.

마크 안드레센과 에릭 비나는 오늘날 우리가 당연하게 여기는 인터넷의 기능이나 검색 엔진이 등장하기 이전에 모자이크라는 브라우저를 만들었다. 그전만 해도 웹사이트에 접속하려면 그 사이트를 어떻게 찾아야 하는지 방법을 알아야 했거나 모자이크의 홈페이지에 링크가 있어야 했다. 당시 웹페이지를 만들려면 HTML을 이해하고 콘텐츠를 호스팅할 웹 서버에 접근할 수 있어야 했다. 월드와이드웹은 아직 신생 단계였기에 웹 페이지 수도 상대적으로 적었다.

웹 개발자 커뮤니티는 '알파 긱alpha geeks'이라고 불리던 혁신적이고도 유대감이 강한 집단이었다. 이들은 주로 학자나 연구자들이었고, 이들이 공유하는 열정은 학계 네트워크, 유즈넷Usenet, 입소문, 콘퍼런스, 워크숍, 초기 온라인 줄판 채널을 통해 퍼져 나갔다. 알파 긱들이 모자이크를 알리기 시작한 데는 비즈니스가 주된 동기가 아니었다. 이들은 단순히 모자이크를 이리저리 가지고 논다는 즐거움을 누렸다. 모자이크의 잠재성에 대한 이야기가 퍼져나가면서 웹 페이지와 크리에이터의 수가 빠르게 증가했다. 이러한 움직임은 아래에서 위로 번진 현상이었고, 새로운 능력을 주는 참신한 기능에서 짜릿함을 느낀 사람들이 일으킨 변화였다.

1970년대 후반 초기 애플 컴퓨터가 또 다른 알파 긱들에게 사랑받았다는 사실을 기억할지도 모른다. 차고에서 컴퓨터를 갖고 놀던 사람들과 홈브루home-brew(직접 제조한다는 뜻으로, 여기서는 직접 컴퓨터를 조립하거나 회로를 만들었다는 의미로 쓰인다.-역주)를 하던 이들이었다. 이 초창기 시절의 열성적인 마니아들은 공동 창립자인 스티브 워즈니악의 기술에, 특히 회로 기판을 단순하게 설계하면서도 완성도 높은 기능성을 구현하는 방식을 존경했다.

초기 개인용 컴퓨터는 하얀 캔버스처럼 원하는 작업을 프로그래밍할 수 있었다. 집에 있는 TV에도 연결할 수 있었고, 카세트테이프에서 베이식 프로그래밍 언어를 불러올 수도 있었다. 열성적인 마니아들이 추가 메모리와 몇 개의 입출력 포트, 확장 슬롯을 장착해 컴퓨터를 업그레이드 하면서 애플 초기 컴퓨터에 대한 잠재력을 둘러싸고 큰 관심을 불러일으켰다. 이러한 열기는 워즈니악이 회원으로 소속되어 있기도 했던 홈브루 컴퓨터 클럽Homebrew Computer Club과 같은 커뮤니티를 활성화하는 데도 도움이 됐다. 이 클럽의 멤버 전원이 개인용 컴퓨팅을 향한 워즈니악의 혁신 및 DIY 정신을 공유했고, 이로써 사람들 사이에 완전히 다른 미래를 향한 움직임이 번져나갔다.

테슬라의 경우, 일론 머스크가 그린 급진적으로 다른 미래를 실제로 기능하는 시제품으로 만들었고, 이를 바라는 부유층을 겨냥했다. 스페이스X에서는 우주여행과 상업화 기회의 확장에 투자할 자금이 있고 또 스페이스X가 이를 실제로 해낼 수 있음을 보여준다면 투자를 해줄 미국 정부를 대상으로 삼았다. 결국, 인류의 우주 진출을 확장하려는 나사 또한 민간의 최고 인재들이 자사의 목표에 힘을 실어줄 수 있다면 이를 지원하는 것이 이익이라고 판단했다. 나사가 즉각적인 투자 수익을 노리고 한 선택은 아니었다. 스페이스X는 나사가 새로운 도전을 감행하는 수단이었다. 민첩한 스타트업의 효율성과 효과성을 활용해 거대 정부 기관이 감당하기 어려운 위험을 감수하는 방식이었다.

초기 단계에서는 고객이 당신을 선택하는 게 아니라 당신이 초기 지지자들을 선택해야 한다. 옥타에게 올바른 첫 번째 지지자들은 클라우드를 믿는 사람들일 것이다. 이미 세일즈포스와 여러 클라우드 앱을 사용 중이었던 기업 고객들은 자사의 사용자들이 여러 클라우드 서비스에 안전하게 로그인하는 방법을 자꾸 잊는 바람에 고민이 깊었다. 어쩌면 클라우드의 초기 수용자들 가운데 스스로 이 문제를 해결해보려 시도한 사람도 있을 수 있다.

에어비앤비의 초기 시절, CEO 브라이언 체스키는 처음 호스트로 등록된 사람들의 집을 직접 방문하기도 했다. 그는 초기 사용자의 규모가 의미 있는 수치로 나타난 첫 번째 장소인 뉴욕의 거리로 나섰다. 호스트들 가운데 한 명이 유독 눈에 띄었다. 이 호스트는 플랫폼을 어떻게 개선해야 할지 자신의 생각을 정리한 노트 한 권을 브라이언에게 보여주었다. 바로 이런 사람이 당신이 찾아 나서야 할 첫 열성 지지자다!

문제는, 이러한 선구적 고객을 만났을 때 이들을 알아볼 수 있느냐다. 선구적인 고객은 현재를 살지 않는 사람들이다. 이들은 미래를 사는 소수 중 하나다. 당신의 제품과 처음 만나는 순간, 미래에 사는 이들은 마음속에 그리던 앞날의 무언가를 마주했다는 확신을 갖는다. 못난이 장난감 섬의 장난감들이 그랬듯(애니메이션 <빨간 코 순록 루돌프와 못난이 장난감 섬> 속 못난이 장난감 섬에는 망가지거나 하자가 있어 세상에서 소외된 장난감들이 모여 산다.-역주) 미래를 사는 사람들은 당신의 아이디어를 기다려 왔다. 설사 그 사실을 스스로 인지하지 못했을지는 몰라도 말이다. 그들은 속으로 (어쩌면 입 밖으로 소리 내어) 이렇게 말할지도 모른다.

"도대체 어디에 있다가 지금 나타난 겁니까? 이게 바로 미래의 모습일 겁니다."

이런 사람들은 당신과 미래를 함께 만들어 나갈 준비가 되어 있다. 이들을 만나는 것은 굉장한 축복이다. 당신이 더욱 빠르게 위대함에 이르는 길을 찾을 수 있도록 도와줄 잠재력이 이들에게 있음을 알아보지 못한다면 끔찍한 실수가 될 것이다.

이와 반대로 창립자는 시간을 내어 주겠다는 고객이라면 그게 누구든 덥석 대화를 나누는 실수를 범하기 쉽다. 이들 또한 당신의 상품을 구매할 수도 있고, 상품에 대한 의견을 열정적으로 들려줄 수도 있다. 하지만 경계해야 한다. 현재를 사는 사람들의 말을 듣다 보면 당신이 만들고자 하는 미래에서 점점 멀어질 수 있기 때문이다.

테슬라가 오리지널 로드스터를 만들 때 누군가의 조언에 따라 열 가지 조절 기능을 갖춘 좌석을 설치했다면 역효과를 낳았을 것이다. 미래에 부재한 무언가를 만들고자 하는 당신의 여정을 더욱 가속화시켜 줄 고객들에게만 집중해야 한다.

초기 투자자도 지지자여야 한다

잠재 고객들은 저마다 모두 다르다. 잠재 투자자도 마찬가지다. 당신은 "예스"보다 "노"를 더 많이 듣게 될 것이고, (직관에 반하는 이야기처럼 들릴지 몰라도) 이는 당신이 제대로 된 방향으로 향하고 있다는 신호이기도 하다.

벤처 투자 유치는 지금껏 내가 비즈니스를 해오며 접한 수많은 분야 중 가장 불투명하고 또 가장 오해를 많이 받는 영역이다. 처음 벤처 업계에서 경력을 쌓기 시작했을 당시 나는 스타트업 두 곳에서 연달아 창립자, 경영진으로 일했고 두 회사 모두 상장에 성공했다. 우리는 역사상 가장 성공한 벤처 투자가 중 한 명인 짐 브레이어^{Jim Breyer}를 포함해 최고의 투자자들에게 자금을 유치했다. 그럼에도 '테이블 건너편 자리'로 옮겨 시드 단계의 벤처 투자자의 입장이 되고 나서야 내가 지금껏 투자 유치에 대해 아는 바가 거의 없었다는 것을, 더불어 벤처 비즈니스가 어떻게 돌아가는 것인지에 대해서는 더더욱 무지했음을 깨달았다.

창립자로 일하던 시절에 이런 것들을 미리 알았더라면 초기 단계 투자자들을 상대하는 데 특히나 도움이 많이 되었을 것이다. 이 단계의 투자자는 단순히 사업을 시작할 자금을 마

　제11장 당신의 첫 신봉자들

련하기 위해 필요한 사람이 아니라 일종의 공모자로 봐야 한다. 특히나 창립자인 당신이 돌파구로 이어질 비주류적인 아이디어를 추구하는 경우라면 더욱 그렇다.

많은 창립자들이 투자 유치를 세일즈 과정처럼 접근하는 실수를 저지른다. 이들은 잠재적인 벤처 투자자들로 세일즈 퍼널을 만들어야 한다고 생각하는 것이다. 자신의 성공을 바라는 여러 사람들의 조언을 모아 슬라이드 프레젠테이션을 만든다. 이러한 접근법의 문제는 앞서 이야기했던 함정, 즉 초기 지지자들이 아니라 보통 사람들에게 파는 것과 같다.

가장 초기의 스타트업은 두 가지만 갖고 있다. 바로 스타트업 팀과 통찰이다. 당신의 통찰을 믿고 함께 다른 미래를 만들어나가는 스타트업 팀과 고객을 바라는 것처럼 초기 투자자에게도 같은 것을 요구해야 한다. 처음에는 그러기가 쉽지 않다. 대부분의 벤처 투자자들이 자신의 스타트업 아이디어를 좋아하지 않으면 나쁜 신호라고 여기는 사람들이 많다. 하지만 내 경험상, 당신의 통찰을 이해한 소수의 벤처 투자자들에게서 "지금껏 어디 있나가 이제 나타난 겁니까?"라는 소리를 듣는 편이 훨씬 낫다. 시작 단계에서는 당신이 하는 일에 미온적인 관심을 보이는 다수의 투자자보다 당신의 아이디어에 열광하는 소수의 투자자를 사로잡는 편이 낫다.

결국 투자자는 믿거나 믿지 않거나, 둘 중 하나다. 처음부터 믿지 않는 사람들이라면 결국 훗날 당신이 옳았음을 입증하기 전까지는 계속해서 믿지 않을 것이다. 그런 투자자를 붙잡아서는 안 된다. 믿지 않는 사람들에게 당신의 아이디어를 설득하려고 에너지를 쏟는다면 그건 실수다. 당신의 공모자가 될 준비가 안 된 사람과 어울려봤자 당신의 메시지만 혼탁해질 뿐이다.

이보다 안 좋은 상황은, 애초에 당신을 신뢰하지 않는 사람들의 반대 의견까지 수용하려 애쓰다 정작 당신이 신경 써야 하는 사람들에게 전달해야 할 메시지가 혼탁해진다는 것이다. 이는 우리가 제9장에서 다뤘듯, 초기 고객이자 공모자인 사람들에게 너무 많은 혜택을 설명하는 실수를 범하는 것과 비슷한 상황이다.

이런 경유로 메시지가 혼탁해지는 상황을 직접 목격한 바 있다. 어떻게 이런 일이 벌어지는지를 이해하기 위해 다음의 상황을 떠올려 보길 바란다. 당신의 스타트업은 자금을 유치할 준비를 하며 첫 슬라이드 자료를 만들고 있다. 몇몇 에인절 투자자(신생 벤처 기업에 투자하는 개인 투자자-역주)와 멘토, 지지자들이 이미 갖추어진 상황이다. 자연스럽게 이들의 의견을 구한다.

어떤 이는 요즘 벤처 투자자들 사이에서 쓰는 유행어를 피

 제11장 당신의 첫 신봉자들

칭에 적당히 섞는 게 좋다고 제안할 수도 있다. 그 결과, 단순히 "우리는 에어비앤비입니다. 집에 남는 방이 있다면 저희를 통해 임대할 수 있습니다."라고 말하면 될 일을, 조언에 따라 "우리는 에어비앤비입니다. 주거용 부동산 마켓플레이스죠." 같은 식으로 바꾼다. 조언자의 논리는 '마켓플레이스'에 네트워크 효과가 있고, 벤처 투자자들은 네트워크 효과가 지닌 경제성과 성장 가능성을 좋아한다는 것이다.

또 한 지인은 세부적인 내용을 다루기 전 큰 그림을 먼저 보여줘야 한다고 조언할지 모른다. 핵심 개념을 설명하기에 앞서 밀레니얼 트렌드, 온라인 쇼핑으로의 전환, 소셜 플랫폼의 부상, 호스피탈리티 브랜드를 향한 사람들의 태도 변화 등을 강조해야 한다고 말이다. 지인의 의도는 이렇다. 당신의 잠재력이 현재의 거시적 트렌드에 잘 어울린다는 점을 보여줘야 한다는 것이다.

또 다른 멘토는 당신이 처음 목표로 삼은 고객층보다 더욱 넓은 시장이 가능함을 시사해야 한다고, 망을 넓게 쳐야 한다고 제안한다. 더욱 큰 비선을 보여수기 위해 슬라이드 몇 장이 추가된다.

이 외에도 피칭에 투자자가 좋아할 만한 용어들로 중요 포인트를 더하라는 피드백도 전해진다. 이 의견 또한 반영한다.

선의가 담긴 피드백을 전부 수용하느라 자료가 점차 늘어난다.

　마침내 투자자들 앞에서 프레젠테이션을 할 시간이 왔다. 하지만 홈런을 치지 못한다. 투자 거절 메일에는 각기 다른 사유가 적혀 있다. 비즈니스 모델이 명확하지 않다, 유닛 이코노믹스unit economics(단위 경제성, 제품 또는 서비스, 사업부 단위당 수익성 및 손익을 측정해 사업 모델을 정량적으로 평가하는 접근법-역주)가 그려지지 않는다, 유치하려는 자금이 너무 많다 또는 적다 등 이유가 다양하다. 이러한 비판을 반영해 피칭 자료를 수정한다. 프레젠테이션 자료는 점점 더 늘어나지만, 그래도 나올 법한 반대 의견에 모두 대응할 수 있는 슬라이드가 마련된 셈이다. 나는 이렇게 비대해진 프레젠테이션을 '프랑켄덱Frankend-ecks'이라고 부른다. 모든 질문과 반론에 일일이 답하려다 핵심 메시지가 사라져 버리는 것이다. 여러 신체 부위를 이어붙인 프랑켄슈타인처럼, 너무 많은 정보와 이야기를 붙여놓은 피칭 자료는 당신이 어떠한 미래 비전을 갖고 있는지에 대한 응집력 있는 서사를 잃는다.

　이때 새로운 문제가 등장한다. 피칭 미팅 시간은 한정되어 있는데 보여줘야 할 슬라이드는 너무 많고, 설명해야 할 내용도 많다 보니 시간에 쫓기는 느낌에 시달린다. 그 몇 분이 순식간에 흘러가 당신의 상품을 시연하거나 사용자의 실제 후기를 들려줄 시간이 얼마 남지 않는다. 주어진 시간 안에 모든 슬라이드와 모든 포인트를 전부 보여줘야 한다는 압박감에 투자자들의 질문이 오히려 방해처럼 느껴지는 나머지 대답도 성의 없이 하게 된다.

더 이어갈 수도 있지만 이 정도면 내가 무슨 말을 하고자 하는지 이해할 것이다. 메시지가 혼탁해진다는 의미가 바로 이것이다. 투자자들에게 이런 식으로 접근하면 스타트업의 기회를 견인하는 진짜 신호인 통찰이 잡음 속에 묻힌다. 심지어 공모자가 될 준비가 된 사람들마저도 혼란을 겪는다. 공모자가 될 준비가 되지 않은 사람들은 반대 의견을 더 보태고, 이 의견들이 더해져 잡음은 더욱 커지다 결국 창립자 스스로가 자기 회의에 빠진다.

피칭은 다른 프레임으로 접근해야 한다. 초기 단계에 있는 당신에게 투자자는 딱 두 종류뿐이다. 당신의 통찰을 믿을 준비가 된 투자자와 그렇지 않은 투자자. 전자만 중요하다. 두 번째 부류는 중요하지 않다.

당신이 저지를 수 있는 가장 큰 실수는 낭신의 획기적인 통찰을 지지해줄 준비가 된 사람들에게 명확한 비전을 보여주지 못하는 것이다. 당신의 통찰을 믿어줄 준비가 된 이들이 바로 당신의 잠재적 공모자들이다. 하지만 명확한 비전을 보여주지 못한다면, 지나치게 많은 세부 내용과 간접적인 언어로 메시지를 전달하면 당신의 비전을 이해하지 못하고 길을 잃고 만다. 이들이 왜 당신의 첫 번째 열성 지지자가 되어야 하는지 스스로 납득할 수 있도록 도움을 주어야 한다.

잠재적 공모자들은 예리하고도 직설적인 피칭을 바란다. 이들은 당신이 무엇을 하고 있는지를 짧고 명확한 언어로 설명해주길 바란다. 전부 다 보여주려다 결국 아무것도 보여주지 못하는 애매모호한 설명보다는 당신이 곧장 시연으로 들어가 간결하면서도 설득력 있게 이야기를 전해주길 바란다. 진짜 공감할 수 있는 이야기들, 사용자들의 스토리와 이들이 왜 당신의 해결책을 간절히 바라는지 그 이유를 듣고 싶어 한다.

나는 피칭 미팅이 20분 넘게 흘렀는데도 여전히 이 스타트업이 뭘 하는 회사인지 감을 못 잡았던 적이 많았다. 왜 이런 상황이 벌어지는지도 잘 안다. 제대로 된 피칭을 준비하는 일이 어렵기도 하고, 벤처 투자자 또한 최상의 컨디션으로 미팅에 임하지 못할 때가 많기 때문이다. 투자자들은 어쩌면 자신이 관리하는 포트폴리오 중 한 회사에 벌어진 문제 때문에 머릿속이 복잡할 수도 있다. 그렇더라도 명심하길 바란다. 혼돈에 휩쓸려 메시지가 혼탁해지는 일이 벌어져서는 안 된다.

창립자들은 모든 투자자를 잠재적 공범자로 대해야 하고,

이러한 마인드셋으로 피칭에 임해야 한다. 어떤 투자자의 마음이 끝까지 움직이지 않는다면 이를 이겨야 할 도전 과제로 보기보다는 하나의 신호로 이해하길 바란다. 이 사람은 아니라는 신호다. 그러니 당신과 비전을 공유하고, 당신의 미션을 믿으며 진심을 보여주는 동지를 찾아 나서길 바란다. 믿지 않는 사람들을 설득하려 애쓰지 말라. 지금은 이들이 중요하지 않다.

당신에게 적합한 벤처 투자자는 당신이 통찰을 스트레스 테스트하는 과정에서 의견을 구하고 싶다는 생각이 드는 사람이다. 어떤 스타트업에 투자를 했는지, 웹사이트에 어떤 글이 적혀 있는지, 온라인에 어떠한 이야기를 남겼는지 등을 통해 투자자를 판단할 수 있다. 이들을 설득하겠다는 태도나 이들의 반론을 예상하고 잘 무마시켜 보려는 마음으로 접근해서는 안 된다. 당신의 통찰에 대해 의견을 나누는 상대를 찾겠다는 태도로 투자자를 대해야 한다. 통찰을 발견하기까지 필요한 노력을 모두 했다면 당신이 바라는 벤처 투자자는 결국 당신의 의견에 매료될 것이고 믿지 않는 사람들은 떨어져 나갈 것이다.

나는 창립자외 만나면 이렇게 시작한나. "본격석으로 피칭을 진행하기에 앞서 저는 반직관적인 시각으로 미래를 바라보는데, 이러한 믿음이 옳다고 생각하는 이유에 대해 여러분들께 먼저 설명하겠습니다. 이 의견에 동의하지 않는다면 제가 이후에 드리는 말씀은 아무런 의미가 없을 테니 굳이 제게 시간을 낭비하실 필요가 없습니다."

생각해 보면, 대부분의 투자자는 당신의 의견에 반대할 것이고, 이것이 돌파력을 발휘하는 아이디어를 탄생시키는 과정의 일부라는 사실이 도리어 영감을 일깨우기도 한다. 투자 유치의 목적은 당신의 진정한 강점인 당신이 돌파력을 발휘할 수 있는 조건을 기꺼이 받아들이고자 하는 사람들에게만 당신의 에너지를 쓰는 데 있다는 사실을 깨닫고 나면 당신을 믿지 않는 사람들의 반론 때문에 밤잠을 설치지 않을 것이다.

내가 지금껏 본 최고의 스타트업들은 같은 통찰을 믿고 또 믿지 않는 사람들을 상대로 우리가 옳다는 점을 보여주기 위해 함께 싸워나가는 공모자 집단이 있었다. 스타트업 팀, 초기 고객들, 투자자들, 즉 모든 이들이 바람직한 광기를 공유하는 것이다. 당신이 바라는 것이 바로 이 에너지다. 당신이 지닌 강점을 가치 있게 여기는 사람들과 함께하고, 아직 움직일 준비가 되지 않은 사람들에게 에너지를 소비하며 불안해할 필요가 없다.

내 비즈니스 파트너인 앤은 리프트 창립자들의 공모자로 바람직한 마인드셋을 보여주었다. 로건 그린과 존 짐머가 리프트 출시에 앞서 어떠한 법적 문제가 예상되는지 이야기를 하자 앤은 눈도 깜짝하지 않고 이렇게 물었다. "사람들이 이 제품을 사랑하게 될 거라고 생각하나요?” 로건과 짐이 확신 넘치는 답변을 전하자 앤은 주저 없이 이들의 대의를 전폭적으로 지지하겠다고 마음먹었다.

앤의 말은 진정한 공모자란 무엇인지를 보여준다. “무엇이 잘못될지 전부 파악하는 것으로는 위대함에 이를 수 없어요. 잘 될 수 있는 방법을 찾아야 위대함에 이를 수 있죠.”

공모자들과 함께 당신만의 생태계를 꾸려라

현재의 상태를 유지하기 위해 고객, 경쟁자, 파트너, 구매자, 공급자로 구성된 생태계가 조성되어 있듯, 돌파구를 마련하려면 사람들의 연합과 잘 정립된 생태계가 필요하다. 테슬라의 충전소나 텍사스의 기가팩토리Gigafactory, 또는 자동차 한 대를 제작하는 데 필요한 공급망을 떠올려 보면 된다. 이 생태계에서 어느 한 고리가 빠져 있다면 테슬라의 운동이 퍼져 나가는 힘이 크게 약화됐을 것이다.

새로운 아이디어를 뒷받침하는 생태계를 구축한다는 것이 사실 새로운 개념은 아니다. 돌파구를 마련한 창립자의 대표적이고도 고전적인 사례로 1920년대의 클래런스 버즈아이

Clarence Birdseye를 들 수 있다. 버즈아이는 북극에서 알류샨 열도에 사는 사람들이 물고기를 잡는 모습을 지켜봤다. 이들은 잡은 물고기를 눈 속에 곧장 얼렸다. 그 이유가 뭘까? 잡은 물고기를 당일 전부 먹어 치우고 싶지 않았기 때문이다. 일부는 나중을 위해 보관해두고 싶었다.

집으로 돌아간 버즈아이는 이러한 급속 냉각 방식을 과일과 채소, 고기에 적용할 수 있을지 고민했다. 실험을 해 본 그는 실제로 가능하다는 것을 발견했다. 하지만 그가 단순히 얼린 식품을 배달하는 데 그쳤다면 실패했을 것이다. 그는 공장에서 식료품점까지 제품을 실어 나를 수 있도록 냉동 설비를 갖춘 화물칸을 만들어 달라고 철도 회사를 설득했고, 제품을 보관할 냉동고를 설치하도록 식료품점을 설득했다.

오늘날 슈퍼마켓에 냉동식품 코너가 존재하는 것은 클래런스 버즈아이 덕분이다. 자신의 통찰이 지닌 가치를 현실로 만들려면 아이디어를 실제로 진행하기에 앞서 생태계를 조성해야 한다는 점을 이해하고 있었다. 최종 상품을 제안하는 것으로는 충분하지 않았다. 그는 자신이 내다본 미래를 가능케 해줄, 실제로 작동하는 통합 시스템 하나를 제시해야 했다. 이 과정에 관여한 사람들 모두를 초기 공모자로 합류시켜야 했다. 그는 모두에게 어떠한 행동을 해야 하는지 분명한 지침과 방향을 제시해야 했다. 모든 이들이 함께 움직여 그의 상품을 위한 생태계를 구축했다.

제품 라인을 확장하던 테슬라는 생태계를 조성해야 했다. 로드스터에 이어 더욱 편안하고 실용적인 세단, 모델 S^{Model S}가 출시되자 테슬라의 지지자들이 늘어나기 시작했다. 이후 테슬라는 차량의 실용성을 더욱 높여줄 충전소인 슈퍼차저^{Supercharger}를 마련했다. 덕분에 운전자들은 운행 거리가 제한적이라는 불안감에서 해방될 수 있었다. 모델 3는 모델 S보다 훨씬 저렴했고, 이를 계기로 지지자들이 다시 한 번 늘어났다. 테슬라가 한 걸음씩 나아갈 때마다 더욱 많은 사람들이 기업의 운동에 매력을 느꼈고 지지자가 되었으며, 이제 업계의 거물들까지도 일론 머스크가 정한 규칙에 따라 운영되는 미래에 합류하기 위해 서둘러 움직이고 있다.

대단한 성취가 아닐 수 없다. 이 사례는 한 가지 중요한 점을 잘 보여준다. 창립자의 역할이 바로 현재와 미래의 간극을 메우는 일이라는 점이다. 창립자가 살고 있는 미래로 사람들이 움직이지 않는다면, 움직일 준비가 되어 있는 사람들과 더욱 많은 시간을 함께하거나 사람들에게 움직여야 할 타당한 이유를 더욱 효과적으로 전달하거나, 이 둘을 적절히 섞어 행동해야 한다.

자신이 보는 것을 알아봐주는 고객이나 투자자, 파트너가 너무 적다고 한탄하는 창립자들을 많이 만났다. "제가 보는 것을 다들 볼 수 있으면 좋겠는데, 그러지를 못하더라고요."라고 아쉬워하는 것만으로는 충분치가 않다. 이는 변명에 가깝다. 당신이 그리는 미래로 사람들이 움직이지 않으면 그 미래는 일어나지 않는다. 사람들이 움직이지 않는다면 변곡점이나 통찰, 아이디어 또는 당신이 전하는 미래의 스토리가 강력하지 않거나 혹은 당신이 올바른 사람들을 대상으로 그 스토리를 전달하지 않고 있다는 의미다.

시간이 흐르면 창립자가 살고 있는 미래를 향하는 길에 점점 더 많은 사람들이 합류하며 운동이 형성된다. 제프리 무어Geoffrey Moore와 같은 저자들은 이러한 고객 수용의 단계가 어떻게 진행되는지에 관해 통찰력 있는 글을 쓰기도 했다. 돌파력을 발휘하는 창립자들이 한 걸음 나아갈 때마다 더욱 많은 지지자들이 운동에 합류한다. 그러다 보면 결국 수용의 규모가 임계점에 도달하고, 보통 사람들도 이 운동에 참여하기 시작하는 것이다.

이 지점에 이르면 당신의 스타트업 아이디어는 이단이 아니라 인정받는 진실이 되고, 비즈니스는 스타트업에서 기업으로 달라진다. 그렇게 되면 이제 당신이 기성 플레이어가 되고 규칙을 정하는 것도 당신이 된다. 물론 이것이 이야기의 끝은 아니다. 비즈니스의 생명 주기에는 끝이란 없으니까. 당신이 어렵게 얻은 성공을 전복시키려는 다음 세대의 돌파구를 염두에 두어야 한다. 분명 벌어질 일일테니까!

사람들을 미래로 움직이게 한다는 개념은 돌파구 마련에 필요한 한 가지 측면을 보여준다. 당신이 설계한 미래로 초기 공모자들을 데려가기 위해서는 당신이 이들을 '움지이게' 만들어야 한다는 것이다. 바로 운동의 힘이 중요하게 작용하는 지점이다. 다음 장에서 자세히 다룰 주제가 바로 이것이다.

제12장

운동을 시작하라

기존 질서
뒤엎기

세상을 바꿀 수 있다고 믿을 정도로 미친 사람들이야말로
세상을 실제로 바꾸는 사람들이다.

-스티브 잡스, 애플의 선구적인 공동 창립자

아이디어는 급진적인 변화를 가능하게 한다. 운동은 급진적인 변화를 현실로 만든다. 지금껏 살펴본 변곡점, 통찰, 아이디어 등 변곡점 이론의 요소들은 급진적인 변화의 잠재력을 만든다. 하지만 돌파구의 잠재력만으로는 충분하지 않다. 여기서 더 나아가 사람들이 행동하는 방식을 바꾸어 그 잠재력이 실현되도록 해야 한다. 운동을 만든다는 것은 잠재적인 돌파구를 실제 돌파구로 전환하는 과정이다.

운동이란 무엇인가?

운동이 형성되지 않는다면 당신은 미래에 홀로 서 있는 셈이다. 가능성의 규칙을 새로 쓰고 사람들에게 새로운 역량을 부여하는 급진적인 아이디어를 갖고 있으면서도 말이다. 현재 세계에 속한 실제 사람들을 당신이 살고 있는 미래로 끌어당겨야 한다.

쉬운 일은 아니다. 현재 세계에는 기존의 강자들인 대기업이 버티고 있고, 일정한 습관이 깊이 새겨진 사람들도 너무 많다. 기존 기업들은 이미 많은 것을 알고 있고, 지금의 지배적 위치를 유지하게 해주는 풍부한 자산을 갖추었다. 이들이 속한 생태계에는 파트너들 그리고 현 상태를 유지하며 함께 이익을 공유하는 기득권 세력들이 자리하고 있다. 이것만으로도 이겨내기가 쉽지 않은데, 다들 알다시피 고객의 습관 또한 바꾸기가 매우 어렵다.

이와는 대조적으로 당신은 아직 상품도, 고객도 없고, 물적 자원도 거의 없다. 사람들이 생각하고 느끼고 행동하는 방식을 바꿀 전략을 마련하지 못한다면, 이들을 당신의 사용자나 고객으로 삼고 당신의 통찰에 담긴 신념을 수용하게 만들지 못한다면 이 상황은 계속될 것이다.

전통적인 시장 진입 방식은 어떠한 시장에 경쟁자보다 더욱 나은 모습을 보이거나 기존의 기업들이 충족하지 못한 화이트 스페이스를 공략해 시장 점유율을 높이는 것이 목표다. 하지만 이 일을 아무리 잘 해낸다고 해도 이미 정해진 규칙에 따라, 기존의 기업들에게 유리하게 기운 규칙에 따라 경쟁하는 일은 피할 수 없다. 그 결과, 이 기업들과의 비교를 벗어날 수 없는 것이다.

돌파구를 마련하는 최고의 전략은 기존 기업들과 경쟁하지 않는 것이다. 대신, 규칙 자체를 완전히 바꾸는 편이 훨씬 낫다. 규칙을 바꾸고 운동을 시작해야 비교의 덫에서 벗어날 수 있다.

운동은 다른 미래를 향해 나아가자는 믿음을 함께하는 집단적 움직임이다.

사람들은 운동이라고 하면 보통 마틴 루터 킹 주니어와 민권 운동 같은 사회적, 정치적인 움직임을 떠올린다. 이런 운동이 성공하는 이유는 사람들의 신념에 호소하고, 마음을 움직이고, 행동을 불러일으키는 동시에 약자가 견고한 기존의 질서를 무너뜨릴 수 있는 메커니즘을 가능케 하기 때문이다. 민권 운동의 경우 인종 간의 관계를 둘러싼 기존의 질서가 달라져야 한다고 사람들의 신념에 호소한 동시에 비폭력 저항이라는 메커니즘으로 기존 질서가 얼마나 끔찍했고 또 부당했는지를 보여췄다.

운동은 기존의 확립된 체제 밖에서 조직화되어 급진적인 변화를 일으킨다. 사회 시스템 내부에 자리한 특별 이익 집단이 점진적인 개혁을 추구한다. 한편 급진적 변화는 체제 밖 혁명가들에 의해 시작된다. 아웃사이더라는 위치로 이들은 다른 전술을 채택해야 한다는 점을 알고 있다. 이들에게는 특별 이익 집단이 누리는 자원도 없고 시스템에 접근할 수도 없기 때문이다.

비즈니스 세계도 이와 비슷한 시각으로 볼 수 있다.

스타트업 대부분은 혁명가보다는 이익 집단처럼 행동한다. 현존하는 비즈니스 시스템 안에서 사람들의 삶을 조금 더 개선하는 무언가를 제공할 뿐이다. 돌파력을 발휘하는 스타트업은 기존의 질서를 전복하고 근본적으로 새로운 삶의 방식을 만들고자 하는 혁명가다. 돌파력을 발휘하는 운동은 지금껏 강점으로 보였던 기존의 무언가를 불만의 대상으로 전환시킨다.

운동을 일으키는 데 성공한 창립자들은 기존 질서가 제공하는 자산과 우위, 전제, 즉 기존 강자들이 누리던 강점을 가장 큰 약점으로 바꾼다. 유도 고수가 상대의 체격과 힘을 역이용하는 것과 같다. 이러한 창립자들은 기존 강자들이 자신의 강점을 내세우기는커녕 오히려 그 강점 때문에 당황하는 상황을 만든다.

에어비앤비 사례를 다시 한 번 떠올려 보길 바란다. 에어비앤비가 상대했어야 하는 기존의 질서는 다양한 이점을 누리던 호텔이었다. 호텔에서의 숙박 경험은 예측이 가능하다. 오스틴의 메리어트 호텔이나 샌프란시스코의 메리어트나 심지어 파리의 메리어트마저도 전체적인 분위기와 서비스 품질이 비슷한 수준일 것이다. 메리어트는 일관된 서비스 경험을 제공하기 위해 수십 년간 상당한 노력을 기울였고, 실제로도 이를 훌륭하게 해내고 있다. 이러한 강점에 어떠한 약점이 숨어 있을까? 세 도시에서의 호텔 경험이 비슷하다는 것이 바로 약점이다.

에어비앤비 창립자들은 숙박 장소의 선택 앞에서 체인 호텔의 유사성을 혜택이 아니라 문제처럼 보이도록 만들었다. 파리에서의 경험이 오스틴에서의 경험과 비슷해서 오히려 좋지 않다면? 파리에서는 파리 사람처럼, 오스틴에서는 텍사스 사람처럼 지낼 수 있다면 좋지 않을까? 여행하는 도시마다 '현지인'처럼 지내며 그 도시가 제공하는 최상의 것들을 누릴 수 있다면 훨씬 더 진정성 있는 여행 경험이 되지 않을까? 숙박 장소에 대한 선택의 문제를 이렇게 접근한다면 호텔의 가장 큰 강점이었던 표준화된 경험을 제공하고, 중심가에 위치해 고객의 편의성을 높여 주는 이점이 기장 큰 약점으로 변하고 만다.

운동을 시작하는 법

당신 혼자서 운동을 시작할 수는 없다. 그럴 수 있는 사람은 아무도 없다. 당신의 역할은 운동이라는 단계에 불을 지피는 촉매제다. 돌파력을 발휘하는 아이디어가 변곡점과 통찰에서 시작하듯, 운동은 선동적인 스토리에서 출발한다. 이 스토리가 먼저 공모자들에게 동기를 부여하고, 궁극적으로는 임계점에 이를 정도로 대규모의 추종자들을 불러 모은다.

선동적인 스토리는 어떠한 문제 때문에 이러한 운동을 하는 것인지를 설명하고 특정한 행동 지침을 전달해 특정한 사람들을 움직이게 만든다. 스토리는 더욱 큰 목적을 정의하는 것으로 시작한다. "지속가능한 에너지로의 세계적 전환을 가속화한다."라는 테슬라의 미션을 생각해 보길 바란다. 테슬라가 판매하는 제품에 대한 언급이 전혀 없다. 상품과 세일즈 같은 현실적인 문제를 초월한 목표에 대해 말한다. 이 미션을 통해 사람들의 시선이 환경과 인류 전체의 안녕으로 옮겨 간다.

또한 스토리에는 적이 있어야 한다. 그 상대는 특정 제품이나 기업이 아니다. 기존의 질서다. 1984년 애플의 맥^{Mac} 광고에서는 IBM을 자신들이 저항하는 대상인 '빅 브라더^{Big Brother}'로 묘사했다. 약 20년 후, "저는 맥입니다. 저는 PC입니다.^{I'm a}

Mac, I'm a PC" 라는 애플 광고는 마이크로소프트와의 차별점을 보여주었다.

세일즈포스는 "노 소프트웨어^{no software}" 로고와 슬로건으로 전통적인 소프트웨어 설치 방식을 겨냥했고, 기존 강자들의 약점과 자사의 클라우드 기반 접근법이 어떻게 다른지를 보여줬다. 슬랙^{Slack}은 특정 기업이 아닌 '업무용 메일'을 적으로 삼아 팀의 효과적인 의사소통을 도와줄 도구로 스스로를 소개했다.

당신의 스토리는 기존의 질서에 어떠한 문제가 있었는지, 기존의 질서가 지배하는 세상과 자유로워진 세상이 어떻게 다른지 날카롭게 대비시켜 기존의 세상을 악당으로 만들어야 한다. 올바른 사람들이 이 대조를 봤을 때 현재의 세상을 더는 견딜 수 없다는 강렬한 욕구를 느껴야 한다.

운동을 시작하는 데 효과적인 언어가 중요한 이유도 이 때문이다. 돌파력을 발휘하는 언어는 생각의 전환을 불러오고, 이것으로 사람들이 느끼고 행동하는 방식이 달라진다. 스포티파이^{Spotify}가 디지털 음원에 대한 담론을 바꿔놓은 사례가 바로 이에 속한다.

애플의 디지털 음악 재생 기기인 아이팟^{iPod}은 음악을 소유하는 데 초점을 맞추어 "1000곡의 노래가 당신 주머니에^{1,000 songs in your pocket}"이라는 슬로건을 내세웠다. 반면 스포티파이의 언어는 월 구독료를 내고 음악을 빌려 듣는 데 초점을 맞췄다. 스포티파이는 수백만의 고객에게 음악을 다른 방식으로 소비할 수 있다고 설득했다. 스포티파이는 기존의 패턴을 깨기 위해 다른 언어로 다른 비즈니스 모델을 설명했다.

선동적인 스토리가 완성되었다면 운동을 일으키는 다음 단계는 우리가 지금껏 공모자라고 부른 사람들의 초기 연합을 구축하는 것이다. 당신의 스토리와 행동 촉구는 기업이나 제품을 넘어서 더욱 큰 목적으로 이 사람들을 결집시킨다. 초기 연합을 구축하는 일은 단순한 질문에서 출발한다. '누가 먼저 움직일 준비가 되어 있는가?'이다.

지금까지 우리는 당신이 스타트업 여정에서 만나게 될 사람들에 대해 이야기했다. 실무자들, 친구들, 가족들, 잠재 고객들, 투자자들까지 말이다. 한 가지 중요한 점은 이 중 대다수는 보통 사람들이라는 것이다. 즉 세상이 지금 이대로 유지되기를 바라는 사람들이다. 실무자들 다수는 기존의 질서에 너무도 깊이 얽혀 있어 변화를 거부한다. 미래를 살고 있는 사람들은 많지만, 이들 또한 그 미래에 머물고 싶어 한다. 현재에 사는 사람들의 이해관계를 위해 무언가를 하고 싶어 하지 않는다. 당신을 아끼고 당신이 잘되길 바라는 사람들도 있다. 이들 또한 대부분이 보통 사람들일 것이다. 때문에 선의를 지닌 이들은 당신의 아이디어에 회의적으로 반응할 때가 많을 것이다. 창립자는 보통 사람들에게 호소하고 싶은 유혹을 많이 느낀다. 이들이 다수이기 때문이다. 하지만 이들을 설득하기 위해 타협한다면 결국 당신은 급진적이 아닌 점진적인 접근법을 택하게 될 것이다.

당신이 실제로 미래로 데려갈 수 있는 사람들, 당신과 함께 움직일 준비가 되어 있는 극소수의 사람들을 알아보는 것이 중요하다. 다른 누구보다 먼저 당신의 통찰을 믿어주는 이 사람들이 바로 당신의 공모자들이다. 당신이 집중해야 할 대상이다.

공모자들은 보통 사람들이 아니다. 이들은 광신도들이고, 프레젠테이션을 하는 당신의 손에서 화이트보드 마커를 빼앗아 갈 사람들이다. 효용성보다 신념으로 움직이는 사람들이다. 앞서 우리는 스타트업에서 일하는 사람과 보통의 대기업에서 일하는 사람들이 어떻게 다른지, 스타트업 고객들이 일반 고객들과 동기가 어떻게 다르고 또 위험을 판단하는 시각이 어떻게 다른지, 스타트업 투자자들이 전통적인 투자자들과 달리 어떤 요소들을 중요하게 살펴보는지를 이야기했나. 이늘을 잘 알아보고 세심하게 선별해낸다면 당신의 공모자가 되어, 다수의 지배적인 규범에 맞서는 열정적인 소수로 똘똘 뭉쳐 '우리 vs. 그들'이라는 비밀스러운 전투에 함께해줄 것이다.

영리한 스타트업 창립자는 공모자들이 공통적으로 품고 있는 비관습적인 신념, 특히 다른 미래나 더욱 나은 미래가 가능하다는 믿음을 활용해 동기를 부여한다. 이들을 앞으로 나아가게 하려면 당신과 그들이 공유하는 미래가 추상적인 가능성에 그치지 않을 것임을 보여줘야 한다. 그 미래를 실현하는 일이 실제로 가능하고 또 바람직한 일임을 보여줘야 하고, 행동 지침을 구체적으로 제시해야 한다. 행동 지침을 위대한 영웅의 여정처럼 제시할 수 있어야 한다. 이 고전적인 스토리텔링 형식은 잠시 후 자세히 다룰 예정이다.

당신의 스토리는 더는 참기 어려운 기존의 질서가 지배하는 세상과 그 질서에서 벗어난 또 다른 세상을 대비해야 한다고 설명한 바 있다. 당신의 스토리에는 영웅도 있어야 한다. 창립자의 역할은 공모자들과 함께 그리는 또 다른 미래를 향해 나아가는 동시에 공모자들이 개인의 여정에서 주인공처럼 느낄 수 있도록 해야 한다는 것이다.

대단히 중요한 내용이다. 당신의 스토리에서 영웅은 당신이 아니다. 당신은 공모자들 개인의 여정 속에서 멘토의 역할을 맡아야 한다. 공유하고 있는 믿음을 바탕으로 함께 모험을 떠나자고, 이들을 설득하고 현재의 세상에서 (기존의 질서에서) 벗어나 가능한 또 다른 세상으로 (당신이 살고 있는 미래로) 향하도록 이끌어야 한다. <스타워즈>에서는 오비완 케노비가 멘토였고, 루크 스카이워커가 영웅이었다. 오비완의 역할은 스타트업 창립자와 마찬가지로 루크가 모험을 받아들이도록, 제국에 맞서 싸우도록 설득하는 것이었다.

한 가지 명심해야 할 점은, 공모자들은 보통의 기업이 제공하는 보통의 기능과 혜택을 원치 않는다는 것이다. 이들은 다른 미래라는 믿음을 당신과 공유하고, 이 믿음을 실현하겠다고 공모한 사람들이다. 이들은 더 나은 무언가를 원치 않는다. 다른 무언가를 원한다. 당신의 상품은 단순히 기능이나 혜택을 제공하는 문제가 아니라, 더욱 나은 미래가 가능하다는 공모자들의 믿음이 옳다는 것을 보여 줘야 한다. 다시 말해 비교가 아니라 미래에서 살 것인가, 말 것인가의 선택을 제시해야 한다. 테슬라의 로드스터가 대단히 훌륭한 사례다. 누구도 로드스터를 보며 "포르쉐 911과 어떻게 다릅니까?"라고 묻지 않았다. 로드스터 또한 포르쉐 911보다 더욱 낫다고 주장하지도 않았다. 도리어 자동차를 비교하는 기준으로만 보자면 로드스터가 여러 면에서 뒤처진다고 할 수 있을 것이다. 로드스터는 포르쉐의 911과 비교할 수 없는 차였다. 자동차가 어떻게 달라질 수 있는지에 대한 급진적이고도 새로운 아이디어를 제시했기 때문이다. 테슬라가 자동차 회사가 어떻게 달라질 수 있는지에 대해 완벽히 새로운 아이디어를 보여준 것처럼 말이다.

이렇듯 '우리 vs. 나머지 세상'으로 틀을 짜려면 제품을 구상하는 과정에서 용기 있는 선택을 해야 한다. 또한 당신의 아이디어를 현실로 만들 때 무엇을 가장 우선순위에 둘 것인지도 다른 방식으로 접근해야 한다. 이에 성공한다면 당신은 미학적으로 더욱 매력적인 미래를 보여줄 수 있게 될 것이고, 공모자들은 당신이 보여주는 미래를 믿고 당신과 함께 나아가고자 할 것이다. 또한 공모자들에게 명확한 행동 지침을 전해줘야 운동에 추진력이 생기고 당신의 신념들이 뿌리를 내릴 수 있다. 이과정을 통해 스타트업과 공모자들이 함께 미래를 만들어 가는 것이다.

당신의 통찰을 믿는 공모자를 찾는 일이 중요한 만큼, 이두 번째 단계에서 중요한 한 가지는 여전히 기존의 질서를 믿는 보통 사람들에게도 호감을 얻고 싶다는 유혹을 떨치는 것이다. 이들과 타협하고 싶다는 유혹을 끊임없이 계속 느끼겠지만 모두에게 어필하려 한다면 누구에게도 어필하지 못한다. 보통 사람들 중에도 당신이 잘되길 바라는 사람들이 있겠지만, 이들의 조언은 당신이 돌파구를 마련하는 길에서 벗어나도록, 더욱 관습적으로 행동하도록 이끌 것이다.

또 어떤 이들은 당신의 통찰을 믿지 않아서, 깨닫지 못해서 혹은 당신의 통찰에 관심이 없어서 당신의 아이디어를 무시할 것이다. 기존 질서를 유지해야 이득인 사람들은 당신의 아이디어에 적극적으로 반대할 것이다. 온갖 수단을 활용해 당신을 깎아내릴 것이고, 때로는 부정직하고 악의적인 전술까지 활용할지 모른다. 우버와 리프트 같은 차량 공유 서비스가 등장했을 당시 택시 업계는 도로와 공항, 기차역을 봉쇄하며 시위를 벌였다. 허위 정보를 퍼뜨리고, 지역 정부와의 친밀한 관계를 바탕으로 인허가 요구 조건 강화, 더 높은 수수료 등 여러 규제를 입안해 차량 공유 비즈니스 모델을 의도적으로 방해했다. 이러한 일들을 사적으로 받아들이며 흔들려서는 안 된다. 그저 과정의 일부로 이해해야 한다.

우리는 소수의 저항에서 시작된 운동이 초기의 성공을 거두고 나면 기존 세력의 반발을 불러일으킨다는 사실을 확인했다. 결국 이 움직임이 임계점에 이르게 되면 당신의 아이디어를 이단이라 여겼던 보통 사람들이 뉴 노멀new normal로 받아들이게 된다. 스타트업 투자자로서 가장 보람된 순간 중 하나는 우리가 투자한 회사기 주류의 인정을 받을 때다.

친구와 놀던 딸아이를 데리러 갔을 때 딸의 친구 엄마가 흥분을 감추지 못한 채 내게 X/트위터에 투자했는지 묻던 순간이 아직도 떠오른다. 그 얼마 전 오프라 쇼에 공동 창립자인

에반 윌리엄이 출연한 것을 보고 묻는 것이었다. 이와 비슷하게 공항에서 늘 보던 렌터카와 택시 정류장 표지판 옆에 차량 공유 앱 표지판을 처음 마주했을 때, 우리의 아이디어가 통하고 있고, 추진력을 얻었음을 분명하게 느낄 수 있었다. 이제 차량 공유는 여행에서 떼어놓기가 어려운 정도가 되었다. 이것이 바로 운동의 목표를 달성하고 새로운 질서가 자리 잡으며 당신이 시작한 급진적 변화가 완성되었을 때 당신의 스타트업이 보여줄 모습이다. 새로운 평형 상태가 시작된 것이다. 이제 기존의 강자가 된 당신은 당신의 비즈니스 모델을 전복시킬 급진적인 스타트업을 경계해야 할 것이다.

성공적인 기업 다수는 한때는 급진적이라 여겨졌지만 이제는 우리의 일상에 너무도 깊이 스며든 나머지 그들의 아이디어가 비관습적으로 취급받던 시절을 떠올리기가 어렵다. 마찬가지로 오늘날의 패턴들이 우리의 사고방식에 깊이 새겨져 그이전의 상태를 떠올리기 어려운 것뿐이다.

이 지점에서 한 가지 흥미로운 점은, 큰 성공을 거둔 스타트업들은 이후에는 멋진 반항아에서 주류 플레이어가 되어 한때 새로웠던 자신의 규칙들을 지키려 노력하는 입장이 된다는 것이다. 그 결과, 이들은 초창기의 고생담을 언급할 때 대담하고도 논란의 여지가 있는 행보들은 빼놓은 채 선별적으로 공개하는 경우가 많다. 보통 사람들의 입맛에 맞는 새로운 스토리를 이야기할 때가 많다. 조금 더 정제되고 점잖은 이미지를 유지하고자 자신의 스토리를 사람들이 받아들이기 쉬운 버전으로 순화해 전달하는 것이다. 이런 이유로 스타트업 시절에 정말로 무슨 일이 있었는지를 정확히 알기가 어렵다.

스토리 이야기가 나왔으니, 이제 운동을 일으키는 데 중요한 또 하나의 요소를 살펴볼 차례다. 바로 스토리텔링이다. 이미 스텔리텔링의 중요성을 암시한 바 있으나, 이제부터 운동의 성공에 스토리가 왜 그리도 중요한 역할을 하는지 자세히 알아보도록 하겠다. 바로 다음 장의 주제다.

제13장

당신의 스토리를 전하라

여기서 영웅은
당신이 아니다

스토리를 전하는 사람이 사회를 지배한다.

-플라톤, 철학자이자 아카데미아 설립자

운동을 시작한다고 하면 사람들의 '마음을 건드리는' '메시지'를 만들거나 딱 떨어지는 세 글자 약어 또는 슬로건을 찾아야 한다고 생각하는 경우가 많다. 하지만 운동을 시작하는데 필요한 것은 스토리를 만드는 것이고, 스토리는 단순히 글을 잘 쓰거나 말을 잘 하는 것 이상의 의미를 지닌다.

지구상에 처음 출현한 시기부터 인류는 스토리를 통해 서로의 마음을 움직였다. 스토리가 효과적인 이유는 우리의 두뇌가 스토리에 반응하도록 설계되었기 때문이다. 강렬한 스토리를 들으면 심박이 올라가고 체온이 높아지기도 한다. 우리의 의지와 관계없는 신체적 반응이다.

설득력 있는 스토리는 입소문을 통해 빠르게 퍼져 나간다. 이러한 전파력이 성공에 중요한 이유는 당신의 아이디어가 빨리 전파되도록 속도를 높여줄 뿐 아니라, 스타트업이라면 대체로 마케팅 비용이 없는 와중에 전파력이 있는 스토리만 갖춘다면 종합적인 마케팅 프로그램에 돈을 쓰지 않아도 되기 때문이다.

강력한 스토리를 만들려면 부두교 마법 같은 신비로운 힘이 필요하다고 잘못 생각하는 사람들이 많다. 물론 재능을 타고난 창립자들도 있지만, 스토리를 만드는 데 도움이 되는 구체적이고도 실제적인 단계들이 있다.

한 가지 중요한 점은 슬로건이나 약어를 지어내거나 사람들의 귀에 곧장 '꽂히는' 단어를 떠올리고 싶은 충동에 저항해야 한다는 것이다. 적합한 단어보다 더욱 중요한 것은 자신이 어떤 말을 하고 싶은지를 아는 것이다. 자신이 무엇을 말하고 싶은지, 당신이 살고 있는 미래로 사람들을 움직이게 할 수 있는 말인지 분명하게 알아야 한다. 표현 형식은 중요하지만 그 이면에 실질적인 메시지가 있을 때만 형식도 의미를 지닌다.

무엇보다 당신의 운동을 시작하기 위해 설득력 있는 스토리를 만들 때는 기존 질서와 어떻게 싸워나갈 것인지, 기존 질서가 지배하는 세상과 새로운 세상은 어떻게 다른지, 더욱 나은 그리고 더욱 새로운 세상은 무엇인지 설명해야 한다. 사람들에게 영감을 주고 동기를 자극할 만큼 강력한 스토리를 만들 수 있다. 다음의 단계를 따르면 된다.

1단계: 더욱 높은 목적에 호소하라

정치적 운동은 개개인보다 더욱 높은 대의를 내세워 사람들을 결집시킨다. 스타트업 운동도 마찬가지다. 테슬라는 이제 가장 중요한 자동차 회사가 되었다. 슈퍼볼Super Bowl(미국의 미식축구 리그인 내셔널 풋볼 리그의 결승전-역주) 광고에서 테슬라를 본 적이 있는가? 없을 것이다. 슈퍼볼은 물론 그 어디에도 광고비를 한 푼도 쓰지 않았다. 프리몬트의 테슬라 공장에 차를 인수하러 가면 대기실 벽 한 면을 가득 채울 정도로 크게 적힌 기업의 미션을 마주하게 된다. 다시 한 번 인용할 만한 미션이다.

"지속가능한 에너지로의 세계적 전환을 가속화한다."

적어도 직접적으로는 차를 판매하겠다는 목적은 언급하지 않고 있다. 더욱 목표를 달성하자는, 지속가능한 에너지로 움직이는 세상으로 나아가자는 열망에 호소한다.

사람들에게 움직이고 싶다는 열정을 불러일으키고 싶다면, 이들이 다른 사람들에게도 함께 나아가자고 설득할 정도의 열정을 깨우고 싶다면 단순히 그들의 또는 당신의 사리사욕에 호소해서는 안 된다. 자기 자신을 넘어서는 더욱 위대한 목표를 달성하고 싶다는 욕망에, 그 목표를 달성해 더욱 나은 사람이 되고 싶다는 욕구에 호소해야 한다. 기존 질서가 제공하는 무엇과도 다른 일을 해낼 때만 이러한 자기 변화가 가능하다.

더욱 큰 대의에 호소하면 비용을 들이지 않고도 마케팅이 가능하다. 전통적인 마케팅에서 돈을 지불하는 대상은 사람들의 주의력이다. 운동을 시작할 때 강력한 스토리가 있다면 당신의 메시지가 퍼져 나가는 과정에서 부산물처럼 사람들의 주의력과 관심을 공짜로 얻을 수 있다. 더 높은 목적을 효과적으로 담아낸 스토리라면 사람들은 당신의 아이디어를 널리 퍼뜨리고 싶어 한다. 그 높은 목적에 자신이 헌신하고 있음을 보여주는 하나의 표현인 셈이다.

2단계: 기존 질서를 공격하라

모든 운동은 기존의 질서를 비판하고, 초기 지지자들을 대상으로 기존 질서에 대한 불만을 일깨워 변화의 정당성을 피력한다. 여기서 기존 질서는 경쟁자, 특정 상품이나 기업 몇 곳을 말하는 것이 아니다. 사람들에게 굳어진 생각과 감정, 행동 패턴, 즉 현재의 세상을 이루는 패턴을 가리킨다. 테슬라를 다시 생각해 보자. 테슬라의 스토리는 지속 가능하지 않은 에너지를 공격의 대상으로 삼고 있다. 지속 가능하지 않은 에너지가 적인 셈이다. 특정 자동차 회사나 다른 자동차가 아니다.

기존 질서를 공격하는 최상의 방법은 기존 질서의 가장 큰 강점을 가장 큰 약점으로 바꿔놓는 것이다. 에어비앤비의 사례를 다시 떠올려 보자. 호텔에서의 숙박이 아닌 현지인과 같은 경험으로 선택지를 옮기는 운동을 만들기 위해 에어비앤비는 호텔의 표준화된 서비스를, 보통 사람들 대부분이 호텔의 강점이라 여긴 측면을 다른 시각에서 조명했다. 이미 사람들이 알고 있는 호텔의 강점에 초점을 맞췄을 뿐, 호텔 서비스에 대해 사람들이 지금껏 모르고 있었던 사실을 들추지 않았다. 이들의 천재적인 면모는 호텔 서비스에 대한 새로운 사실을 밝혔다는 데 있는 게 아니라, 호텔 서비스를 두고 다른 스토리를 들려주었다는 데 있다. 호텔 서비스의 강점을 약점으로 탈바꿈한 스토리 말이다.

에어비앤비는 사람들이 여행을 하며 더욱 '진정성' 있는 경험을 원한다는 사실을 깨달았다. 지역을 불문하고 한결같은 경험을 제공하는 호텔은 달리 말하면 호텔 고객이 현지인처럼 생활할 수 없다는 뜻이었다. 여행사는 자신이 클리블랜드가 아니라 카이로에 있다는 사실을 느낄 수 있는 공간에서 머물고 싶어 한다는 사실을 에어비앤비가 이해했던 것이다. 결국 카이로인지 클리블랜드인지 구분할 수 없는 객실을 제공한다는 사실이 더는 호텔의 강점으로 작용할 수 없었다. 도리어 약점이 되었다.

기존 강자의 장점을 약점으로 전환시킨다면 큰 기회가 될 수 있지만, 내가 보기에 많은 창립자들이 이를 적극 활용하지 못하는 것 같다. 스타트업은 보통 다른 상품들 사이에서 틈을, 즉 약점을 찾으려 한다. 이들은 제품 비교표에 자신의 상품과 기존 강자의 상품을 나란히 올려두고 기능과 사양을 비교해가며 자신의 상품이 더욱 많은 것을 갖췄음을 보여주려 한다. 하지만 적을 공격할 때면 사람들이 상대의 가장 큰 강점이라고 생각하는 요소를 공격하는 편이 훨씬 효과적이다. 스타트업이 기존 강자의 강점을 약점으로 전환시키는 스토리를 말할 때, 그 스토리는 놀라울 정도로 진솔하게 느껴진다.

3단계: 영웅 서사를 만들어라
(여기서 영웅은 당신이 아니다!)

당신의 스토리를 듣고 사람들은 지금 자신이 살고 있는 세상에서 벗어나 당신과 함께 만들어 나갈 새로운 세상으로, 더 나은 세상으로 나아가고 싶다는 열망이 깨어나야 한다. 사람들이 무엇을 해야 하는지 분명하게 보여주려면 영웅의 여정이라는 익숙한 서사 구조에 그들과 당신, 기존의 질서를 대입시켜야 한다.

고전적인 영웅 스토리에는 멘토가 나타나 영웅과 현재 세상에 대한 불만을 공유하고, 이후 멘토는 영웅에게 모험을 떠날 것을 권한다. 멘토는 도구와 함께 그 도구를 활용하는 데 필요한 능력이나 마법을 전해주고 영웅에게 새로운 여정이 충분히 가능한 일임을 설득한다. 영웅은 모험을 거부한다. 그러다 영웅에게 나쁜 일이 생긴다. 처음으로 좌절을 경험한 영웅은 마음을 달리한다. 자신의 사명을 받아들인 영웅은 멘토가 건네준 도구를 사용하고, 멘토의 뜻깊은 가르침과 지혜를 깨닫고는 이를 자신의 힘으로 활용하며, 여정 중에 새로운 공모자들을 만난다. 이들은 함께 여러 시련과 고난을 마주하고, 악당들과 그들 자신 안에 자리한 어두운 힘을 물리친 뒤 마침내 승리를 거두고 이전과는 달라진 모습으로 거듭난다. 이 여정으로 이들의 삶은 이전보다 더욱 나은 방향으로 향하고 더욱 충만해진다.

영화 <스타워즈>에서 척박하고 지루한 행성, 타투인이 바로 현재의 세상이다. 오비완 케노비가 멘토이고, 루크 스카이워커는 영웅이다. 라이트세이버가 도구이고, 포스는 이 도구를 활용하게 해주는 힘이자 마법이다. 루크는 공주를 구하러 모험을 떠나자는 오비완의 요청을 처음에는 거절했지만 제국군의 손에 숙부와 숙모가 목숨을 잃고 농장이 불에 타는 시련을 경험한다. 이제 그는 모험에 뛰어들기로 결심한다. 오비완의 도움을 받으며 루크는 공주를 구하고, 포스를 사용하고, 데스 스타를 폭파해 은하계에 (잠시나마) 평화를 가져오고, 이 여정을 거치며 루크는 농장 소년에서 제다이 전사가 된다.

영웅 서사를 활용해 사람들을 운동에 동참시키려면 먼저 이들이 현재 받아들여야만 하는 지배적인 기존 질서와 당신이 제시하는 더욱 높은 목적을 추구할 때 도달할 세상 사이의 거대한 간극부터 보여주어야 한다. 이들이 성공에 필요한 도구를 사용하려면 새로운 유형의 힘과 마법이 필요한데, 당신이 바로 이 힘과 마법을 건네줄 멘토가 되어야 한다. 그리고 사람들에게 어떠한 변화를 경험하게 될지 말해줘야 한다. 이 여정이 그들을 더욱 나은 방향으로 변화시킬 것임을, 이 여정에 중대한 사안이 걸려 있음을 이해시켜야 한다. 이것이 설득력 있는 스토리의 핵심이다.

당신이 설득시키고자 하는 사람들은 저마다 다른 여정 중에 있다. 모두에게 똑같은 스토리를 들려주고 당신의 통찰을 알아봐주길 기대해서는 안 된다. 잠재적 직원이 당신의 회사에

    제13장 당신의 스토리를 전하라

합류해야 하는 이유와 잠재적 고객이 당신의 상품을 구매해야 하는 이유는 다르다. 기사를 쓰는 기자와 투자를 결정하는 벤처 투자가는 관점도, 관심사도 다르다. 당신이 스토리를 어떻게 전달하든, 조금씩 서로 다른 이야기 중심에는 결국 하나의 공통된 통찰이 자리해야 한다. 당신의 여정에 합류한다면 공모자로서 자신의 삶을 변화시킬 모험에 오르게 될 것이라는 점 말이다. 당신에 대해 그리고 당신 상품에 대해 프레젠테이션을 하고는 "자, 함께 갑시다!"라고 외치면 이들이 당신을 따를 것이라고 생각해서는 안 된다. 이들은 자신이 영웅이자 주인공인 여정에서 당신의 스타트업이 어떻게 성공을 도와줄 것인지를 알고 싶어 한다.

창립자가 스스로를 영웅으로 생각하고 싶어질 수 있다. 우리 문화가 영웅을 추대하기를 (또 무너뜨리기를) 좋아하는 만큼 창립자는 영웅이라는 역할에 매료되기 쉽다. 이러한 경향은 뉴스 기사에서도, 성공적인 스타트업들을 회고하는 방식에서도 드러난다. 하지만 최고의 기업인들은 본인의 스토리에서 자신을 영웅으로 보지 않는다. 이들은 사람들을 움직이기 위해서는 스토리의 중심이 기업인 자신이 되어서는 안 된다는 사실을 알고 있다. 스토리는 영감을 주고자 하는 초기 고객과 직원, 투자자들에 관한 것이어야 하고, 이들에게 심어주고 싶은 더 높은 목적에 관한 것이어야 한다.

다시 리프트의 사례를 살펴보겠다. 로건과 존이 사람들에게 비전을 제시할 때 본인을 영웅으로 내세우지 않았다. 로건과 존은 멘토였고, 사람들이 모험을 받아들이도록 영감을 주려면 로건과 존의 영웅이 살고 있는 세상과 연결되어야 한다는 것을 알고 있었다.

이들의 스토리에는 세 부류의 영웅이 있었다. 승객과 운전자, 투자자였다. 승객이 살던 세상은 이동이 어려운 샌프란시스코였다. 끔찍한 세상이었다. 택시는 믿을 수 없었고 주차 공간도 거의 없었다. 로건과 존은 승객들에게 이렇게 말했다. "스마트폰만 있으면 손쉽게 운전자를 호출할 수 있습니다. 운전자가 어디에 위치해 있는지, 몇 분 안에 도착하는지를 직접 확인할 수 있는 거죠."

운전자를 대상으로는 두 사람은 다른 버전의 스토리, 즉 유연하게 근무 시간을 조정하며 추가 수입을 벌 수 있는 기회를 강조한 스토리를 전했다. 투자자들에게는 또 다른 버전인 네트워크 효과에 기반해 대단한 성장 잠재력을 지닌 비즈니스 모델의 스토리를 들려주었다.

하지만 로건과 존이 어떤 스토리를 전하던 그 중심에는 로건과 존이 없었다. 자신들이 아니라 목표로 한 청중을 스토리

  제13장 당신의 스토리를 전하라

의 영웅으로 삼았다. 스토리로 사람들을 움직이고 싶다면 스토리의 중심에 당신이 있어서는 안 된다. 당신이 영감을 주고자 하는 초기 고객과 직원, 투자자들이어야 하고, 이들에게 심어 주고 싶은 더욱 높은 목적이 스토리의 중심이 되어야 한다.

처음에는 영웅들이 모험을 거부할 때가 많듯, 당신의 공모자들도 그럴 것이다. 리프트의 경우 존과 로건은 사람들이 낯선 이의 차에 타는 것을 불안해할 것이라 우려했다. 이 지점에서 이들은 초기 시절, 운전자들의 차 앞에 분홍색 수염을 붙이는 천재성을 발휘했다. 샌프란시스코의 거리나 인도 노천카페에서 복슬복슬한 분홍색의 커다란 콧수염을 단 차들이 지나가는 모습이 사람들의 눈에 들어오기 시작했다. 사람들은 이 차에 대해 이야기하고 새로운 서비스를 다른 사람들에게 알려주었다. 사람들은 점차 속는 셈치고 한 번 저 차량 서비스를 이용해봐야겠다는 생각을 하기 시작했다.

당신의 초기 공모자들이 모험을 거부하는 이유가 무엇일지 또한 이들이 모험을 조금 더 쉽게 받아들일 수 있는 방법은 무엇일지 미리 생각해 보는 편이 현명하나.

4단계: 비교가 아니라 선택을 강요하라

자칭 '카테고리 디자인의 도그파더dogfather(대부란 뜻의 godfather의 철자 오류-역주)'인 크리스토퍼 록헤드Christopher Lochhead는 흥미로운 배경을 지닌 인사다. 캐나다 몬트리올 출신의 록헤드에게 '도그파더'라는 별명이 생긴 이유도, 고등학교를 중퇴하게 된 사유도 난독증 때문이었다. 평범한 일자리를 구하기 어려웠던 그는 컴퓨터 교육 분야에서 회사를 차렸다. 이 벤처 회사는 초기에는 힘들었지만 훗날 실리콘밸리에서 눈부신 커리어를 쌓는 발판이 되었다.

록헤드에게 난독증은 좌절이 아니었다. 도리어 난독증 덕분에 세상을 다른 관점으로 볼 수 있었고, 비즈니스와 마케팅에 혁신적인 방식으로 접근하는 데 도움이 되었다. 공개 기업 몇 곳의 마케팅에서 핵심 직책을 맡은 후 그는 《카테고리 킹》의 공저자로 참여했다. 이 책은 카테고리 디자인이라는 개념을 소개하는데, 기존 시장에서 경쟁하는 것이 아니라 새로운 시장 카테고리를 만들어 이를 지배하는 비즈니스 전략 프레임워크다. 당신의 솔루션이나 상품이 더 나은 옵션이 아니라 유일한 옵션이 되는 새로운 시장을 정립하고, 개발하고, 확장하는 것이다.

카테고리 디자인은 패턴을 파괴하려는 야심 찬 창업자에게 중요한 세계관을 제시한다. 비교가 아니라 선택을 강요하라는 것이다.

2007년 아이폰이 출시할 당시 스티브 잡스는 더욱 나은 휴대전화로 소개하지 않았다. 그는 아이폰을 두고 '혁명적인 휴대전화', '혁신적인breakthrough 인터넷 통신기', '터치가 되는 넓은 화면의 아이팟'을 결합한 전화기의 재발명으로 설명했다. 기존 휴대전화를 개선한 제품이 아니라 그 자체가 고유한 제품 카테고리로 자리 잡았다. 아이폰이 출시된 후 사람들은 "그래서 블랙베리랑 뭐가 다릅니까?"라고 묻지 않았다.

테슬라 또한 자사의 자동차를 기존 고급차의 더 나은 버전으로 소개하지 않았다. 전통적인 내연기관 고급차와의 비교에서 벗어나 고급차의 새로운 카테고리를 만드는 데 초점을 맞췄다. 사람들은 테슬라를 보고 "그래서 BMW랑 뭐가 다릅니까?"라고 묻지 않았다.

우버와 리프트가 등장했을 당시 이들은 새로운 버전의 노란 택시로 자신을 소개하지 않았다. 대신 "버튼을 눌러 차를 호출하세요."라는 참신한 개념을 제시했다. 너무도 색다른 나머지 샌프란시스코의 거리에서 이동수단을 찾던 사람들은 "그래서 택시랑 뭐가 다른 겁니까?"라고 묻지 않았다. 그저 눈앞에서 벌어지는 이동수단 혁명에 기꺼이 동참할 따름이었다.

창립자가 기능이나 가격 등 여러 요소를 기준삼아 자사가 '더욱 낫다'로 경쟁하려 할 때 비교의 덫에 빠진다. 가령, 이런 식이다.

더욱 빠르게 (무엇보다?)

더욱 스마트하게 (무엇보다?)

더욱 경제적인 (무엇보다?)

더욱 효율적인 (무엇과 비교해?)

패턴을 파괴하는 스타트업이 이러한 스토리를 전달해서는 안 되는 이유가 무엇일까?

미묘하게 다른 것 같지만 상당히 중요한 차이가 존재한다. 당신이 스토리를 우리가 "더욱 낫다"고 구성하는 순간, 당신은 암묵적으로 기존 강자들이 만든 기준을 수용하는 셈이다. 다시 말해 기존 질서가 만든 지배적인 모델이 여전히 유효하다고 인정하는 셈이다. 자신도 모르는 새 당신 방식으로 게임의 규칙을 새롭게 정의할 기회를 포기하는 것과 같다.

돌파력을 발휘하는 창립자들은 더욱 나은 현재가 아니라 다른 미래를 말하는 스토리를 들려준다. 비교가 아니라("우리

    제13장 당신의 스토리를 전하라

가 더욱 빠르고, 스마트하며, 저렴합니다.") 선택을("이것이 바로 우리가 함께 만들어 갈 수 있는 또 다른 미래입니다.") 강요한다. 전자의 경우 당신의 스타트업의 기존 질서에 의해 정의된다.

몇 가지 유명 사례를 들자면, 1879년 토머스 에디슨이 지속성 높은 백열전구를 처음 시연했을 때 사람들은 "고래 기름 램프나 밀랍 초와 비교해서 어떤 점이 더욱 낫다는 겁니까?"라고 묻지 않았다. 급진적으로 새로운 방식으로 빛을 만드는 방식이었고, 비교 대상이 없었다. 사람들은 그저 백열전구가 언제쯤 집에 설치될 수 있을지를 알고 싶어 했다.

인류의 비행이 가능하다는 사실을 라이트 형제가 보여줬을 때 사람들은 "그래서 기차랑 어떻게 다릅니까?"라고 묻지 않았다. 이동수단의 새로운 카테고리가 탄생하는 순간이었다.

에디슨과 라이트 형제는 패턴을 깨는 사람은 현재 규칙의 전제를 거부한다는 사실을 몸소 보여주는 사례였다. 이렇게 해야 비교가 아닌 선택을 강요할 수 있다.

실제로 더 낫다면 비교로 게임의 판을 짜는 것이 그리 나쁠 게 있을까? 당신이 아무리 훌륭해도 비교로 접근한다면 게임의 규칙을 바꿀 수가 없다. 기존의 강자가 만든 규칙에 따라 게임을 하기 때문이다. 규칙을 바꿀 수 없다면 당신의 성장에는 한계가 있다. 사람들의 삶을 급진적으로 바꿀 수 없을 것이다. 당신이 지닌 차별점이 유리하게 작용하는, 불공정한 싸움판을 만들 수도 없다. 반대로 비교가 아닌 선택을 강요하는, 돌파력 있는 스타트업은 자신의 규칙을 직접 정의하고 이로써 성장의 잠재력을 더욱 키운다.

우리는 우리의 돈과 주의력을 차지하려고 다투며 비교를 부추기는 메시지에 온종일 시달린다. 차를 몰고 도로를 달리다 보면 벤츠 후드 위 삼각별을 마주한다. 슈퍼마켓에서는 진열대에 놓인 제품들의 회사 로고가 눈에 들어온다. 아침에 마실 커피를 고를 때도 우리는 특정 브랜드에 충성도를 갖고 있다. 비교를 부추기는 메시지는 끝도 없이 이어진다. 세상을 살아가는 방식을 바꾸라고, 또는 이미 굳어진 방식을 계속 유지하라고 설득하는 마케팅의 메시지가 끝없이 계속된다.

이러한 메시지의 공세가 너무도 일상적이 되어 버려 우리는 이를 걸러 듣는 법을 깨우쳤다. 사람들은 머릿속에 자리한 일종의 컨테이너에 제품과 아이디어를 분류한다. 코카콜라? 머릿속 탄산음료 컨테이너로 들어간다. 펩시도 마찬가지다. 벤츠? 고급 승용차 컨테이너 속 렉서스 옆에 주차시킨다.

이러한 컨테이너들은 하루 동안 우리가 감당해야 하는 인지적 부담을 줄여주고, 우리가 삶을 살아가는 방식을 형성한다. 내가 만약 어느 회사의 최고재무책임자이고, 품목별 예산이 잡혀 있는 상황에서 새로운 예산을 마련해야 한다면 가장 먼저 이런 질문을 할 것이다. "우리 예산의 어느 품목에서 (즉 어느 카테고리에서) 나가는 겁니까?"

내가 소비자로서 새 스마트폰을 살까 고민하는 상황이라면 한 달 예산의 얼마를 써야 할지, 이 지출은 예산의 어느 항목에서 빠져나갈지 스스로에게 물을 것이다. 만약 캘리포니아의 산타크루즈에 사는 친구 크리스토퍼 록헤드를 만나러 갔을 때 그가 내게 "앨더우드 레스토랑 가서 저녁 먹읍시다."라고 제안한다면 나는 아마 이렇게 물을 것이다. "앨더우드는 어떤 종류의 레스토랑입니까?"

요는, 우리가 세상을 이해하기 위해 그리고 우리가 이해하는 패턴 내에서 어떠한 대상을 이해하기 위해 머릿속에 컨테이너를 만들고 그 기준에 따라 분류한다는 것이다.

스타트업이 기존 패턴을 깨고 새로운 개념을 도입해 사람들의 인식을 재구성하고, 자신만의 기준을 만든다면 승리를 거둘 수 있다. 반면 개념이 기존 컨테이너에 따라 분류가 가능하다면 치열한 경쟁을 마주해야 히고, 기존 강자들이 만는 규칙을 따라야만 한다. 이런 상황이라면 스타트업은 눈에 띄지 못하고 기존 플레이어들과 계속해서 비교될 수밖에 없다.

반대로 혁신가가 참신한 상품 또는 서비스를 도입해 사람들의 머릿속에 새로운 컨테이너를 만든다면 비교의 덫에서 벗어날 수 있고 직접 규칙을 세울 수 있다. 애플에서의 후반기 시절, 스티브 잡스는 새로운 컨테이너를 정의하는 탁월한 능력을 보여줬다. 그는 대기업도 기존에 무엇이 가능했고, 기존의 경쟁 규칙은 무엇이었는지 그 패턴을 깰 수 있다는 점을 몸소 보여주었다. 기존 MP3 플레이어를 단순히 개선하는 데서 그치지 않았던 그는 아이팟을 통해 "1,000곡의 노래가 당신 주머니에"라는 혁신적인 개념을 제시했고, 직관적인 클릭 휠과 변혁적인 아이튠즈 플랫폼을 도입해 음악 경험을 재구성했다.

아이폰으로는 전화기에 대한 상식과 기대의 수준을 새롭게 정의했다. 애플은 그전까지만 해도 전화기의 기능을 통제했던 AT&T와 버라이즌Verizon 등의 통신사에서 그 권한을 빼앗아 자사로, 이후에는 여러 기기 제조사들로 옮겨 왔다. 이와 유사하게 아이패드는 그저 또 하나의 노트북이 아니었다. 아이패드는 컴퓨팅이라는 분야에서 태블릿이라는 새로운 카테고리를 만들었다. 이 모든 사례에서 경쟁자들은 어느새 애플이 만든 컨테이너 내에서 애플의 비전을 쫓아 애플이 정해놓은 규칙에 따라 움직였다.

비교가 덫이 되는 이유는 처음 컨테이너를 만든 기존 강자가 정해놓은 기준을 따라야 하기 때문이다. 당신이 다른 누군가의 컨테이너에 진입하는 순간 상대의 규칙을 따르게 된다. 스타트업이 "여기 좀 보세요. 저 사람들보다 더 나은 걸 만들었습니다. 우리가 돈도, 인력도, 실적도 거의 없다는 점은 생각하지 말고요."라고 외쳐봤자 아무런 설득력도 얻지 못한다.

더욱 나은 무언가는 결국 이미 존재하는 것들의 소음 속에서 힘을 발휘하지 못한다. 스타트업이 이 소음을 끊고 존재감을 드러낼 수 있는 유일한 방법은 자신만의 카테고리를 만들 수 있을 만큼 다르게 존재하는 것이다.

5단계: 당신만의 획기적인 언어를 찾아라

돌파력을 발휘하는 스타트업은 돌파력을 발휘하는 제품에 걸맞은 획기적인 언어를 내세워야 한다. 리프트는 택시 앱을 언급하지 않았다. 대신 차량 공유라고 말하며 새로운 컨테이너를 제시했다. 리프트가 스스로를 택시 서비스로 설명했다면 다른 택시 서비스들과 비교 대상이 되었을 것이다.

올바른 용어를 만드는 과정을 두고 크리스토퍼 록헤드는 '랭귀징languaging'이라고 한다. 랭귀징을 동사로 쓰는 이유는 실제 사람들에게서 새로운 행동을 촉발하기 때문이다. 언어의 차이가 생각의 차이를 만들고, 생각이 달라지면 현실 세계를 사는 사람들은 다르게 느끼고 다르게 행동하기 시작한다. 랭귀징은 당신이 일으키는 운동이 기존 질서와 비교해 사람들에게 어떻게 다르게 제시될지, 이와 관련한 모든 측면에 영향을 미친다. 제품의 기능, 당신이 내세우는 더욱 높은 목적, 당신이 사람들에게 강요하는 선택까지 모두 포함된다.

당신의 랭귀징을 손봐야 한다는 한 가지 신호는 사람들이 기존 강자의 제품에 있는 기능을 당신의 제품에도 추가해 달라고 요구할 때다. 이 경우 두 가지 중 하나다. 사람들이 열광할 새로운 컨테이너를 만들어 선택을 강요하지 못했거나, 당신이 올바른 사람들을 대상으로 하지 않고 있다. 전자라면 당신만의 차별점을 강조하는 새로운 언어를 만들어야 한다. 후자라면 제10장과 제11장에서 다룬 것처럼 올바른 잠재 공모자들을 찾아야 한다.

잠재적 공모자들과 아이디어를 논할 때는 확증 편향을 경계해야 한다. 인간은 자신이 믿는 바에 힘을 실어주는 긍정적 피드백에 집중하고 부정적이거나 반대되는 의견은 무시하려는 경향이 있다. 자신의 가정을 시험하는 불편한 질문은 피하려 하거나 친구나 가족처럼 친밀한 사람들에게 의견을 구하기가 쉽다. 하지만 우리의 목표는 나를 좋아해주는 사람들에게서 피드백을 수집하려는 게 아니다. 우리의 비전과 통찰을 공유할 수 있는 소수의 사람들과 의미 있는 대화를 나누는 것이다.

스토리텔링 핵심 요약

훌륭한 운동은 강력한 스토리에서 시작된다. 강력한 스토리를 만들어 낼 때 창립자는 사람들에게 자신이 살고 있는 미래로 함께 나아가자고 독려할 수 있다.

1. 사람들 개개인 그리고 당신의 회사보다 더욱 높은 목적을 세워 사람들이 더욱 큰 대의에 합류하도록 만들어야 한다.
2. 기존 질서에서 무엇이 잘못됐는지를 보여줘야 한다. 당신이 내세우는 더 높은 목적에 충실한 미래와 현재의 상황을 날카롭게 대비시켜야 한다.
3. 당신이 설득하고자 하는 상대가 자신만의 영웅 여정 속 주인공이 되는, 설득력 있는 서사를 만들어야 한다. 현재의 세상에서 개인의 여정을 완수할 가능성과 당신과 함께 새롭고 또 다른 미래로 향할 때 그 여정을 완수할 가능성을 대비시켜 보여준다. 또한 당신을 멘토로 삼고 당신의 통찰

과 아이디어를 함께한다면 성공할 수 있다는 확신을 주어야 한다. 함께 모험을 떠나자는 당신의 요청을 사람들이 어떤 이유로 거부할지 미리 예상하고 그 저항에 대비해야 한다.

4. 비교가 아니라 선택을 강요해야 한다. 단지 더 나은 존재가 아닌 다른 존재여야 한다.

5. 시장에 이미 존재하는 언어를 쓰고 싶다는 유혹에 저항해야 한다. 새로운 사고방식으로 이어질 새로운 언어를 사용해야 한다.

운동을 만드는 일은 설득력 있는 스토리에서 시작되지만 이것으로 끝이 아니다. 당신이 어떤 이야기를 들려주든 대부분의 사람들은 아직 움직일 준비가 되어 있지 않다.

 제13장 당신의 스토리를 전하라

제14장

불쾌하게 굴어라

단 무례해서는
안 된다

우리 사회에서 용기의 반대는
비겁함이 아니라 순응이다.

-롤로 메이Rollo May, 미국의 심리학자이자 저자

‘비동조적disagreeable’이라는 단어를 생각하면 사람들에게 잉크 얼룩을 보여주고 그림을 해석하는 로르샤흐Rorschach 검사가 떠오른다. 어떤 이들에게 비동조성은 사회적 결함이다. 파티 분위기를 망치는 교양 없는 손님이나 가족 모임을 망치는 괴팍한 친척을 떠올리게 한다. 조금 더 음침하게는 타인을 조종하고, 적의를 품는 태도, 심지어 노골적인 잔인함이나 기만, 사기와 연관될 때도 있다. 또 어떤 이들에게 비동조성은 순응에 저항하고 진정성을 지키려는 태도로, 여과 없이 자신의 의견을 밝히고, 명확한 바운더리를 설정하고, 자신의 기준을 낮추기를 거부하며 갈등을 직접적으로 다루겠다는 의지이기도 하다.

여기서는 심리학과 신경과학 분야에서 자주 등장하는 ‘빅 파이브big five’ 성격 모델의 맥락에서 비동조성을 설명한다. 이 모델에는 새로운 경험을 향한 개방성, 성실성, 외향성, 친화성, 신경성이 포함된다. 흔히 OCEAN이라는 약어로 칭하는 이 모델은 개인의 성격을 이해하는 프레임워크로 널리 인정받고 있다.

OCEAN에 따르면 친화성 점수가 높은 사람들은 대체로 다정하고, 친근하며, 눈치가 빠르다. 반대로 점수가 낮은 사람은 비동조적인 사람으로 분류된다. 이들은 회의적이고 경쟁적이며, 무뚝뚝하고 공감력이 낮다. 사회적 조화를 그리 신경 쓰지 않고, 사고와 행동에서 더욱 독립적인 성향을 보인다.

비동조적으로 행동하라

패턴을 파괴하는 스타트업의 창립자들의 특성을 생각해보던 나는 돌파력을 발휘하는 아이디어를 개발하고 이를 현실로 만드는 운동을 일으키려면 적절한 수준의 비동조성이 필요하다는 사실을 깨달았다. 비동조성을 긍정적인 특성으로 바라보는 관점은 학술지나 주류 비즈니스 기사에서도 전면적으로 등장하지 않는다. 중요하지만 아직 충분히 탐구되지 못한 영역이다. 돌파력을 발휘할 가능성을 높인다는 맥락에서 내가 발견한 비동조성의 몇 가지 장점을 이야기하고자 한다.

비동조성은 사람들이 틀렸다고 해도 실제로는 옳은 비주류적 아이디어와 행동, 즉 돌파력을 지닌 아이디어와 행동을 가능하게 하는 힘이다. 이 특성은 단순히 패턴 파괴적인 아이디어를 떠올리는 데 그치지 않는다. 규범을 벗어나 행동할 용기가 있어야 한다.

저스틴티비의 배후에 있던 이단적인 창립자들을 기억할 것이다. 이들은 첫 번째 스타트업이었던 키코를 이베이에 올려 경매로 넘겼다. 그렇다. 중고 기타와 빈티지 의류를 사고파는 그 이베이에서 이들은 테크 스타트업을 팔았던 것이다. 이 외에도 에어비앤비가 초창기에 얼마나 특이한 방법으로 자금을 조달했는지를 떠올려 보라. 이들은 2008년 대통령 선거 기간 동안 버락 오바마와 존 매케인의 얼굴을 붙인 시리얼 박스를 40달러에 판매해 자금을 마련했다(박스 한 개의 제작비용은 4달러였다). 일반적인 비즈니스 전술에 비춰보면 이 창립자들의 행보는 위험하다 못해 기이해 보이기까지 한다. 하지만 두 기업 모두 성공을 거두었다!

갓 대학을 졸업해 암담해 보이는 스타트업을 차렸던 저스틴과 에밋이 키코를 25만 8,000달러에 매각한 일은 상당한 성과였다. 또한 창립자가 전통적인 경매 제도를 비전통적인 방식으로도 활용할 수 있음을 생생하게 보여주는 사례가 되었다. 에어비앤비의 경우 '오바마 오즈'와 '캡틴 매케인즈' 시리얼 박스로 주목을 끌었고 유명 스타트업 엑셀러레이터인 와이 콤비네이터에서 투자를 받을 수 있었다.

우리와 미팅을 마친 뒤 에어비앤비의 공동 창립자들은 와이 콤비네이터의 공동 창립자인 폴 그레이엄과 제시카 리빙스턴Jessica Livingston에게 시리얼 박스를 보여줬다. 이 박스를 판매해 2만 달러를 벌었다고 하자 당황한 폴 그레이엄은 이렇게 말했다. "4달러로 만든 시리얼 박스를 40달러에 판매했다면, 사람들을 낯선 이의 집에서 숙박하게 만드는 것도 가능하겠네요."

■ "NO"에 익숙해져라

비동조성은 언제 노no라고 말해야 하는지를 아는 기질이다. 보통의 비즈니스에서는 두 가지 그럴듯한 이야기를 강조한다. 하나는 고객은 언제나 옳다는 것이고, 다른 하나는 팀 내 조화가 중요하다는 것이다. 우리가 지켜본 바, 타당한 근거를 바탕으로 노라고 말할 줄 알아야 패턴 파괴적인 아이디어를, 급진적 변화를 불러일으킬 힘을 약화시키려는 여러 일들로부터 지켜낼 수 있다.

옥타의 초기 잠재 고객들 중에는 옥타가 혁신적인 클라우드 계정 관리 기술을 구형 어플리케이션에 적용해주기를 원하

는 사람들도 있었다. 이런 식의 기능 보강이야 선뜻 수용할 수
도 있는 일이었고 여러모로 편한 선택이 될 수 있었다. 옥타의
창립자들은 쉽게 예스yes라고 말하고 상대에게 맞춰주고 판매
를 성사시킬 수도 있었다.

하지만 옥타의 창립자들은 이 요구에 (또한 다른 요구들에
도) 동조하지 않았고, 물론 타당한 이유도 있었다. 이들은 초기
잠재 고객이라고 해서 모두가 올바른 고객은 아니라는 사실을
깨달았기 때문이었다. 잘못된 고객을 위해 잘못된 기능을 추가
한다면 나중에 후회할 수도 있을 거라고 여겼다. 이들의 거부
는 고집이 아니라 자신들의 사명을 명확하게 아는 태도에서 비
롯했다. 두 사람은 자신들의 제품을 하나에만 집중하는 퓨어
플레이pure-play로 유지하고자 했고 이로써 옥타는 클라우드 계
정 관리 어플리케이션에만 집중했다. 이들은 단기적인 수익과
함께 장기적인 후회를 가져올 고객보다는 미래에 대한 관점을
공유하는 고객을 택했다.

옥타의 토드와 프레디는 올바른 목표 고객을 위해 올바른
제품 기능을 우선하는 문제에서는 동조하지 않는 용기를 냈다.
타협이 보상으로 이어질 때가 많은 세상에서 진정으로 변혁적
인 두 창립자는 예스라고 말하는 것이 훨씬 쉬울 때도 자신의
비전을 고수하겠다는 힘든 길을 택했다. 어떤 식이든 긍정적인

반응에 의존하고 싶은 유혹이야 크지만 그런 마음이 드는 순간이 바로 창립자가 가장 경계해야 할 때다.

패턴을 깨는 창립자였던 토드와 프레디는 자신의 선구적인 비전에 진정으로 함께할 고객과 의도는 좋을지언정 잘못된 요구를 하며 자신의 비전을 훼손할 고객을 구분할 줄 알았다. 이들은 유연성을 발휘하지 못했던 것도, 자신이 옳다는 것을 보여주기 위해 주변의 조언에 귀를 막았던 것도 아니었다. 자신들의 비전과 궤를 나란히 하는 제안에는 귀를 기울이되 비전을 망가뜨릴 제안에는 맞섰다.

직설적이고 원칙에 충실한 태도는 당신의 운동에 동참시키기로 한 모든 사람에게 예외 없이 적용되어야 한다. 초기 고객이든, 스타트업 팀이든, 투자자나 그 외 초기 지지자들이든, 솔직함으로 상대의 기분을 상하게 할까 걱정하지 말고 차라리 노골적이다 싶을 정도로 숨김없이 당신의 의사를 밝히는 편이 낫다.

거절을 거절하라

비동조적인 태도는 부정성과 거절에 맞서는 힘이다. 위대

     제14장 불쾌하게 굴어라

함을 달성하는 스타트업들은 초기에 몇 번이나 거절을 당한 적이 많았다. 드롭박스 창립자인 드류 휴스턴Drew Houston이 처음 해커뉴스라는 유명 사이트에 드롭박스의 데모 영상을 올렸을 당시 부정적인 댓글이 수없이 달렸다. 지금 와서 읽어보면 꽤 재밌기까지 하지만 당시만 해도 드류는 댓글을 보며 자신의 아이디어에 대한 확신이 흔들렸다.

한 사람은 이렇게 비판했다. "리눅스 사용자라면 이 정도 시스템은 혼자서도 눈 감고 만들 수 있다고."

또 다른 사람은 이렇게 적었다. "연결에 문제가 생길 때를 대비해 USB를 계속 들고 다녀야 하는 건 마찬가지잖아."

또 다른 회의론자는 이런 평을 남겼다. "그렇게 '바이럴'을 탈 것 같지도, 수익을 낼 수 있을 것 같지도 않은데."

투자자들의 피드백도 비슷했다. "구글이 나설 텐데요." "온라인 스토리지는 상품성이 없어서요." "기업보다는 그냥 하나의 기능 같네요."

드류의 말처럼, 흥미롭고도 새로운 일을 한다면 비판과 거절은 일종이 통과의례디. 그는 자신과 샅은 몽상가들에게, 창립자들에게 이런 말을 전했다.

"이런 부정적인 반응은 무시할 수 있을 정도로 무던해야 합니다. 하지만 고객이나 팀이 만족하지 않을 때에는 이를 알아채고 반응할 수 있을 정도로 예민해야 하죠… 이러한 균형을 맞추기가 쉽지 않지만, 부정적이고 비판적인 반응을 보일 사람들은 항상 있을 거라는 사실부터 인정해야 합니다.”

이러한 회복탄력성이 대단히 중요한데, 이 회복력을 키우기 위해서는 자신의 비전을 향한 확고한 믿음을 바탕으로 당신을 반대하는 사람들 앞에서도 흔들리지 않는 내적 자신감이 필요하다.

조심해! 덫이라고

비동조성으로 순응이라는 덫을 피할 수 있다. 스타트업의 세계에는 사회적 조화를 지켜야 한다는 것과 자신의 미션을 이루기 위해 끝없이 노력해야 한다는 것 사이의 갈등이 존재한다. 당신의 야망은 무겁지만 가진 자원은 너무도 가볍다. 이때 중심을 다수의 동의를 따르거나 타인의 인정을 얻는 방향이 아니라 미션을 명확하게 이해하고 빠르게 실행하는 데 두어야 한다. 인간적인 면을 버려야 한다는 게 아니라 당신의 미션을 둘러싼 목표들을 더욱 중요하게 여겨야 한다는 뜻이다.

우리에게는 어떤 일을 하든 타인의 기대에 순응해야 한다는 무거운 압박감이 존재한다. 어린 시절부터 사회적 규범과 기대치가 우리의 행동과 가치, 정체성을 만든다. 가족은 보통 우리에게 가장 먼저 순응을 요구하는 존재로, 전통과 신념, 기대치를 우리 안에 각인한다. 학교는 행동 기준을 규정하고 경쟁을 부추기면서 압박을 가한다. 또래 집단에서는 그 안에 속하고 싶다는 욕구로 순응이 형성된다. 미디어를 통해 사회적 규범이 전파되고 이는 자아 인식과 행동 양식에 대단한 영향을 미친다.

생물학적 관점에서 보자면 우리는 또래의 인정을 구하도록 설계되어 있다. 상대에게 더욱 호의적인 태도를 보이고 집단 안에서 잘 어울릴수록 화합이 잘 되고 갈등은 줄어든다. 거절이라는 날카로운 고통을 느낄 일도 줄어든다. 대세를 따르는 편이 인지적으로도 덜 피로하다. 자신의 아이디어나 능력에 대한 의심이 들 때, 다른 사람이 자신을 어떻게 평가할지 걱정이 될 때면 우리가 의식하지는 못할 뿐 내면의 목소리는 순응하라고 우리를 계속해서 압박한다.

즉, 미래에 대한 근본적인 통찰이 부족한 스타트업이 자신도 모르는 새 '비교'의 덫에 빠지듯, 기존의 질서가 정해놓은 기준을 고수하려는 성향이 깊이 각인된 탓에 자신도 모르는 새 순응의 덫에 빠진다. 순응의 덫으로 사회적 기대와 전통적인 행동 양식, 기존의 경로에 점차 가까워지고, 이에 벗어난 길이 더욱 낫다고 믿으면서도 그 길로 향하지 못한다. 이렇듯 스스로를 가둬버리면 자신이 바랐던 패턴 파괴자가 될 기회를 스스로 포기하는 셈이 된다.

내부 고발자(휘슬블로어whistleblower)가 되고 싶지만 휘슬을 불 용기는 없는 것과 비슷하다. 한 번 생각해 보길 바란다. 리프트가 샌프란시스코 정부에 차량 공유 서비스를 시작해도 될지 허가를 구했다면 어땠을까? 분명 안 된다는 소리를 들었을 것이다.

리프트는 허가를 구하려 한다면 필연적으로 거절당하리라 생각했다. 그들이 인정을 받을 수 있는 유일한 길은 이 서비스로 고객들을 만족시키는 것, 그래서 지역 당국과 의미 있는 대화를 나눌 수 있는 발판을 마련하는 것이었다. 자신들의 사명을 달성하려면 리프트의 창립자들은 허가를 구해 혁신을 이루겠다는 치명적인 순응의 덫을 피해야 했다.

대립 아니면 친화

많은 이들이 좋은 비즈니스 리더라고 하면 대단히 말끔하고 단정한 이미지를 떠올리는데, 이 또한 일종의 학습이다. 비

      제14장 불쾌하게 굴어라

판에는 신중해야 하고 공개적인 자리에서는 칭찬에 후해야 한다, 소리를 질러서는 안 된다, 사람들과 조화를 추구하고 공통점을 찾으려 노력해야 한다, 갈등보다는 합의를 강조해야 한다 같이 말이다.

그러나 산업의 패러다임을 재구성하는 가장 변혁적인 리더들은 물결을 잠잠하게 가라앉히기보다는 휘저어 분쟁을 일으킨다.

마이크로소프트의 빌 게이츠가 젊은 시절 어땠는지 생각해 보면 된다. 그는 친화가 아닌 대립의 문화를 키웠다. 그는 적대적으로 느껴질 만큼 날카로운 질문을 던지고, 캐묻고, 사람들을 공격하는 일을 사명처럼 여겼다. 회의 자리는 그가 가차 없이 사람들을 몰아붙이는 지적 전쟁터였다. 그는 애매모호하거나 준비가 부족한 태도를 참지 못했다. 하지만 이런 감정적인 심문은 단지 갈등을 위한 갈등을 만들려는 게 아니었다. 게이츠가 비범할 정도로 높은 기준을 갖고 있다는 방증이었다.

빌의 이러한 대립적 리더십이 어떠한 영향을 미쳤을까? 내가 보기에는 도리어 사람들에게 동기를 부어하는 쪽으로 작용했다. 이것이 대립적 리더십의 역설이다. 조직의 약점을 찾아내는 데 그치지 않고 강점을 더욱 강력하게 만든다. 때문에 나는 주류의 비즈니스 세계가 친화적인 리더를 칭송한다 해도 우리를 불편하게 만드는 리더들에게 성원을 보내야 한다고 말하고 싶다. 자신의 최고의 자아에 이르는 데 필요한 것이 바로 이러한 불편함이기 때문이다.

사람들에게 엄격한 기대치의 잣대를 들이밀었던 리더들의 사례를 많이 들어왔다. 패턴을 파괴하는 창립자들의 세계에는 스티브 잡스, 일론 머스크, 제프 베이조스 등 《인간관계론》의 원칙을 따르지 않는 대립형 인물들이 넘쳐난다.

가장 뜨거운 열기의 기대치를 가진 사람들이 가장 강력한 합금을 벼려낼 사람들이 아닐까? 가장 헌신적이고도 재능 있는 사람들에게 가장 큰 동기는 아마도 합의의 가능성이 아니라 도전적인 현실일지도 모른다. 불편한 대화는 피하는 것이 좋다고 말하는 세상에서 기억해야 할 것이 있다. 패턴을 깨려면 스스로에게 기대하는 것과 똑같은 수준의 성과를 타인에게 기대하고 요구하는 리더가 필요하다는 점이다. 위대함을 추구하는 이들은 팀에게도, 스스로에게도 최선을 요구한다.

이외에도 패턴을 파괴하는 성공의 가능성을 높이는 비동조성의 특징이 있는데, 협상에서 자신의 입장을 공격적으로 밀어붙이는 태도, 규칙에 순응하기보다는 규칙을 새로 정의할 방법을 찾으려는 기질이다. 나는 비범한 성공을 달성하는 데 강력한 도움을 주는 비동조성의 특징을 모두 나열하고자 하는 게 아니다. 내 목표는 이보다 훨씬 단순하다. 사람들이 삶을 바꿀 만한 성취를 거머쥐도록 자극하는 데는 비동조성이라는 기질 이 대단히 중요하다는 점을 보여주고자 하는 것이다.

균형을 찾아라

그렇다면 기존의 질서에 도전하려는 창립자들에게 이것 이 어떤 의미일까? 지금보다 더 또는 덜 비동조적인 새로운 정 체성을 만들려 노력하기보다는 현재의 자기 자신을 더욱 깊이 있게 이해해야 한다는 뜻이다.

많은 이들이 사회적 기대 때문에 그리고 인정받고 싶다는 욕구 때문에 지나칠 정도로 동조적으로 행동한다. 하지만 사회 와 타인의 인정을 구하는 과정에서 진정성을 잃는 이들이 많다. 아이러니하게도 네 자신의 모습을 온전히 드러내라는 이야기 를 들으면서도 동시에 당신의 신념을 부드럽게 전달하라고, 질 문의 수위를 조절하고, 비판을 듣기 좋게 해야 한다고, 그래야 당신 주변 사람들이 불편하지 않을 거라는 이야기를 듣는다.

하지만 우리가 깨달아야만 하는 게 있다. 이러한 동조성, 항상 타인의 안락지대를 지켜주려는 태도는 진정한 공감이나 연민의 표현이 아니다. 우리가 사회적 상호작용이라는 무대에서 쓰는 가면에 가깝다. 이때 우리는 그게 무엇이든 우리의 사명만을 희생하는 게 아니라 더욱 근본적인 무언가를 희생한다. 바로 우리의 자아감, 진정한 자아를 희생하는 것이다. 자신 안의 의심을 잠재울 때, 진솔한 피드백을 숨길 때, 가장 중요한 신념을 온전히 지키지 못할 때 우리는 진정성을 조금씩 갉아먹고 있는 것이다. 결국 남는 것은 친화적인 내가 아니라 진정성을 잃은 나, 다시 말해 자신 안의 진짜 사명과 잠재력에서 멀어진 나일 뿐이다.

이와 정반대의 극단에는 비동조성이라는 서사에서 편리한 핑곗거리를 찾은 사람도 있다. 이들은 '진정성'을 들먹이며 상대의 자존감을 뭉개고 상대를 향한 존중을 짓밟는 대형 망치이자 거대한 철구 같은 존재다. 이들은 상대의 도전 정신을 자극하는 데서 그치지 않고 해를 가하고, 대립적인 태도를 넘어서 상대에게 잔인하게 구는 선 넘는 행동을 하면서도 자신은 '비동조적'일 뿐이라 말한다. 자신은 용감하기 때문에 이렇게 행동할 수 있는 것이라고 포장을 하고, 무례함을 정당화하는 감옥 탈출 카드(모노폴리^{monopoly} 게임에서 쓰는 카드-역주)인 양 비동조적인 기질을 들먹인다.

이 지점에서 한 가지 안타까운 역설이 탄생한다. 이런 사

　　제14장 불쾌하게 굴어라

람들 가운데 몇몇은 패턴을 파괴하는 야망을 달성하는 데 실제로 성공하고, 사람들을 매료시키며 따라 하고 싶다는 마음이 들게 하는 하나의 롤 모델로 자리 잡는다.

하지만 대부분의 경우, 이들은 무례한 태도 덕분이 아니라 그럼에도 불구하고 성공을 거머쥔 것이다. 이들의 실력과 우수성, 독창성이 불쾌한 면모를 상쇄해 준 것뿐이다. 문제는 상대를 좀먹는 태도를 용기로, 무례함을 단호함으로 오인하는 데 있다. 불쾌한 태도와 자신의 진정성을 용기 있게 드러내는 것은 다르다. 무례하고 불쾌한 태도는 위장이자, 자기 내면의 불안과 마주하지 않으려는 회피적 반응이다. 자신의 진정한 자아를 솔직히 드러내는 게 아니라, 참된 진정성에 대한 이해가 미숙한 것이다.

이러한 인물의 가장 극단적이고도 가장 조심해야 할 사례가 바로 비전가 행세를 하는 사기꾼이다. 위대한 사명에 헌신하는 사람이 지닌 분위기와 카리스마를 풍기는 이들은 비동조적인 성향의 리더를 그럴듯하게 흉내 낸다. 대단한 일을 해낼 것 같다고 우리가 본능적으로 생각하게 되는 그런 리더 말이나. 하지만 이것이 바로 함정이다. 이 사기꾼들은 위대한 목적이 있어서가 아니라 사기를 저지를 생각에 대담한 혁신가를 신뢰하고자 하는 우리의 성향을 교묘히 이용한다. 이들은 대담한 리더십을 흠모하는 우리의 심리를 무기 삼아 기만적인 프로젝트를 내걸고, 잘못된 신뢰가 얼마나 위험한지를 몸소 보여 준다.

최근 몇 년 사이에 가장 악명이 높은 사례를 하나 꼽자면 테라노스Theranos의 엘리자베스 홈즈Elizabeth Holmes일 것이다. 그녀는 의료 진단 산업을 혁신하겠다고 선포했다. 카리스마와 스토리텔링 능력을 활용해 세간의 이목을 끄는 인물들로 이사회를 구성하고 막대한 투자를 받았다. 하지만 이후 법정 증언을 통해 그녀가 내세운 기술이 약속대로 실현되지 않았다는 사실이 드러났다. 그녀는 거액의 사기 혐의로 유죄 판결을 받고 현재 수감 중이다.

빌리 맥팔런드Billy McFarland는 소셜 미디어와 인플루언서 마케팅으로 호화스러운 파이어 페스티벌Fyre Festival을 홍보했다. 이 행사는 엉망으로 끝이 났고 사기 혐의를 인정한 맥팔런드는 수년의 징역형을 선고받았다.

테크 산업처럼 빠르게 변화하는 업계에서는 특히나 비관습적인 탁월함과 사기의 경계가 흐릿해질 수 있다. 카리스마와 대중의 관심으로 심각한 윤리적, 법적 문제가 가려질 때가 있다. 앞서 설명한 여러 스트레스 테스트는 대단히 객관적인 렌즈가 되어 미래를 바꾸기 위해 세워진 기업과 순진한 이들을 착취하기 위해 세워진 기업을 구분할 수 있게 해준다.

당신이 진정한 돌파구를 만드는 데 헌신한 사람이라면 한 가지 질문을 마주해야 한다. "가장 진정한 내 자신이 되기 위해, 가장 최선의 자아가 되기 위해 어떻게 해야 할까?"

이에 나는 기업가로서의 여정 시작부터 최고 수준의 임원 코치를 곁에 두는 것을 추천한다. 조직이 망가지기 시작하기 전에, 수리를 해야 하기 전에 조직을 시작하는 첫 단계부터 전문가의 도움을 받는 편이 훨씬 낫다. 자신이 바라는 완전히 실현된 자아에 도달하지 못한 사람이 대부분이다. 그러나 노련한 가이드와 함께라면 당신이 그린 자아상을 향해 어떻게 나아갈지 계획을 세울 수 있다. 자신의 타고난 기질이 친화적이고 이로 인해 순응의 덫에 기운다면 임원 코치가 균형을 잡도록 돕는 결정적인 역할을 해준다. 코치는 당신의 진정성을 지키는 동시에 전략적으로 유리한 비동조성을 키우도록 도와주고, 사람들의 환심을 사는 방향이 아니라 당신의 사명이 향한 방향으로 나아가도록 이끌어준다.

반대로 본래부터 도전적인 태도를 보이고 때로는 거칠거나 심지어 타인에게 불쾌함을 줄 정도라면 노련한 코치가 이러한 비동조적인 기질을 더욱 건설적인 방향으로 다듬어주는 동시에 당신의 사명을 위해 중요한 사람들과의 관계가 소원해지지 않도록 도와 준다.

어떤 기질에서 출발하든 핵심은 통찰력 있고 대단히 진솔하면서도 신뢰할 수 있는 피드백이 중요하다는 것이다. 유능한 임원 코치는 컨설턴트 이상이다. 당신의 탁월함과 맹점을 동시에 비춰주는 거울인 셈이다. 위대함을 향해 나아가고자 할 때 자신의 맹점을 이해하고 행동을 교정하는 일은 단순히 당신에게 도움이 되는 정도가 아니다. 반드시 해야만 하는 일이다.

■ 비동조성 핵심 요약

비즈니스 세계는 결코 공정한 경기장이 아니다. 추는 자연스럽게 기존의 강자들 쪽으로 기울어져 있고, 굳게 확립된 규범은 이들에게 우호적으로 작용한다. 친화성은 사회적 예의를 갖춘다는 좋은 의미는 있지만 틀을 깨거나 미래를 바꾸는 데는 그리 힘을 발휘하지 못한다. 패턴을 깨려면 어느 정도의 비동조성이 필요하다.

1. 과도한 친화성과 진정성은 다르다. 미래를 새롭게 구성하고자 하는 야망을 품었다면 기존의 질서 유지에 필사적으로 매달리는 사람들은 당신 안에 자리한 인정 욕구를 이용

　　　　　　　　　　제14장 불쾌하게 굴어라

해 당신의 핵심 신념과 다르게 행동하도록 압박을 가할 수도 있다. 당신의 신념과 어긋남에도 사람들과 잘 지내고자 동조하는 일은 또 다른 형태의 부정직함이다. 당신의 운동은 규모가 훨씬 큰 다수에게 맞서 승리를 거둬야 하는 소수의 진정한 지지자들에서 시작된다. 때문에 당신의 통찰을 집요하게 지켜내고 추구하는 기질을 기르고 용기를 내야 한다. 당신의 운동에 노골적인 적대감을 드러내는 이들과 부딪힐 일도 자주 겪게 될 것이다. 순응의 덫을 피하는 것이 대단히 중요하고, 친화성은 당신의 사명에서 멀어지게 할 수도 있다. 이 원칙은 그 상대가 회의론자든, 조언자든, 팀원, 투자자, 규제 당국이든, 당신의 스타트업 사명에 긍정적이거나 부정적인 영향을 끼칠 수 있는 모든 이해관계자와의 상호작용에 적용된다.

진정한 운동은 소수를 움직여 다수에 맞서게 만든다. 무관심하거나 적대적이기까지 한 다수에게 인정을 구하려다가는 당신에게 가장 소중한 잠재적 초기 지지자들을 사로잡는 메시지가 흐려질 수 있다. 이러한 용기가, 즉 기존의 질서를 거부하는 태도가 초기 지지자들의 정신을 뜨겁게 달군다.

2. 과도한 비동조성 또한 진정성이 아니다. 진정성의 본질은

자신의 원칙을 지키는 태도, 그리고 자신이 가고자 하는 방향에 힘을 실어줄 새로운 아이디어나 시각에 열려 있는 태도 사이에서 균형을 이루는 것이다. 끊임없이 반대하거나 반대를 위해 반대하는 태도는 사실 다른 사람들의 의견에 반발하는 형태의 또 다른 순응인 셈이다. 깊이 뿌리내린 신념이나 확고한 믿음에 바탕을 둔 진정한 반대와는 다르다. 자신의 가치와 원칙을 지키는 일도 중요하지만, 당신과 팀의 발목을 잡을 수 있는 호전적인 태도를 지나치게 높이 평가하지 않는 것 또한 중요하다.

결국 당신 혼자의 힘으로는 운동을 성공시킬 수 없다. 당신의 비전을 공유하는 사람들과의 집단적 노력이 필요하다. 별 의미 없거나 과도한 대립은 운동에 가장 중요한 초기 지지자들을 몰아낼 수도 있다. 따라서 집단적 노력에 방해가 되는 비동조적 행동은 당신이 사명을 이루는 데 역효과만 초래할 것이다.

3. 비동조성으로 자유를 얻을 수 있다. 인내와 신념은 비주류적인 아이디어를 온전하게 지켜내는 힘이자 다른 사람들을 자극해 당신의 운동에 동참시키는 힘이다. 타인의 인정을 바랄수록 비범한 무언가를 추구할 자유가 줄어든다. 당신은 누구를 더욱 충실하게 섬길지 결정해야 한다. 일생일

대의 목표로 삼은 자신의 사명인가 아니면 당신과는 다른
뜻을 지닌 사람들의 인정인가?

4. 자신을 있는 그대로 받아들이고 최고의 자아로 거듭날 용
기를 가져야 한다. 창립자라면 누구나 결점과 강점 모두를
갖고 있다. 과제는 결점과 강점을 있는 그대로 바라보는 것
이다. 자기 기만적인 믿음으로 불편한 진실을 피하려 해서
는 안 된다. 이 불편한 진실을 마주해야 위대한 일을 해낼
수 있다.

5. 비동조적인 기질을 발휘할수록 외로워질 것이다. 비동조
성은 혁명을 일으키는 불꽃이 될 수도 있다. 하지만 이 불
꽃은 공동체 및 우정으로 이어질 가능성을 태우기도 한다.
자질이 있어야 획기적인 변화를 이끄는 게 가능하지만, 바
로 이 자질 때문에 일종의 사회적, 정서적 고립이라는 형벌
을 받을 수도 있다. 당신이 돌파구를 마련하는 과정에서 다
른 사람들을 소외시키는 상황이 벌어질 것이고 또 자기 회
의라는 고통 속에서 자기 자신에게서도 멀어진 듯한 기분
을 느낄 것이다. 공동 창립자가 상섬으로 작용하는 때가 바
로 이 지점이다. 특히나 비동조적인 기질을 지녔음에도 서
로 잘 지낼 수 있는 공동 창립자라면 더욱 좋다.

제15장

춤추는 코끼리들

기업이
패턴 파괴자가 되는 법

코끼리가 춤을 추면 풀이 짓밟힌다.

-아프리카 속담

코끼리(대기업-역주)도 패턴을 파괴하는 또 다른 리듬에 맞춰 춤을 출 수 있을까? 우리는 그럴 수 있다고 생각한다. 대기업들도 변곡점 이론을 활용해 공격적인 전투를 벌일 수 있다. 하지만 여기에는 한 가지 중요한 조건이 있다. 변혁적 혁신은 아무 문제 없이 운영되는 비즈니스에도 결코 쉬운 일이 아니라는 점이다.

성공이 만든 편향들

내기업이 패턴 파괴적인 신상품과 신규 사업을 개발하는 과정에서 직면하는 도전을 너무 단순하게 생각하는 사람들이 많다. 표면적인 사유로는 현실에 안주하는 태도나 위험 회피, 시장을 향한 근시안적 시각, 관료주의로 인한 병목현상, 심지어 문화적 침체 등을 언급한다. 하지만 이러한 현상에 자리한 더욱 깊은 역학을 놓칠 때가 많다. 진짜 문제는 동력의 부족함을 극복하지 못하는 게 아니라 과거의 성공을 가능케 했던 운영 패턴에 의존한 데 있다. 급진적 혁신을 가로막는 것은 현실에 안주하는 태도가 아니라 현재의 성공이 만들어 낸 편향일 때가 많다.

왜 그런 것일까?

기업은 성공했던 경험들을 차곡차곡 쌓아가며 확장해 나간다. 한편 과거의 성공 경험들을 바탕으로 수익이 복리처럼 안정적으로 증가하는 만큼 기업은 지금까지 유지해 온 낡은 패턴에 고착한다. 안타깝게도 이 패턴이 편향을 만들어 새롭고 혁신적인 시각을 방해한다.

반대로 패턴을 파괴하는 스타트업은 핵심 사업을 복리처럼 불려가며 가치를 만들어 내지 않는다. 애초에 사업이라는 것 자체가 아직 없기 때문이다! 스타트업의 본질은 급진적이고도 게임의 판도를 바꾸는 혁신을 만들어 내는 데 초점이 맞춰져 있다.

이미 자리가 잡힌 시장에서조차 패턴을 깨는 혁신이 내부자가 아니라 외부자의 손에서 나오는 가장 큰 이유도 바로 이때문이다. 차량 공유는 허츠[Hertz]나 에이비스[Avis]가 떠올린 아이디어가 아니었다. 우버와 리프트에서 나온 아이디어였다. 단기 주택 임대도 힐튼이 아니라 에어비앤비에서 나온 발상이었다.

보잉Boeing과 록히드Lockheed는 스페이스X가 성공적으로 출시한 여러 혁신적인 아이디어들을 상업화하지 못했다. 테슬라가 급진적으로 다른 접근 방식을 보여주기 전, GM과 도요타는 전기차에서 미미한 성과만 거두었다. 유명 벤처 투자자인 비노드 코슬라Vinod Khosla는 이러한 사례들을 두고 '비제도적 재발명noninstitutional reinvention'이라고 설명하며 이것이 새로운 돌파구가 나타나는 주된 방식이라고 전했다.

기업의 성공으로 파생된 여러 편향이 돌파구의 탄생을 가로막기도 한다.

기존의 가치 창출 방식으로 기우는 편향: 기성 기업은 핵심 사업에 집중해 가치를 창출한다. 자신들이 누리는 이점을 최적화하고 활용해 새로 시장에 진입하려는 기업을 가로막고 경쟁자들을 지배한다. 반대로 돌파구를 마련하는 비즈니스는 급진적으로 새로운 기회와 변혁적 변화를 추구한다. 완전히 새로운 방식으로 가치를 창출하는 데 초점을 낮춘 이들은 게임의 규칙을 다시 쓰는 것을 목표로 한다.

위험 감수를 거부하려는 편향: 기성 기업은 위험과 불확실성을 동일시하고 워런 버핏이 강조하듯 위험을 기피하려 든다.

하지만 돌파구를 만드는 사람들은 불확실성을 혁신의 마땅한 일부로 여긴다. 이들은 미개척 영역에 위대한 성장의 잠재력이 숨어 있다는 사실을 알기에, 성공으로 향하려면 미리 위험을 예측하고 이를 감수하는 태도가 필수적이라고 생각한다.

실패를 처벌하는 쪽으로 기우는 편향: 기존 기업에서는 실패가 임원진의 경력을 위협할 수도 있기에 위험한 프로젝트를 기피하는 경우가 많다. 이렇듯 조심스러운 접근에는 보이지 않는 대가가 따른다. 단기적인 실패를 피하려다 보니 자신도 모르는 새 다른 종류의 실패에 가까워지는 것이다. 다시 말해 새로운 돌파구를 마련하는 데 실패한다. 실패의 위험이 낮은 기회들로만 이끌린다면, 무심코 돌파구의 기회로 가득한 하나의 세계를 없애버릴 수도 있다. 비노드 코슬라의 말처럼, 이런 기업들은 실패의 위험을 너무 줄여버린 나머지 '성공의 결과가 보잘 것 없는 수준'이 되고 만다. 기업은 실패 가능성만 줄인 게 아니라 돌파구의 가능성까지 줄인 것이다. 반대로 패턴 파괴자들은 돌파구가 될 기회를 좇기 위해 초기의 실패 위험을 기꺼이 감수한다. 이들은 위험을 실패의 가능성으로 보지 않고 기대 가치의 기준으로, 성공 가능성과 성공의 보상을 곱한 가치로 바라본다.

친화성으로 기우는 편향: 기존 기업에서는 안정성 그리고 방향성의 일치를 우선순위로 삼고, 이러한 기질은 승진으로 보상받는다. 기업은 기존의 프레임워크를 엄격히 준수한 실행력에 초점을 맞춘다. 반대로 돌파구를 만드는 사람들은 규범에 도전하고 다른 미래를 상상할 때 더욱 성장하는 반항적인 해적에 가깝다. 전통적인 환경에서 성공적인 관리자로 인정받는 자질은 돌파력을 발휘하는 혁신 달성에 필요한 파괴적 성향과 충돌할 때가 많다. 이러한 격차로 대기업에 인수된 후 스타트업 창립자가 답답함을 느끼고 현 상황에 만족하지 못할 때가 많다. 당연하게도 이러한 창립자들은 기회가 생기는 대로 곧장 회사를 떠난다.

새로운 접근법을 거부하려는 편향: 과거 자동차 업계 임원들은 벤츠의 장인정신이나 아우디의 우아함에 비하면 테슬라가 질적으로 떨어진다고 비웃었다. 또 다른 전문가들은 테슬라가 대규모의 자동차 제조 경험이 없는 탓에 실패할 것이라 말했다. 테슬라는 자사의 매장과 서비스 센터를 직접 소유하는 등 공급망 일체를 통제하는데, 이 방식은 업계 관행을 벗어난 행보였고, 많은 이들이 불가능하다 여겼던 방식이었다. 하지만 이들은 테슬라가 단순히 차를 만들고 있는 게 아니라는 사실을 보지 못했다. 테슬라는 제조부터 설계, 유통, 자동차는 어때야 하는가까지 자동차 산업의 모든 규칙을 새로 쓰고 있었다.

 기성 기업은 순자산수익률, 주당순이익, 투하자본수익률, 내부수익률 등 전통적인 재정 지표에 의존해 자금을 배분하고 성공을 측정한다. 이러한 지표가 없는 스타트업은 자신들의 변곡점과 통찰을 활용해 급진적 변화를 일으킬 수 있는지를 스트레스 테스트로 확인해야 한다.

이 외에도 여러 압박들로 대기업이 패턴을 파괴하는 가능성은 낮아진다. 기존 고객층의 요구, 분기 실적 목표를 달성해야 한다는 압박 등이다.

또한 기존 사업을 문제없이 운영하는 데는 뛰어난 능력을 보이지만 급진적으로 다른 비즈니스를 시작해야 한다는 목표 아래서는 무엇부터 시작해야 할지 전혀 모르는 직원들을 두고 있다는 현실도 있다.

이렇듯 정교하게 조율된 기업 엔진이 두 세계의 장점을 모두 취할 수 있을까? 기존의 비즈니스를 지배하는 동시에 사람들이 생각하고 느끼고 행동하는 방식을 급진적으로 바꾸는 일까지 성공할 수 있을까?

우리는 가능하다고 생각한다. 하지만 그 여정은 결코 쉽지 않다.

점진주의에서 벗어나라

점진적 성공에서 벗어나기는 상당히 어렵다. 그럼에도 기존의 강자라는 현재의 지위를 유지하면서도 틀을 깨는 데 성공한 대기업들이, 인상 깊은 아웃라이어들이 있다. 이 기업들은 유기적 혁신을 활용해 백지에서 획기적인 무언가를 탄생시키거나, 패턴을 깨는 기업을 인수하거나, 다른 조직과 협력해 새로운 개척지를 탐험하는 대담한 파트너십을 맺는다. 이제 각 전략별 사례를 살펴보도록 하겠다.

유기적 혁신

유기적 혁신으로 유명한 최근 사례들은 아이폰을 출시한 애플이나 아마존 웹 서비스를 만든 아마존 등 테크 기업에 치중되어 있다. 패턴을 파괴한 이 기업들의 사례가 대단히 매력적이긴 하시반 기술 중심의 비스니스를 운영하지 않는 리더들에게는 먼 이야기처럼 느껴질 수도 있다. 다행스럽게도 다른 분야에서도 오래도록 회자되는 사례들이 존재한다.

1943년, 미 전쟁부US War Department는 록히드 에어크래프트

코퍼레이션Lockheed Aircraft Corporation에 비밀리에 고속 전투기를 180일 안에 개발해달라고 의뢰했다. 전쟁부는 전투기의 최고 속도를 시속 600마일로 명시했는데, 이는 당시 록히드의 P-38 프로펠러 전투기(라이트닝Lightning)보다 시속 200마일 이상 빠른 속도였다. 부족한 업무 공간과 빠듯한 예산 등 여러 제약에 묶인 이 프로젝트를 록히드는 수석 엔지니어인 클래런스 '켈리' 존슨Clarance 'Kelly' Johnson에게 맡겼다. 이 프로젝트가 바로 록히드 극비의 혁신 프로그램을 위한 연구소, 스컹크 웍스Skunk Works의 시작이었다.

존슨은 자신이 직접 뽑은 디자이너와 엔지니어 23명, 정비공 30명과 함께 록히드 본사에서 나와 악취를 풍기는 한 플라스틱 공장 옆에 서커스용 텐트를 임대해 자리를 잡았다. 한 만화에서 따온 '스컹크 웍스'라는 별명은 이후 록히드 고등개발프로그램Lockheed Advanced Development Programs을 가리키는 별칭으로 자리 잡았다.

스컹크 웍스는 효율적이고 비밀스럽고 신속한 업무 처리 방식으로 유명하다. XP-80 제트 전투기(룰루 벨Lulu Belle)을 143일 만에 완성한 사례는 이 조직이 얼마나 혁신적인지, 기한을 앞당겨 얼마나 빠르게 결과물을 낼 수 있는지를 보여주는 사례다. XP-80은 2차 세계대전에 참전하지 않았지만, 제때 완성된 덕분에 미국이 전투기 기술에서 앞서 나갈 수 있었고, 이를 기반으로 한국전쟁에서 미국의 최전선 전투기들이 우위를 점할 수 있었다.

혁신을 향한 켈리의 접근법은 14개의 규칙으로 정리되어 록히드 마틴 웹사이트에 자랑스럽게 게시되어 있다. 군용 프로젝트에 해당되는 규칙들도 있지만 아래의 여덟 가지 규칙은 돌파구를 마련하고자 하는 팀에게는 대단히 강력한 지침이 될 것이다.

1. 단 한 명의 책임자를 두어라. 전권을 지닌 프로젝트 리더 한 명을 세우고, 이 리더는 부서장 이상에게만 보고하도록 한다.

2. 팀은 위험할 정도로 작게 유지하라. 팀의 규모를 줄여 생산성을 높인다. 팀원 선발 기준은 빠르게 움직일 수 있는 능력과 재능이어야 한다.

3. 작은 공간에 자리를 잡아라. 규모가 작지만 장비가 잘 갖춰진 공간을 찾아 상하고 생산적인 팀의 역학을 강화해야 한다.

4. 외부인과 거리를 두어라. 프로젝트를 비공개로 진행해 상급 관리자의 간섭을 막고 업무가 지연되는 일을 피해야 한

다. 제품이 극비 프로젝트에 해당하지 않는다 해도 팀이 상부의 간섭에서 벗어나 은밀하게 업무를 진행하도록 해야 한다. 너무 눈에 띄면 프로젝트의 성공 가능성이나 성공에 이르는 방법을 파악하기도 전에 원치 않는 지연이나 문제에 시달릴 수 있다.

5. 서류로 남기되 모든 단계를 남기지는 않는다. 보고서는 최소화하되 핵심적인 내용은 기록하고 비용 검토는 자주 행한다.

6. 빨리, 지속적으로 결과물을 산출하라. 실재적인 결과물을 빨리, 지속적으로 만들어 내는 데 초점을 맞춰야 팀이 수정과 개선을 쉽게 진행할 수 있다.

7. 팀 전체가 큰 그림을 볼 수 있게 하라. 사람들은 자신의 역할 너머로 더욱 큰 그림을 보고 이해할 때 창의력을 더욱 발휘할 수 있다.

8. 직급이 아닌 성과로 보상하라. 직급과 위계에 덜 집착할수록 신속하고 민첩한 실행이 강화된다.

켈리와 스컹크 웍스의 사례는 돌파구 마련과 핵심 사업 최적화가 본질적으로 다른 성격이라는 점을 잘 보여준다. 가치 창출 방식과 위험 성향, 요구되는 인재와 성공 측정 방식까지 여러 측면에서 다르다. 이 차이를 깨달은 켈리는 민첩하고 자율적인 집단을 꾸렸고, 착수 단계부터 기업의 핵심 사업과 분리시켜 운영한 덕분에 성공을 거둘 수 있었다.

인수 합병

인수 합병 또한 패턴을 깨는 기회가 될 수 있다. 합병의 유형에도 핵심 사업을 강화하는 데 가장 적합한 경우가 있다. 피인수 기업의 자산과 시장 지위가 기업의 기존 비즈니스 모델에 매끄럽게 통합될 때 그렇다. 기업 핵심 사업의 위험 성향을 고려해 인수를 진행해야 하고, 성공의 가능성 또한 높아야 하며, 비즈니스 모델을 새로 만들기보다는 현재의 비즈니스 모델을 활용하는 방향으로 진행되어야 한다. 대표적 사례로는 애플이 P. A. 세미컨덕터P. A. Semiconductor를 인수한 일을 꼽을 수 있는데, 이를 통해 애플은 자사의 디바이스 생태계에 인재와 기술을 흡수할 수 있었다.

또 다른 유형의 인수합병은 비즈니스 모델 자체를 새롭게 해 돌파구를 만들 기회를 늘린다. 돌파력을 발휘하는 유기적 혁신과 유사하게, 이러한 합병은 성공 시 대단한 수익을 내는 고위험 사업에 집중할 때 가장 효과적이다. 성공적인 인수의 대표적인 사례는 정보 관리 기업인 EMC 코퍼레이션EMC Corpora-tion이 VM웨어VM ware를 인수한 일을 꼽을 수 있다. 덕분에 EMC 고객들은 지금껏 EMC가 주도적인 역할을 해오지 못했던 새로운 가상 서버 환경을 탐색할 수 있게 되었다.

많은 기업이 저지르는 실수는 사업에서 유기적으로 돌파구를 마련할 때 적용되는 원칙이 인수 합병에도 똑같이 적용된다는 사실을 잊는 것이다. 위험 성향, 이해 관계자들, 성장 가능성 전망, 비즈니스 모델 확장 또는 재구성의 영향 등은 유기적으로 개발한 이니셔티브만이 아니라 인수에서도 똑같이 고려해야 할 요소들이다.

결국 두 세계의 장점을 결합한다면 성공에 이를 수 있다. 다시 말해 핵심 사업이 보유한 자산에 피인수 기업이 활용 중인 새로운 변곡점과 통찰을 더하는 것이다. 페이스북이 인스타그램을 인수한 사례가 이에 해당한다. 2012년, 페이스북은 모바일 사용 비율이 상당히 낮은 반면 모바일 앱인 인스타그램은 그 비율이 크게 치솟고 있었다. 마크 저커버그가 인스타그램을 10억 달러에 인수했을 당시 대부분의 사람들은 그가 너무 큰 금액을 지불했다고 생각했다. 하지만 페이스북은 자사의 강력한 콘텐츠 전파력을 인스타그램의 신선한 모바일 역량과 결합시켰다. 또한 저커버그는 인스타그램의 공동 창립자 케빈 시스트롬Kevin Systrom이 인스타그램을 자율적으로 운영하도록 맡긴 동시에, 시스트롬이 판단하기에 인스타그램에 도움이 되는 경우에는 페이스북의 자산에 접근할 수 있도록 허용했다. 오늘날 수십억 명의 사용자를 거느리는 인스타그램은 2022년 430억 이상의 매출을 기록했다.

이 외에도 디즈니의 픽사Pixar 인수 사례, 프록터앤드갬블Procter & Gamble의 질레트Gillette 인수 사례, 구글의 유튜브 인수 사례 등 여러 사례를 통해 과감한 인수로 모기업이 기존의 사업체로 점진적인 이익을 쌓는 데 그치지 않고 규칙을 변화시키는 일 또한 가능하다는 점이 드러났다.

■ 파트너십

대담한 파트너십은 패턴을 파괴하는 또 다른 경로를 제공한다. 2021년 유나이티드항공United Airlines이 붐 슈퍼소닉Boom Supersonic과 맺은 파트너십은 흥미로운 사례연구다.

전직 소프트웨어 엔지니어이자 항공기 애호가인 블레이크 숄Blake Scholl이 설립한 붐 슈퍼소닉은 차세대 상업용 초음속

항공기를 설계하는 기업이다. 붐 슈퍼소닉은 유나이티드항공과의 협업을 통해 수십 년 간 별다른 혁신을 보이지 못한 항공 산업에 혁명을 일으키고자 했다.

앞서 콩코드Concorde가 이미 보여준 바 있지만, 상업용 초음속 항공기는 연료 효율이 낮고 승객 수용이 제한적이라는 이유로 경제적, 환경적 측면에서 극복하기 어려운 난제에 직면해 있었다. 붐 슈퍼소닉은 마하 1.7의 속도를 자랑하는 오버추어Overture 여객기로 이 서사를 바꿔 보려 한다. 이 새로운 항공기는 대서양 횡단 비행 시간을 거의 절반으로 줄여 뉴욕에서 런던까지의 여정을 3시간 30분으로 단축시킬 수 있다. 유나이티드항공은 오버추어 15대를 구매하고 붐 슈퍼소닉이 일정 조건을 충족할 경우 추가로 35대를 추가 옵션으로 도입할 것을 약속했다.

유나이티드항공의 CEO 스캇 커비Scott Kirby는 위험을 완벽히 인지한 상태에서 이러한 파트너십을 맺는 결정을 감행했다. 만약 오버추어를 상업적으로 유의미하게 활용할 수 없다면? 비용이 천정부지로 치솟거나 법적 규제가 걸림돌이 된다면?

하지만 잠재적 성장 가능성만큼은 대단하다. 항공 산업은 꽤 오랫동안 획기적인 개선을 경험하지 못했다. 가장 눈에 띄는 변화라면 기내 엔터테인먼트와 연료 효율 개선 정도다. 붐 슈퍼소닉과의 파트너십을 통해 유나이티드항공은 게임의 규칙을 바꾸고, 초음속 여객기 시장을 선점하고, 프리미엄 고객을 유치할 수 있을지 모른다. 위험이 큰 행보지만 대단한 보상으로 이어질 수 있는 만큼, 유나이티드항공이 새로운 항공 시대의 개척자로 자리매김할 기회가 될지 모른다.

이 파트너십의 결과는 아직 나오지 않았다. 스캇 커비와 같은 기업 리더들이 큰 보상을 기대하고 중대한 위험을 감수하기로 결심했을 때 느끼는 설렘과 두려움, 이 두 가지 감정이 뒤섞인 묘한 감정을 짐작할 수 있을 것이다.

다른 선율에 맞춰 춤추기

변곡점 이론으로 창립자들이 다르게 생각하고 행동하는 법을 깨닫고 이를 통해 돌파구를 만들 수 있는 것처럼 기업들도 이 이론을 활용해 돌파구를 마련하는 기회를 포착하고 성공으로 빚어진 편향을 극복할 수 있다. 기업은 변곡점을 신선한 통찰과 연결시킬 수 있을 뿐 아니라 자사가 갖고 있는 고유의 강점과도 결합시킬 수 있는 특별한 기회도 누린다.

스타트업은 빈손으로 출발한다. 이들이 성공하는 이유는

다른 이들이 보지 못하는 것을 보고 큰 기업은 보통 하지 않을 행동을 취하기 때문이다. 새로운 아이디어와 행동을 감행하지 않는다면 스타트업은 변화를 만들어 낼 수 없다. 한편 이미 강점을 보유한 대기업은 변곡점을 자사에 유리한 방향으로 활용할 방법이 훨씬 많다. 스타트업과 마찬가지로 기성 기업도 변곡점과 미래에 대한 고유의 통찰을 결합할 수 있다. 애플의 아이팟이 그 사례다. 애플은 새롭게 등장한 소형 디스크 드라이브를 활용해 1,000곡을 담을 수 있는 포켓형 기기를 만들었는데, 소비자의 욕구를 미리 내다본 통찰력에 기술의 발전을 결합한 결과물이었다.

스타트업과 달리 기업은 변곡점을 기존의 강점과 연결시킬 수도 있다. 페이스북은 스마트폰 카메라의 발전과 모바일 데이터 처리 용량의 증가가 변곡점이고, 이 변곡점으로 작은 스타트업인 인스타그램이 막강한 경쟁상대가 될 것임을 알아차리고는 인스타그램을 인수했다. 페이스북은 인스타그램에 방어적으로 대응하는 대신 인수 금액이 너무 높다는 소리를 들으면서도 이를 공격적으로 나아갈 기회라고 봤다. 페이스북은 인스타그램의 기능에 자사의 글로벌 도달력과 성장 노하우를 결합해 인스타그램을 수십억 명이 사용하는 플랫폼으로 만들었다.

스타트업이든 포천Fortune 500대 기업이든 어떠한 프로젝트가 돌파력을 지니려면 변곡점과 통찰을 갖춰야 한다. 이 두 가지 요소는 놀라운 보상을 가져올 가능성을 높인다. 또한 이 요소들을 기준으로 스트레스 테스트를 진행할 때 새로운 프로젝트가 타당한지, 어떠한 아이디어를 좇아야 하는지를 선택할 수 있다. 돌파구의 잠재력을 지닌 변곡점과 통찰을 스트레스 테스트할 때 미지의 비즈니스가 실현될 수 있을지 여부를 객관적인 프레임워크로 평가할 수 있다. 이미 자리를 잡은 벤처라도 꼼꼼하게 사업 계획을 세워야 하는 것과 마찬가지로 스트레스 테스트 또한 반드시 거쳐야 하는 중요한 일이다. 이렇게 할 때 경영진은 알려진 영역과 미지의 영역 모두를 동일한 수준으로 철저하고도 정밀하게 검증할 수 있고, 이로서 잠재적 돌파구가 마련될 수 있는 환경을 조성할 수 있다.

비즈니스에서는 목표가 공정한 싸움이 아니라 경쟁자들을 상대로 불공정한 우위를 점하는 데 있다고 강조해왔다. 이 우위는 변곡점을 활용하고, 기업만의 고유한 자산과 변곡점을 결합할 때 얻을 수 있다.

애플이 좋은 사례가 된다. 아이폰을 출시할 당시 애플은 스마트폰을 가능하게 해준 기술적 변곡점만을 활용한 것이 아니라 OS X(애플의 운영체제), 아이튠즈, 엔터테인먼트 업계와의 관계 등 자사의 고유한 자산을 함께 활용했다. 이러한 접근법은 아이패드와 애플 워치, 비전 프로Vision Pro 헤드셋 출시 때도 계속해서 적용되었다. 한 예로 비전 프로의 경우, 동작 및 시선 추적이라는 기술의 발전과 더불어 애플이 이미 보유한 소프트웨어와 할리우드 파트너십을 함께 활용했다. 기존의 독점적 자산과 새로운 기회를 결합시켜 애플은 대기업도 혁신에서 '불공정한' 우위를 점할 수 있음을 보여주었고, 특히나 기업이 자사의 강점과 탁월하게 맞물리는 기회를 전략적으로 포착할 수 있다면 우위를 점할 수 있다는 것을 보여준 사례다.

페이스북은 인스타그램을 인수하며 모바일 기술의 새로운 변곡점과 자사의 전파력 및 소셜 그래프와 결합했다. 구글은 유튜브를 인수해 자사의 도달력을 사용자 생성 콘텐츠라는 변곡점과 결합시켰다.

성공적인 실패를 보상하라

대기업에 속한 사람들에게는 지켜야 할 커리어가 있다. 아무런 조치도 취하지 않고 두면 이들은 위험이 적은 길을, 프로젝트를 추구하기 마련이다. 패턴을 파괴하는 결과를 달성하고 싶다면 CEO가 새로운 사업 영역에서 성공하기 위해 필요한 위험을 감수하겠다는 의지가 있어야만 한다. 붐 슈퍼소닉과 파트너십을 맺는 것이 유나이티드항공의 CEO 스캇 커비에게 안전한 선택이었을까? 결코 아니다. 하지만 그렇다고 해서 정체와 점진주의로 점철된 업계에 그의 선택이 탁월한 수가 아니었다는 의미도 아니다. 페이스북이 상장을 앞두고 매출도 전혀 없고 직원이 스무 명도 안 되는 인스타그램을 10억 달러에 인수한 일이 '안전한' 선택이었을까? 당시 언론의 평가는 그렇지 않았지만, 10년이 지난 지금 사람들은 그때의 상황을 또 다른 스토리로 말한다.

아마존의 공동 창립자이자 전 CEO인 제프 베이조스는 실패에 대한 관념을 완전히 뒤집은 '성공적인 실패'라는 개념을 적극적으로 옹호한다. 2014년 비즈니스 인사이더Business Insider의 이그니션IGNITION 콘퍼런스에서 베이조스는 이렇게 말했다. "저는 아마존에서 실패를 통해 수십억 달러를 벌었습니다. 말 그대로 실패로 수십억 달러를 벌었어요."

베이조스는 계산된 위험을 감수하고 실패를 경험하는 일이 혁신과 성장에 필수적이라고 믿는다. 아마존의 역사를 보면 실패가 대단한 성공으로 이어진 사례가 많았다. 아마존 옥션Amazon Auctions의 실패는 지숍zShops의 개발로 이어졌고, 이것이 결국에는 아마존 마켓플레이스Amazon Marketplace로 진화해 대단한 수익을 거두었다. 마찬가지로 상업적으로 큰 실패를 맛본 파이어 폰Fire Phone의 경험을 배움 삼아 이후 에코Echo와 알렉사Alexa가 성공을 거둘 수 있었다.

경영진 다수는 이러한 사고방식을 받아들이는 데 어려움을 겪지만, 이 사고방식을 받아들이는 사람은 실수를 미래 프로젝트를 위한 소중한 배움의 경험으로 삼는다. 팀이 실패하는 이유는 크게 두 가지다. 실행을 잘 해내지 못했거나 계산된 위험을 감수했지만 성공하지 못해서이다. 후자의 실패는 그리 나쁘지만은 않다. 어떤 기업은 실패를 벌하는 대신 심지어 '최고의 실패'상을 수여해 영리하게 위험을 감수하는 문화를 장려하기도 한다.

기업의 패턴 깨기 핵심 요약

1. 핵심 사업에서의 탁월함이 도리어 돌파구를 가로막는 편향을 만든다. 성공적인 기업의 문제는 처음 이들을 성공으로 이끌었던 전략에 지나치게 의존하게 된다는 것이다. 입증된 방식을 지속할 때 성공을 이어갈 수 있지만 조직의 문

　　　　제15장 춤추는 코끼리들

화, 전략, 운영 전반에 그 방식이 깊이 새겨지게 된다. 그 결과 기업은 이미 굳어진 패턴에서 벗어나 혁신과 돌파구로 향하는 새로운 길을 탐험하기가 어려워진다. 한 회사를 성공으로 이끈 바로 그 강점이 변화와 새로운 기회에 대한 적응력을 떨어뜨리는 요인이 될 수 있다.

2. 실패를 피하려는 태도로는 돌파력을 발휘하는 성공에 도달할 수 없다. 아이폰을 만드는 일은 애플에게는 안전한 선택이 아니었다. 애플은 완전히 새로운 비즈니스 모델을 두고 통신사와 협상을 해야 했다. 매출이 전혀 없는 인스타그램을 10억 달러에 인수한 페이스북의 선택은 안전한 행보가 아니었다. 유나이티드항공사와 붐 수퍼소닉의 파트너십 또한 마찬가지다. 하지만 리더가 패턴을 깰 기회를 잡으려면 안전한 선택만을 하며 위험을 피하는 대신 계산된 위험을 감수해야 한다.

3. 변곡점 이론은 스타트업만이 아니라 기업도 활용할 수 있다. 변곡점으로 기업은 돌파구를 만들어 내는 데 활용할 수 있는 두 가지 힘을 얻는다. 첫째로 기업은 (스타트업과 마찬가지로) 변곡점을 미래에 대한 비주류적 통찰과 결합할 기회를 얻는다. 이에 그치지 않고 기업은 새로운 변곡점을 자사의 독점적 역량과 결합해 패턴을 깨는 신사업을 시작하

는 기회 또한 얻을 수 있다. 기업은 내부에서 혁신적인 상품을 만들기 위한 촉매로만 변곡점을 활용할 수 있는 게 아니라 인수, 합병, 파트너십을 통해 어떤 방식으로 돌파구를 만들 수 있을지 살펴보게 해주는 전략적 렌즈로도 변곡점을 사용할 수 있다.

구하는 자가 되는 것은 좋은 일이다.
하지만 언젠가는 결국 찾는 자가 되어야 하고,
당신이 찾아낸 것을 받아들이려는 자를 위해
세상에 주는 선물로 내어놓는 것이 좋다.

–리처드 바크Richard Bach, 《갈매기의 꿈》

초등학교 2학년 때 아버지 서재 책상 위에 놓인 얇은 책 한 권을 발견했다. 표지에는 이미지화된 갈매기 한 마리가 그려져 있었다. 《갈매기의 꿈》이라는 제목의 책에서 어쩐지 눈을 뗄 수가 없었다.

"아빠, 이거 무슨 내용이에요?" 내가 물었다.

"네가 직접 읽어보고 어떤 책인지 아빠한테 말해주면 어떨까?"

아버지다운 대답이었다. 그래서 한 번 읽어보기로 했다.

다른 어떤 갈매기보다도 더 빨리 날고 싶어 하는 한 갈매

기의 이야기였다. 다른 갈매기들이 조롱하고 따돌리는데도 주
인공 갈매기는 자신의 열정을 끝까지 쫓았다(스포일러 주의: 결
국 이 갈매기는 자신의 뜻을 이뤘다! 또한 훨씬 많은 것들을 이뤄냈다).
아버지에게 책의 내용을 설명하며 내가 정확히 어떻게 말했는
지는 기억이 나지 않는다. 하지만 당시 내가 무엇을 느꼈는지
는 기억이 난다. 이 세상에서 가장 큰 한계는 세상의 한계가 아
니라, 자신의 마음과 상상력, 행동의 한계라는 것을 느꼈다.

"나쁘지 않네." 아빠는 내게 이렇게 말했다.

《갈매기의 꿈》은 자라면서 읽은 책 가운데 내 세계관에 가
장 큰 영향을 미친 책이다. 다른 갈매기들은 한계로 가득한 세
상을 봤다. 하지만 갈매기 조너선은 한계가 없는 세상을 봤다.
다른 갈매기들은 무리에 얽매여 있었다. 조너선은 남들과 다르
게 사는 것을 두려워하지 않았다. 그는 갈매기 무리가 뭐라고
하든 자신 안의 목소리에 귀를 기울였다. 그는 장벽을 돌파하
고 나아가 다른 갈매기들이 불가능하다고 '믿었던' 일들을 해
냈다. 다른 갈매기들은 스스로 만든 한계를 끊어낼 잠재력이
자신에게 있다는 사실을 끝내 깨닫지 못했다. 얼마나 비극적인
일인가!

《패턴 파괴자들》에서 한 가지를 배워간다면, 형태는 다를
지라도 누구나 알게 모르게 자신이 만든 한계에 평생 생각과

행동이 지배당한다는 사실을 깨닫게 되길 바란다. 여기서 가장 까다로운 점은 그 한계들이 사고방식의 근간에 너무 깊이 새겨져 있어, 이 한계들에 발목이 잡힌다는 사실은 고사하고 그 존재 자체를 알아차리지도 못한다는 것이다. 스타트업에 대해 생각할 때도 이러한 한계에 발목이 잡힌다. 이 한계를 깨달을 때 비로소 벗어날 수 있고 그래야 패턴 파괴자가 되어 당신에게 주어진 시간이라는 선물을 헛되이 쓰지 않고, 그 가치에 걸맞은 돌파구를 만들 수 있다.

스타트업에서 가장 먼저 마주하는 자기 한계는 생각하는 방식에서 드러난다. 어린 시절 우리는 딱히 목표를 세우거나 정답을 찾으려는 생각 없이 놀이를 통해 본능적으로 예상치 못한 새로운 무언가를 배운다. 상자를 우주선이라고 생각하고 미래에 어떤 일이 생길지를 상상하는 것이다. 우리는 시행착오와 우연한 발견을 통해 세상에 대한 이해를 형성해 나간다. 무언가를 시도할 때 '틀릴까 봐' 걱정하지 않는다. 그저 새로움 자체를 있는 그대로 경험하고, 마주하는 것은 무엇이든 기꺼이 받아들일 뿐이다.

하지만 점점 자라면서 세상이 우리에게 가르치는 사고방식은 돌파구를 떠올리는 능력을 제한한다. 우리는 이미 답이 정해진 질문에 정해진 답을 말할 때 보상이 주어진다는 사실을 배운다. '정답'을 말하면 좋은 성적을, 명문대 학위를, 높은 연봉의 일자리를 얻을 수 있다. 비즈니스 세계에서는 프로젝트의 시작부터 목표를 설정하고, 그 목표를 달성하는 데 초점을 맞춰야 한다고 배운다. 개인의 삶에서도 목표를 세워야 한다고 배운다. 운동을 얼마나 할 것인지, 은퇴를 위해 얼마나 저축해야 하는지 등이다. 이런 사고방식이 성공에는 도움이 되지만 패턴을 깨는 발견으로 이어지는 경우는 거의 없다.

내 전문 분야인 스타트업 세계에서 몸소 느낀 바로는 이러한 마인드셋이 돌파구를 찾는 데 방해가 된다는 사실을 깨닫지 못하는 사람들이 많았다. 먼저, 스타트업 아이디어를 떠올릴 때 틀에 박힌 사고방식으로 접근할 때가 많다. 공백을 찾고자 큰 시장을 분석하거나 고객들에게 질문을 하며 어떠한 욕구가 충족되지 않았는지를 파악하고, 이를 바탕으로 고객에게 구체적인 혜택을 전해주고 명확한 시장 수요가 반영된 솔루션을 만들고자 한다.

하지만 이렇듯 통상적인 사고방식은 우리를 가로막는다. 미래란 조금 더 새롭고 개선되었을 뿐 이미 다른 사람들이 정해놓은 규칙하에서 운영되는 현재의 연장선상일 뿐이라는 전제가 깔려 있기 때문이다. 또 다른 문제는 이렇듯 전형적인 방식으로 스타트업 아이디어에 접근하려는 사람이 많아 경쟁 또한 치열해질 가능성이 커진다는 데 있다. 통상적인 사고방식으로는 아무리 계획과 실행을 영리하게 해낸다 해도 결국 통상적인 수준의 성공으로만 이어질 뿐이다.

돌파구란 아직 발견되지 않은 무언가이고, 다시 말해 아직 아무도 답을 찾지 못한 질문에 당신이 답을 찾아야 한다는 의미다. 비관습적으로 생각할 때에만 비관습적인 성공에 도달할 수 있다. 이는 더 나은 질문을 하는 데서 시작한다.

창립자인 우리는 미래에 살고 있는가? 우리가 강력한 변곡점을 탐색하고 있는가? 이 변곡점들을 반직관적으로 활용할 수 있도록 미래를 향한 통찰을 발휘할 수 있는가? 우리가 강력한 기술을 최전선에서 바라보며 이것이 우리 그리고 타인의 삶을 어떻게 바꿀지 그리고 있는가? 현재의 연장선이 아닌 급진적으로 다른 미래를 예고하는 무언가를 직접 경험하고 실험하고 있는가?

강력한 통찰이 있다면 이 질문에 답할 수 있고, 패턴을 파괴하는 제품들을 만들어 당신의 스타트업이 게임의 판도를 바꾸고 당신을 가로막으려 하는 기업의 시노를 악화시킬 수 있다.

우리가 스스로를 제한하는 두 번째 방식은 행동이다. 돌파구를 실제로 마련하려면 비관습적으로 생각하는 것으로는 충분치 않다. 비관습적으로 행동해야 한다. 돌파력을 발휘하는 스타트업을 만든다는 것은 도발적인 행위다. 기존의 질서에 도전하는 일이다. 사람들이 이미 알고 이해하는 현재에서 사람들이 모르는 낯선 미래로 이끌어야 한다는 의미다. 다시 말해 사람들이 다른 길을 선택하고 싶어지도록 설득해야 한다는 뜻이다. 당연하게도 이 과정에서 많은 사람들이 당신에게 반발할 것이다. 이들은 틀에 박힌 사고방식에 젖어 있기 때문이다. 갈매기 조너선이 경험했듯, 선의에서 비롯된 반발도 있을 것이고 (부모와 친구들이 조너선을 가로막았던 것처럼 말이다), 현재 상황이 더욱 편안한 사람들이 반발할 수도 있다. 일부는 급진적인 변화를 만들려는 당신의 시도 자체를 노골적으로 싫어할 것이고, 반감을 표할 것이며, 당신이 실패하길 바랄 것이다.

안타깝게도 우리 중 다수는 집단에 잘 어울리고 싶고 소속감을 느끼고 싶다는 욕구에 의해 움직인다. 사회가 점차 우리에게 전통적인 사고방식을 가르치듯, 사회는 우리에게 소속감을 느끼고 싶다면 전통적인 방식으로 행동해야 한다고 가르친다. 대부분의 사람들은 부적응자보다는 타인 속에 잘 어울리는 쪽을 택한다. 하지만 올바른 사람들을 특별하고도 다른 미래로 이끌어가기 위해서는 미움 받을 용기를 가져야 한다. 사람들을 현재의 상태에서 벗어나게 하려면 도발적인 운동을 일으켜야 하기 때문이다. 운동을 통해 사람들이 무리에서 떨어져 나오게 만들어야 한다.

대부분의 사람들은 지위와 소속감을 바라면서도 자신이 그것을 추구하고 있다는 사실조차 모르고 있다. 타인의 말에 반응을 보이지 않기가 힘들고, 특히나 저 사람에게는 인정받아야 한다는 인식이 주입된 상대라면 그 말을 무시하기가 더욱 어렵다. 우리는 반사적으로 반응을 보인다. 다른 사람들이 만든 규칙을 그대로 받아들인 우리는 스스로에게 한계를 부과한다. 내가 대부분의 사람들에게서 또한 대부분의 창업자들에게서 발견한 가장 근본적인 한계는 이것이다. 타인의 규칙을 기준삼아 자신의 성공을 정의한다는 것이다. 하지만 돌파구를 만드는 창업자들은 자신이 발견한 미래의 통찰과 조금이라도 충돌한다면 자신의 지위를 높이거나 인정받고 싶다는 욕구를 거부하는 용기를 지녔다.

스티브 잡스는 산타클라라 밸리 역사 협회Santa Clara Valley Historical Association와의 인터뷰에서 스스로를 제한하는 믿음을 지닌 사람들이 어떻게 생각하고 행동하는지를 완벽하게 설명했다.

자라면서 세상은 원래 그렇다고, 이 세상 속에서 그냥 살아가면 되는 거라는 이야기를 듣습니다. 너무 저항하지 말라고요. 괜찮은 가정을 꾸리고, 즐거운 일도 하고, 돈도 조금 모으면서요.

하지만 이는 대단히 제한된 삶이죠. 삶이란 한 가지 사실만 깨닫는다면 훨씬 충만해질 수 있습니다. 바로 우리가 삶이라고 부르는 주변의 모든 것들이 사실 당신보다 똑똑하지 않은 사람들이 만들어 냈다는 것이죠. 당신이 삶이라 부르는 모든 것들은 사실 당신이 바꿀 수 있고 영향을 줄 수도 있으며, 당신이 직접 만든 무언가를 다른 사람들이 쓰게 될 수도 있습니다. 이 사실을 한 번 깨닫고 나면 예전과 같은 사람으로 다시 돌아갈 수가 없어요.

존 짐머는 리프트를 두고 이렇게 설명했다. "우리의 사명을 진심으로 믿었기 때문에 계속 나아갔습니다. 우리를 교도소에 가두지 않는 이상 포기하게 만들기는 어려웠을 겁니다."

리프트가 불법으로 규정될 위험이 있었음에도 두 사람은 리프트 서비스를 출시하려 했다. 법적으로 모호한 영역을 파고들어 처음에는 기부 모델로 리프트를 시작했다. 파산하기 전에 유료로 요금을 부과할 수 있기를 바라면서 말이다. 리프트로서는 메달리온으로 택시의 수를 제한하는 비즈니스 규범을 바꿀 수 있는 유일한 방법은 차량 공유 운동이었다. 로건과 존은 지역 정부와 협력해 법을 바꿀 수 있을 때까지는 승객에서 요금을 청구하지 않고 버텨야만 했다. 한동안 매일같이 영업 중단 및 정지 명령을 받았다. 하지만 교도소에 가지는 않았다. 다행스럽게도 이들은 중단하지도, 정지하지도 않았다.

브라이언 체스키와 그의 공모자들은 에어비앤비 초창기 시절 여분의 방이나 집을 임대할 의사가 있는 사람을 찾아야 했기에 크레이그리스트의 약관을 어기면서 사이트를 스크래핑했다. 크레이그리스트가 이를 좋아하지 않았을 것이고 또 불쾌함을 대놓고 표현했을 거라고 짐작한다면 당신의 생각이 맞다.

일론 머스크는 테슬라와 스페이스X로 불가능한 일을 두 번이나 해냈다. 그는 무엇이 가능하고 또 무엇이 허용되는지에 대해 세상이 정의해놓은 바를 과감하게 거슬렀기 때문이다. 저스틴 칸과 에밋 시어, 카일 보그트와 마이클 세이벨은 처음 아이디어는 틀렸지만 통찰은 옳았고, 자신들이 지닌 통찰에 투지 넘치는 정신과 비전통적인 전술을 더해 트위치를 만들어 라이브 스트리밍 게임을 중심으로 한 완전히 새로운 글로벌 커뮤니티를 탄생시켰다.

이늘 모두 미움받을 용기가 있있다. 돌파구를 민들이 낼 창립자라면 단기적으로는 지위나 소속감에 상처를 입을지라도 장기적으로 자신의 사명을 우선시하겠다고 결심해야 한다. 다르게 생각하고, 느끼고, 행동하겠다고 마음을 먹을 줄 아는 창립자가 되려면 용기를 내야 한다. 비즈니스 세계에는 끈기를 발휘하는 사람은 많지만, 내가 봐온 바로는 급진적인 투지를 발휘하는 소수만이 돌파구를 만들어내는 스타트업을 세웠다.

미래를 향한 비행

갈매기 조너선이 완벽한 비행을 위한 여정을 시작했듯, 우리의 여정도 이제 막 시작되었다. 《패턴 파괴자들》을 집필하는 과정은 깨달음과 한 번씩 찾아오는 좌절의 순간으로 점철된 즐거운 모험이었다. 피터와 나는 이 책을 비범함을 성취하는 방법에 대한 대화의 출발점으로 여긴다.

《패턴 파괴자들》은 독자들에게 얼마나 유용한지로 평가받아야 한다. 이 책에 소개된 개념들을 실제로 적용해보며 어떤 경험을 했는지 우리에게 들려주길 바란다.

미래는 우리에게 일어나는 것이 아니다. 우리 때문에 일어나는 것이다.

감사의 글

책은 혼자만의 힘으로 완성되지 않는다. 이 책 역시 그렇다. 이 여정에 도움을 준 모든 사람들에게 감사함을 전한다.

먼저 우리 가족들에게 고맙다는 말을 하고 싶다. 한결같은 지지와 사랑은 우리가 더욱 큰 꿈을 꿀 수 있는 힘이자 우리를 단단히 붙들어준 닻과 같았다. 마이크는 먼저 '올드 맨old man(아버지-역주)' 마이크 메이플스 시니어에게 감사의 마음을 전하고자 한다. 그는 유일하고도 진정한 한계는 우리가 스스로에게 씌우는 한계라는 것을 처음으로 알려준 분이었다. 또한 마이크를 믿어준 어머니 캐럴린에게도 마찬가지로 감사의 마음을 전한다. 마이크는 아내 줄리와 이제 훌쩍 자란 자녀들, 시드니와 슬론, 스펜서, 알렉산더, 에이잭스에게도 고맙다는 인사를 전한다.

피터는 아내 신디와 성인이 된 세 아들인 브라이언, 타일러, 스캇과 며느리들인 힐러리, 티어니, 베키에게도 특별한 감사함을 표한다.

우리의 글쓰기 가이드였던 마크 트래비스에게 감사한다. 그는 우리 두 사람의 의견을 한 목소리로 정리하기 위해 많은 애를 써주었다. 또한 중요하지 않은 내용을 정리하고 우리의 진짜 의도를 전달할 수 있도록 도와준 엘런 피시바인과 빌 야보르스키 덕분에 메시지를 더욱 예리하게 다듬을 수 있었다. 수많은 시간과 수많은 초고, 그보다 많은 토론까지, 이 모든 것이 이 책을 세상에 탄생시키는 데 반드시 필요한 과정이었다.

우리의 에이전트 짐 레빈에게도 특별히 감사한 마음을 전한다. 짐은 우리가 전하고자 하는 이야기를 믿어준 진정한 지지자였고, 다른 이들도 우리의 메시지를 믿도록 설득해주었다. 우리의 출판사인 아셰트 북 그룹Hachette Book Group의 퍼블릭어페어스PublicAffairs와 에디터 존 머헤이니에게도 고맙다는 말을 하고 싶다. 존의 솔직한 편집 덕분에 훨씬 나은 책이 되었다. 디자이너들과 제작 편집자들, 마케터들에게도 노고에 고마움을 전하고 싶다.

마이크는 가르침과 도움을 준 분들에게, 엄격함과 무조건적인 사랑을 균형 있게 보내준 사람들에게 감사 인사를 전하고 싶다. 짐 브레이어, 케빈 컴튼, 론 콘웨이, 브루스 던리비, 캐서린 굴드, 더그 리오네, 로저 맥너미, 지니 팡갈로, 앤디 래클리프, 존 손튼, 돈 발렌타인, 빌 우드에게 감사함을 전한다. 플러드게이트의 첫 지지자들, 주디스 엘시어, 필 호슬리, 데이브 스웬슨에게도 각별한 감사 인사를 전한다.

마이크는 플러드게이트에 지지를 보내준 공모자들에게도 고마움을 전하고자 한다. 리사 델 벤, 아이리스 최, 아르준 초프라, 패트리샤 에릭슨, 토드 퍼렐, 제이 케네디, 미첼 코건, 토미 리프, 칼리 말래츠키, 브룩 말틴, 앤 미우라-코, 아비 뮬러, 리오르 무쉰, 필 오파무라타윙세, 라일런드 팸푸시, 로리 시모타스, 앤 리, 스케이츠, 줄리아 왕, 타일러 휘틀, 션 쉬, 이저벨 저우에게 고마움을 전한다. 이들이 보내준 동료애로 힘든 날들도 수월하게 넘길 수 있었다. 여러분은 언제나 내 믿음직한 조언자이자 응원단이었고, 덕분에 내가 엉뚱한 문제에 빠져 허우적거리지 않을 수 있었다!

피터는 스탠퍼드 경영대학원의 동료들과 학생들에게 감사함을 전한다. 스탠퍼드는 새로운 아이디어를 장려하고 이 아이디어를 스트레스 테스트할 수 있는 곳이다. 우리는 이 책이 큰 아이디어의 시작점에 대한 담론에 더욱 활력을 불어넣는 계기가 되길 바란다.

원고를 여러 차례 수정하는 과정에서 시간을 내어 의견을 전해준 교수들, 창립자들, 예비 기업인들에게도 감사드린다. 빌 바넷, 데이스 보일, 페기 버크, 글렌 크레이먼, 클라우디아 팬 먼스, 조엘 피터슨, 앤드류 파월, 티나 셀리그, 애덤 태크너, 브라이언 지벨먼의 도움이 컸다.

무엇보다 우리는 이미 미래를 바꾼 혹은 곧 미래를 바꾸게 될 패턴 파괴적인 창립자들에게 감사함을 전한다. 이 책에 여러 사례가 소개되어 있지만 가장 중요한 메시지는 이것이다. 이들의 대담한 아이디어가 세상을 앞으로 나아가게 한다는 것이다. 다행스럽게도 대다수의 사람들이 앞으로 나아갈 준비가 되기 훨씬 이전부터 말이다.